우리가 모르는 이슬람 사회

아랍이슬람총서 13

우리가 모르는 이슬람 사회

초판 1쇄 인쇄 2016년 12월 10일

초판 1쇄 발행 2016년 12월 20일

지은이 김동문

펴낸이 이방원

편　집 윤원진 · 김명희 · 이윤석 · 안효희 · 강윤경 · 홍순용

디자인 박선옥 · 손경화

마케팅 최성수

펴낸곳 세창출판사

출판신고 1990년 10월 8일 제300-1990-63호

주소 03735 서울시 서대문구 경기대로 88 냉천빌딩 4층

전화 723-8660

팩스 720-4579

이메일 sc1992@empal.com

홈페이지 http://www.sechangpub.co.kr

ISBN 978-89-8411-654-2 03900

_ 책값은 뒤표지에 있습니다.

_ 이 도서의 국립중앙도서관 출판시도서목록(CIP)은 서지정보유통지원시스템 홈페이지(http://seoji.nl.go.kr)와
국가자료공동목록시스템(http://www.nl.go.kr/kolisnet)에서 이용하실 수 있습니다. (CIP제어번호: CIP2016029958)

우리가 모르는 이슬람 사회

김동문 지음

세창출판사

일러두기

1. 아랍 지명이나 인명 등 고유명사를 적을 때는 국립국어원의 외래어 표기법에 따른 표기보다, 해당 국가의 현지 표준어법을 참고하여 발음 나는 대로 옮겼다. 참고로 이집트와 요르단의 표준 어법은 다르다. 같은 영문 표기를 다르게 읽기도 한다.
2. 아랍어 정관사는 다음과 같은 기준으로 적었다. 아랍어 표기에서 '알', 예를 들어 '알-자지라' 같은 표기에 있어서, '알'은 정관사이다. 동시에 고유명사를 수식하는 한 철자이기도 하다. 따라서 이 책에서는 정관사 알을 '알-'처럼 표기하였다.
3. 이 책에서 '중동'은 아랍어를 국어로 사용하는, 아랍연맹에 가입한 22개국으로 제한하였다. 일부에서 터키나 이란을 포함하기도 하지만, 이 책에서는 때때로 아랍 이슬람권의 대체어로 '중동'을 사용했다.
4. 이슬람은, 종교적 의미는 물론, 이슬람을 믿는 무슬림이 다수를 차지하고 있는 공간의 의미로, 이슬람 세계를 대체하는 의미로도 사용하였다.
5. 이슬람이 국교인 나라들과 무슬림 인구가 전체 국민의 과반수가 넘는 절대다수 국가인 나라들을 일컬을 때 '이슬람 국가'로 표기했다.
6. 이 책에서 언급하는 '이슬람권'은 전 세계 이슬람권을 망라하지 않는다. 특별한 언급이 없다면 아랍 이슬람권이 중심이다. 그런 이유로 이 책에서 언급하는 이슬람 관련 내용들이 다른 이슬람권에서는 달리 해석될 수도 있을 것이다.
7. '이슬람 문화'는 이슬람으로부터 유래한 문화와 부분적이나마 기독교가 공존하는 이슬람 세계의 문화를 아우르는 개념으로 사용하고 있다.
8. 아랍은, 아랍어를 모국어로 사용하는 인종적·문화적 집단을 지칭하였다. 아랍은 종교적 개념이 아니다. 아랍 무슬림이 있을 수 있고, 아랍 기독교인이 있을 수 있다.
9. 아랍어를 국어로 사용하는 국가 집단을 말할 때 '아랍' 또는 '아랍 국가'로 표기했다.
10. 이슬람 신앙을 가진 이들은 무슬림으로 표기했다.
11. 출처를 밝힌 인용 기사나 글에 대해서는 수정을 가하지 않았다.

여는 글

아직도 아랍 이슬람 세계를 말할 때면, 종교 이슬람을 향한 고정된 시선을 만나게 된다. "이슬람은 이렇다", "이슬람 국가들은 저렇다", "무슬림은 이렇고 저렇다"는 식의 이야기가 아직도 번져만 간다. 5154만 명의 대한민국 국민을 한 문장으로 표현하는 것이 불가능한 것 그 이상으로, 이런 식의 규정짓기는 불가능하다. 그런데도 그런 논리를 펴고 있다는 것이 안타까운 현실이다.

이슬람 전문가라는 용어조차 오용된다. 대한민국 전문가가 불가능하다면, 기독교 전문가나 이슬람 전문가는 더더욱 불가능하기 때문이다. "이슬람이니까", "무슬림이니까"라는 표현은 아주 전형적인 접근이고 전통적인 태도이다. 너 나 할 것이 없다. 언론은 물론 중동에서 무슨 일만 벌어지면 전문가라는 이들도 이구동성으로 말한다. "아랍 시민혁명의 원인은요, 이슬람에 따르면, 이번 사건은 …." 그러나 교과서적인 이슬람 이야기를 나눌 때의 그 아랍 이슬람 세계는 이미 인간의 모습을 한 지 오래고, 우리와 다르지 않은 일상을 살고 있다. 게다가 이제는 한국 사회에도 아랍 이슬람 지역에서 온 이들은 물론 적잖은 이슬람 국가 출신 외국인들이 자리 잡고 있다. 그런데 이들 이슬람권 이주자를 바라보는 시선은 까칠하기 그지없다. 한국인들의 마음에는

'무슬림들은 …'과 같은 시선이 고착되어 있는 듯하다. 일상 속에서의 만남이 이뤄지지 않는 한, 또 다른 이웃들과 이웃하며 살 수가 없다.

그래서 다시금 이 이야기를 나누고 싶었다. 이 책 『우리가 모르는 이슬람 사회』는 『이슬람의 두 얼굴』(예영커뮤니케이션, 2001)과 『이슬람 신화깨기, 무슬림 바로보기』(홍성사, 2005)의 속편에 해당한다. 앞선 책에서 이미 소개되었던 내용 중 아주 일부분을 보완해서 다시 다듬어 넣었다. 지금도 그 이야기가 아랍 이슬람 세계의 현실을 적절하게 보여 주고 있기 때문이다.

9·11을 전후하여 많은 이슬람 관련 서적들이 나왔다. 나도 책을 냈다. 『이슬람의 두 얼굴』이었다. 이슬람이 두 얼굴을 하고 있다는 의미가 아니었다. 이슬람을 보는 또 다른 시선을 드러내고 싶었다. 이슬람이라는 고정된 종교의 틀이 아닌, 우리와 같은 사람들의 일상적인 시선으로 이슬람 세계를 바라볼 수 있다는 것을 담고자 했다. 이슬람 세계 속에 살고 있는 우리와 다르지 않은 그저 '평범한 사람들'의 이야기에 주목하였으면 하는 바람이 가득했다. 벌써 15년 전의 일이다. 그 이후 『이슬람 신화깨기, 무슬림 바로보기』를 펴냈다. 기독교계나 이슬람

쪽에서 말하고 있는 수많은 고정된 생각을 신화로 규정하고, 그것을 객관화하고 싶었다. 이론과 원리가 아닌 현실을 통해, 나름 이슬람 세계와 무슬림의 삶을 객관화하고자 노력했다. 2005년의 일이다. 지난 2011년에는 『기독교와 이슬람 그 만남이 빚어낸 공존과 갈등』(세창출판사)을 다뤘다. 두 문명이 역사 속에서 어떤 만남을 가졌는지, 갈등이 있었다면 그 갈등의 이유가 무엇이었는지, 이슬람과 기독교 그리고 무슬림과 기독교인 사이에 존재하는 화두를 따라잡고자 했다.

이슬람 세계, 오해 넘어 이해로 가는 길은 여전히 멀기만 하다. 이 책 1부 '이슬람을 알고 싶다'에서는, 관찰자의 시선을 넘어 생활인의 자리에서, 아랍 이슬람 사회의 일상을 짚어 보았다. 정치적인 현안보다 일상에서 만나는 이야기를 다루었다. 같음과 틀림이 아닌, 닮음과 다름에 주목했다. 1장 '커피를 기다리며'에서는, 할랄 음식, 술, 담배, 인간관계 등의 일상성을 짚어 보았다. 2장 '야자수 길을 걸으며'에서는, 아랍 사회와 친해지는 길로 아랍어 익히기, 우리와 다르지 않은 이 지역의 일상, 그리고 사람들을 다루었다. 3장 '문을 두드리며'에서는, 생활 문화, 패션, 장례 등을 통해 관계 맺기를 다루었다. 4장 '사막을 바라보며'에서는, 여행하기에 해당하는 국경 넘나들기, 날씨와 환경, 문화유산에 얽힌 이야기를 짚어 보았다.

2부 '이슬람을 오해하다'에서는 한국 언론의 중동 뉴스를 비평했다. 한국 사회의 이슬람, 무슬림에 대한 고정관념이나 편견이 언론의 영향을 많이 받았기 때문이다. 이런 이유로 중동 관련 언론 바로 보기를 위한 문제를 제기했다. 1장 '한국 뉴스 속의 중동 이슬람'에서는 한국 언론의 아랍 이슈를 다루는 태도와 경향을 짚어 보았다. 특히 '한국, IS, 테러'에 얽힌 한국 언론의 무책임한 보도 흐름을 짚어 보았다. 2장 '자유언론, 공정언론을 향하여'에서는 중동 미디어에 담긴 이슬람과 한국 언론 보도에 드러난 이라크 관련 보도를 '이라크 스캔들'로 다루었다. 3장 '이스라엘과 팔레스타인, 분쟁과 평화'에서는, 이스라엘과 팔레스타인 분쟁 현장, 가자 전쟁과 인티파다 등의 현안을 짚어 보았다.

이 책이 나오기까지 많은 분들의 보이지 않는 수고가 있었다. 젖먹이 시절부터 소년기에 이르기까지의 시간을 요르단에서 보낸 하언, 하림 두 아들, 30대 전부를 그곳에 바친 아내 정세경에게 고마움을 담아 본다. 글 쓴다고 말동무 되기를 거절한 사위를 기꺼이 응원해 주신 장인 장모님 정태우 정필숙 님에게도 감사하다. 어려운 가운데서도 책 출판을 허락해 준 세창출판사 편집부 가족들에게 고마움을 전한다. 움직이는 이슬람 세계를 고정된 시선이 아닌 삶의 눈높이로 나눌 수 있기를 소망한다.

2016년 11월
김 동 문

차
례

2
이슬람을 오해하다

이른 아침 날품을 팔기 위해 대기 중인 아랍계 이스라엘인들과 팔레스타인인들.
그 곁을 정통파 유대인 가정이 지나가고 있다.
아랍과 이스라엘은 일상으로 공존하고 있다. 공존하여야 한다.

1
이슬람을 알고 싶다

이슬람 세계, 그곳은 이념 또는 이슬람 종교만이 가득 넘치는 땅이 아니다. 그곳에도 우리와 같은 일상이 있다. 때로는 낯설게, 때로는 친숙하게 그 거리, 그 사람들의 삶이 우리에게 다가온다. 그 낯선 거리를 친숙하게 거닐어 보자.
많은 이들이 흔히 그래 왔던 것처럼 거리에서 내 눈에 보이는 대로, 내 마음대로 그 땅과 그 사람들을 판단하지 말자. 그 일상 속에 들어가 삶과 이야기를 함께하며, 서로 간의 같음과 닮음, 그리고 다름을 이해하고 배워 가는 만남이면 좋겠다.

1장

커피를 기다리며 "타팟달" (먼저 하세요)

어디를 가든 먹고 마시는 일은 중요한 것이다. 그 안에는 문화가 있고, 역사가 있다. 먹고 마시면 안 되는 것과 먹고 마시기 힘든 것, 귀한 것도 있다. 커피 한 잔에 낯선 나그네가 이웃이 되고, 두 잔에 친구가 되고, 세 잔에 가족이 된다.

1. 허락된 음식

"이 사람들은 뭘 먹고 삽니까?" 중동을 찾는 이들이 한결같이 묻는 질문이다. "우리가 먹는 것 다 먹습니다"라고 대답하면 의아하게들 생각한다. 실제로 아랍인들은 우리가 먹는 것은 다 먹는 것 같다. 다만 공개적으로 돼지고기나 술을 먹거나 마시지 않고, 조리 방법이 우리와 다르며 우리가 즐겨 먹는 고추장이나 된장 등을 우리식으로 먹지 않는 것이 다를 뿐이다.

1) 할랄 음식

할랄 음식이라는 단어가 우리에게 점차 익숙해지고 있다. 그런데 대

_ 아랍인들 빵은 기본이다. 그러나 그에 못지않게 밥도 주식으로 즐긴다. (시리아의 마울룰라)

부분의 아랍 이슬람 지역에서 생산되는 식품에 할랄 표시가 되어 있는 경우는 극히 드물다. 아랍 이슬람 지역에 수입되는 가공 식품이나 현지에서 생산, 판매되는 식품에도 이런 표시가 되어 있는 경우가 흔치 않다. 아랍 이슬람 지역에서 생산, 판매되는 제품은, 당연히 할랄 식품으로 받아들여진다. 할랄 음식법에 따라 만들어졌다고 생각하기 때문이다. 다른 이슬람 국가에서 생산, 수출되는 물품도 당연하게 할랄 식품으로 간주한다. 비이슬람 국가에서 생산되는 제품 가운데는, 할랄 인증이 표시된 식품과 그렇지 않은 경우가 존재한다.

이슬람법에 따른 할랄 음식이나 유대교법에 따른 코셰르(또는 코셔, Kosher) 음식에는 공통점이 있다. 바로 돼지고기를 금한다는 것이다. 그렇지만 결정적으로 다른 점은, 할랄 음식이 아닌 음식을 먹지도 마시지도 못하는 나라는 사우디아라비아와 이란 정도뿐이라는 것이다. 무슬림이 아닌 이들에게까지 이 규정이 강제되지 않는 경우가 대부분이기 때문이다.

할랄은 아랍어로, '허용된'이라는 뜻이다. 이슬람법(샤리아)에 허용된 것 전체를 뜻한다. 먹도록 허용된 음식은 할랄 음식이 되는 것이다. 이슬람법에는 돼지고기와 동물의 피, '부적절'하게 도축된 동물, 술, 그리고 이런 것이 들어간 모든 가공 식품이 금지되어 있다. 여기서 관건은 '부적절'하게 도축된 동물의 경우인데, 이것은 각 지역마다, 종파마다, 나라마다 서로 다른 차이를 보이고 있다. 단순하게 표현한다면, 할랄 음식은 돼지고기가 들어가거나 술이 포함된 식품을 제외한 모든 식품과 과일, 채소, 향신료, 물과 기름 등이라고 말할 수 있다.

현지 시장에 가면 별의별 음식이 다 있다. 닭똥집에 양 머리 고기까지 …* 없는 것이 없다. 양 창자에 음식을 넣어 꼭 소시지처럼 보이는 아랍식 순대는 물론이고 닭똥집과 각종 내장, 우리나라의 돼지고기 부위별 요리에 필요한 것을 애용하는 듯 보이는 양고기 부위별 재료들—이를테면 양 머리, 곰탕용 꼬리, 곱창 등—그리고 소고기와 일부 고급 음식점에서 팔고 있는 낙타고기 등이 그것이다. 이 중 가장 즐겨 먹는 고기는 닭고기이다. 그렇다고 해서 매일 먹지는 않는다. 닭고기 다음으로 인기 있는 고기가 양고기, 소고기이다.

이곳의 기본 음식은 역시 빵이다. 지역에 따라 맛과 모양에 조금씩 차이가 나는데, 이집트에서는 '에이쉬'로 불리고 요르단 등지에서는 '코브즈'로 불린다. 그리고 아랍에는 양파나 마늘, 파 등을 날로 먹는 사람들이 많다. 개인의 성향에 따라 다르기는 하지만 바다를 접하고 있는 국가들은 육류만큼이나 생선요리를 즐긴다. 레바논, 시리아, 쿠웨

* 김동문, 『이슬람의 두 얼굴』, 예영커뮤니케이션, 2001, 180-185쪽.

이트를 비롯한 걸프 연안 국가에서도 새우나 게, 오징어, 갈치 등을 쉽게 접할 수 있다.

2) 케밥과 샤와르마

우리가 알고 있는 케밥의 고정된 이미지는 닭고기나 양고기, 소고기를 겹겹이 쌓아 빙빙 돌려 불에 구운 것을 썰어 내서 빵에 넣어 먹는 것이다. 그렇지만, 아랍 지역에서는 양고기 또는 닭고기 덩어리를 꼬챙이에 끼워서 구운 고기 자체를 뜻하기도 한다. 앞서 말한 우리에게 익숙한 케밥은 터키식 돈네르 케밥이다. 아랍 지역에서는 샤와르마(Shawarma)로 부른다.

샤와르마는 일반적으로 넓고 얇게 구운 밀가루 빵에 둥근 불판에 겹겹이 쌓아서 구운 닭고기와 양고기를 썰어서 야채와 소스 등을 섞어 둘둘 말아 먹는다. 케밥은 구운 고기 살점을 바로 먹거나 둥글고 속이 벌어지는 작은 빵(이집트에서는 에이쉬, 요르단이나 팔레스타인 등에서는 코브즈 등으로 부르는)을 벌려서 그 안에 고기와 야채, 소스 등을 섞어 먹곤 한다.

고기를 빵에 넣거나 말아서 먹는 형식을 샌드위치로 표현하곤 한다. 가장 일반적인 것으로 팔라펠 샌드위치와 케밥 샌드위치가 있다. 이 팔라펠은, 병아리콩과 잠두를 갈아서 둥글게 모양을 다져 기름에 튀긴, 일종의 크로켓 같은 음식이다. 이 팔라펠은 그 자체로 음식이 되기도 하고, 밑반찬으로 사용되기도 한다. 팔라펠의 명성은 유럽 사회에서도 정평이 나 있을 정도이다. 일부 아랍 국가의 맥도날드에서도 맥팔라펠을 제공하고 있다. 팔라펠 샌드위치는, 팔라펠 몇 개와 하얀 참깨를 갈아서 만든 타히나 소스와 올리브 기름, 걸쭉한 요구르트 등을

_ 회전 불판에 구워 제공하는 샤와르마는 별미이다. 한국 사회에는 이것조차 단순하게 '케밥'으로 알려져 버렸다. (요르단의 암만)

넣어 만든다. 요즘은 병아리콩으로 만든 소스인 훔무스의 인기도 높아지고 있다. 이런 와중에, 이스라엘과 레바논을 비롯한 아랍 국가 사이에 훔무스 원조 논쟁이 벌어지기도 한다.

3) 코카콜라와 펩시 그리고 이슬람

아랍에서 코카콜라는 고전하고 있다. 아랍어로 콜라를 나타낼 때 사용하는 단어 자체가 아예 벱시(펩시)이다. 코카콜라와 더불어 코카콜라 자매 음료들도 마찬가지로 고전 중이다. 펩시는 다른 지역에서는 코카콜라에 뒤지면서도 아랍에서는 여전히 콜라 시장을 주도하고 있다. 그 이유는 무엇일까?

아랍인들은 코카콜라를 펩시보다 더 미국적이거나 친이스라엘적인 음료로 이해한다. 그 때문에 1991년 걸프 전쟁 이전까지 코카콜라는 아랍 국가에서 거의 찾아볼 수 없었다. 이라크의 경우 2003년 3월의 이라크 전쟁 이전에는 코카콜라가 존재할 수 없었다. 그러다가 미군의

_ 중동에서 콜라는, 벱시(펩시)로 일컬어진다. 시장 주도를 다투는 지역 콜라와 다국적 콜라 기업 사이의 경쟁이 치열하다. (아랍에미리트의 두바이)

바그다드 진입과 더불어 코카콜라가 들어왔다. 코카콜라는 이라크 전쟁의 최대 후원 기업의 하나였고, 미군에 음료수와 생수를 납품했다. 그 덕분에 이라크의 콜라 시장에 진입하기 시작했다. 코카콜라는 아랍 음료 시장을 공략하기 위하여 이 지역 최고의 트렌드 코드인 레바논 가수 낸시 아즈람을 간판으로 내세웠다. 2007년 이래로 낸시 아즈람은 코카콜라의 전속 모델이다. 이 지역의 젊은 층을 겨냥한 것이었다. 그 덕분인지 나름 코카콜라의 시장이 확대되고 있다.

종종 코카콜라나 펩시는 색깔론 논쟁에 휘둘린다. 친이스라엘, 친시온주의 논쟁이다. 때때로 그 해묵은 색깔론이 펩시를 겨냥하고 있다. "펩시는 시온주의자가 소유하거나 운영하고 있다. 그 증거로 펩시(PEPSI)라는 단어가 '이스라엘을 위해 돈 한 푼까지 다 쓰라'(Pay Every Penny to Save Israel)는 뜻을 가지고 있다"는 것이다. 그동안 펩시는 친아랍, 코카콜라는 친이스라엘 색깔론이 전형적이었다. 심지어 2000년대에는 코카콜라 로고를 뒤집어서 보면 '무함마드도 없고 메카도 없다'(라 무함마드 라 마카)는 글이 쓰여 있다는 식의 공격도 받았다. 코카콜라가 친이스라엘적이라는 아랍인의 주장에 일정 정도 근거는 있었다. 1997년 이스라엘 정부는 지난 30년간의 코카콜라의 이스라엘 지원에 대해 감사의 뜻을 전했다. 2001년 코카콜라 본부는 미국 이스라엘 상공회의소 시상식의 주 후원사가 되었다. 이후 코카콜라는 아랍 세계에 우호적인 분위기를 고조하기 위하여 여러 종류의 아랍 행사에도 후원하기 시작했다. 그러던 중 색깔론의 대상에 약간의 변형이 생긴 것이다. 최근에는 펩시가 동성애를 지원하고 있다는 소문까지 돌았다.

친미-반미 논란이 일곤 하는 펩시가 이스라엘 시장에 들어간 것은 1992년의 일이다. 아마도 이스라엘 사람들의 정서에도 코카콜라와 펩시를 두고 친아랍, 친이슬람 논란이 일었던 모양이다. 지금은 아랍 국가나 이스라엘 어디서든 코카콜라나 펩시의 콜라를 마실 수 있다.

중동 국가에서 처음으로 '민족-투쟁'을 마케팅 전략으로 선언한 것은 잠잠 콜라였다. 메카의 '성스러운 샘'에서 이름을 빌려 온 이란의 잠잠 콜라는 1954년 생산되기 시작했으나 민족 콜라로 부상하게 된 것은 나중의 일이다. 1979년 2월 이란의 호메이니옹 주도의 이슬람 혁명이 일어나고 이란은 미국과의 단교 조치를 내렸다. 이때부터 미국산 탄산음료는 이란에서 판매가 금지되었다. 2001년의 9·11과 아프가니스탄 전쟁을 겪으면서, 이스라엘과 팔레스타인 사이의 유혈 분쟁이 잦아졌고, 잠잠 콜라의 수출량이 늘어났다. 특히 반미 국가에서 그 신장세가 두드러졌다. 잠잠 콜라는 유럽에 무슬림 인구가 늘면서 유럽으로도 진출, 프랑스와 독일 등지에서도 어렵지 않게 볼 수 있는 브랜드가 됐다. 또 다른 이란산 콜라인 파르시(Parsi, 페르시아) 콜라도 있다.

메카 콜라와 아랍 콜라, 끼블라 콜라도 아랍 민족주의, 무슬림 형제애 정서를 자극하면서 한때나마 시장을 넓혀 나갔다.

4) 아랍의 향신료 골목

한국과 비슷한 민간요법이 살아 숨 쉬는 향신료와 약초 가게들이 가득하다. 여기에도 전통 의학이 있고, 민간요법이 있다는 것을 아는 순간, 나도 수많은 편견 속에 살고 있었음을 발견한다.

중동을 여행하는 이들은 아랍으로 가는 항공기에서부터 독특한 향과 냄새에 신경이 곤두서기 마련이다. 이른바 '아랍의 냄새와 향' 때문이다. 아랍 지역 고유의 냄새는, 음식은 물론이고 아랍 현지인들의 향수와 체취에서 풍겨 난다. 처음 이 지역을 방문하는 이들에게는 이런 냄새와 향이 거북스러울 수 있다. 아랍에 친숙해진다는 것은 아마도 이런 냄새와 향에 익숙해지는 것이 아닐까 싶다.

아랍 지역에서도 유달리 아랍 냄새가 가득한 곳이 있다. 옛 시가지 시장 골목 한쪽에 자리하고 있는 향신료 골목이 대표적이다. 바레인의 마나마, 카타르의 도하, 아랍에미리트의 두바이, 이집트의 카이로 할 것 없이 모든 아랍 국가에 이런 골목이 있다. 향신료 골목은 향신료와 약초를 파는 가게들로 채워진다. 나무뿌리, 약초, 바위처럼 보이는 나무에서 뽑아낸 진액 덩어리, 각종 꽃과 풀을 말리고 갈아 놓은 것, 마늘이나 참깨, 겨자, 쑥갓, 아몬드 등에서 뽑아낸 기름 등 형형색색의 다양한 약초와 약재들이 넘쳐 난다. 우리나라와 다른 모습이라면 동물 약재는 거의 안 보이고 약초나 식물에서 추출한 약재가 주종을 이루는 점이다. 다양한 생김새만큼이나 용도와 쓰임새도 다양하다.

_ 중동 음식은 각종 자연산 향신료로 맛이 구별된다. 박하, 회향, 근채, 우슬초 등 건강식으로도 정평이 나 있다. 음식 재료로는 물론 전통 약재로 사용하기도 한다. (이스라엘의 예루살렘)

요르단의 수도 암만의 옛 시가지에도 이런 약초 골목이 있다. 그야말로 '아랍 냄새'가 진하게 풍겨 나는 곳이다. 그렇다고 약재를 전문적으로 취급하는 한국의 약령시 같은 분위기는 아니다. 중세 때 아랍의 전통 의학과 의술은 서구 사회에 큰 영향을 끼쳤다. 그러나 이제는 전통 의술이나 민간요법도 서구 의술에 밀려 쇠퇴하고 있다는 것이 역사의 아이러니이다.

"끓는 물에 이 가루를 풀어 넣고 이틀간만 복용하면 나아질 거예요."
"기름을 상처 난 부위에 발라 두면 상처가 금세 아물 겁니다."
"이 덩어리를 껌처럼 씹어 먹거나 뜨거운 물에 풀어서 사용하면 당뇨에 효험이 있습니다."

끝없이 밀려드는 손님들에게 민간요법의 처방전을 풀어 설명하고 있는 알-핫지 아흐마드. 그가 운영하는 자그마한 약초 가게는 약초 골목의 산 역사다. 약초 골목을 찾는 이들 중에는 여성이 많다. 몇 년 전 아부 사이드는 원인 모를 질병으로 한쪽 다리의 무릎 아랫부분이 부어오르면서 심한 통증을 느꼈다. 걷는 것조차 힘들었다. 그는 "우연찮게 약초 골목에서 민간요법 처방전을 받아 들고 약초 찜질을 시작하고 나서 걸음이 한결 가벼워졌다"고 말했다. 약초 골목의 민간요법 처방을 신뢰하는 이들은 단지 약값이 싸서 그곳을 신뢰하는 것은 아니다. 사실 양약에 비해 그리 싼 편도 아니다. 아랍인들의 민간요법이 그들의 체질에 더 맞는다고 믿는 이들이 이곳을 즐겨 찾는다.

민간요법에 잠시 귀 기울여 보자. 감기에 걸렸을 때는 박하차를 마셔라. 박하는 소화불량에도 좋다. 위가 안 좋을 때는 우슬초차를 마셔라. 감기·기관지염·발열 등에도 좋다. 회향(산형과의 풀)은 구취 제거는 물론 변비·소화불량에 좋고 동맥경화 예방과 불면증에도 좋다. 당뇨에는 나무 진(현지에서 '룹반'이라 부르는)을 복용하라. 류머티즘이나 관절염에는 한달라(들외)를 갈아서 찜질하라. 합환채는 여성들의 가임 능력을 북돋워 준다.

또 두통은 물론 복통·생리통·소화불량에는 얀순(회갈색의 아니스 열매)차를 마시면 좋다. 심한 복통, 천식과 구강질환, 류머티즘 등에는 근채(미나리의 일종)씨를 꿀에 발라 먹는다. 잠이 안 오고 속이 더부룩하면 카밀레차를 마셔라. 카밀레차는 위를 건강하게 해 주고 신경안정제 구실도 한다. 상처가 덧나거나 가벼운 화상을 입었을 때는 몰약을 발라준다.

아랍인들은 내가 한국에도 전통 의학과 민간요법이 있다고 말하자 의외라며 너무 반가워했다. 아랍 특유의 냄새에 익숙해지는 것과 아랍의 민간요법을 적절히 활용하는 것은 현지인들의 깊숙한 생활 속에 들어가는 지름길이다. 의외로 아랍 세계에는 우리와 닮은꼴인 문화와 풍속이 많이 남아 있다.

2. 금지된 음식

중동에서 많이 즐기지만, 그것이 이슬람 전통이 허락한 것(할랄)인지, 금지한 것(하람)인지를 두고 논란인 것이 있다. 술과 담배, 중동의 전유물로 오해를 받는 물담배가 대표적이다. 예멘을 중심으로 논쟁거리인 까트(Qat)도 그중 하나이다. "전통이다. 율법이 금하지 않은 것이다. 기호 식품이다"라는 주장에서부터, 흡연자 본인과 타인의 건강을 침해한다는 주장이 뒤엉킨다.

1) 생필품이 된 환각성 까트

"까트 씹을 줄 아세요? 이리 와서 까트나 씹지요." 오후시간이면 어김없이 예멘 곳곳에서 진풍경이 벌어진다. 사람들이 삼삼오오 무리지어 무엇인가를 연신 씹어 댄다. 말도 많아지고 어느새 한쪽 볼은 퉁퉁 부어오른다. 길거리는 물론이고 노천카페, 공공장소, 집안 가릴 것 없이 볼을 볼록하게 한 남자들로 가득하다. 무엇인가를 되새김질하는 모습으로 입술 주변엔 푸르른 빛이 가득하다. 예멘인들의 대표적인 기호물인 까트잎을 씹는 모습이다. 예멘 남성의 80% 가까운 사람들이 빈부귀천을 떠나 까트잎 씹는 맛에 빠져들고 있다. 이제는 어린아이들과 부녀자들까지도 까트에 중독되었다. 예멘인들의 일상에서 빼놓을 수 없는 요소인 까트는 환각성분 때문에 허용 여부를 놓고 의견이 분분하다. 미국 등 선진국에서는 이미 마약으로 규정한 환각식물이다. 전통의 유지냐 집단 환각으로부터의 탈출이냐. 까트 퇴치운동도 벌어지지만 달걀로 바위치기처럼 보인다.

왜 까트잎을 씹느냐는 물음에 예멘인들은 한결같이 이렇게 대답한다. "스트레스가 해소되고 심신의 안정을 가져다줍니다." 사실 그렇다. 예멘 남성들은 오후가 되면 한결 여유로워 보였고, 활력이 넘쳐 났으며, 무엇인가를 성취한 듯이 만족스러운 표정을 짓고 있다. 까트가 성인 남성들만의 전유물은 아니다. "마음이 지치고 힘들 때 까트잎을 씹으면 한결 편해지고 어려운 일도 쉽게 이겨 낼 수 있어요." 학생인 사마르 무함마드는 날마다 서너 시간을 까트잎을 씹으면서 보낸다. 밤을 새워 공부해야 하는 학생들에게 까트는 더할 나위 없는 각성제가 된다. 또 다른 학생 아마니 만수르는 "밤을 새워 공부할 때 공부에 집중할 수 있기 때문에 까트를 끊지 못해요"라고 말한다. 여성들이 까트잎을 씹으면 성욕이 증대되는 반면 남성은 오히려 성에 무관심해진다는 보도도 있다. 예멘 사람들은 까트를, 공동체 안의 모든 사람들이 서로를 이해하고 돕도록 단단하게 묶어 주는 끈 정도의 존재로 여긴다.

그러나 예멘에선 환각에서 깨어나야 한다고 주장하는 비판의 목소리가 높아지고 있다. 세계보건기구(WHO)의 연구에 의하면 까트에는 카틴과 카티논 성분이 있어 인체에 자극제 역할을 한다. 카틴과 카티논이 아드레날린의 분비를 촉진시킨 결과 정서적으로 흥분하고, 알코올 중독과 비슷한 증세가 나타난다. 식욕상실, 불면증세와 졸음, 신경과민, 무력감과 습관적 폭력의 증세를 보인다. 오후 내내 까트잎을 씹

_ 오후 무렵 예멘 남성들의 전형적인 모습이다. 입안 가득히 까트잎이 담겨 있다. (예멘의 사나)

으면서 소일하고, 월급의 3분의 1을 까트 구입에 쓰는 것은 나라 경제를 좀먹는 일로 비판받는다. 게다가 이제는 어린아이들도 까트잎 씹는 것을 통과의례처럼 여기고 있다. 이 때문에 소수의 의식 있는 사람들은 까트의 폐해를 극복하기 위해 '안티(anti)까트운동'을 벌이지만 아직은 영향력이 턱없이 작다. 까트의 폐해가 인정되지만 대안 문화가 없다는 반론도 만만치 않기 때문이다. 1990년에 시작된 안티까트운동 관계자들도 '까트 없는 예멘'으로 가는 길을 닦는 노력이 역부족임을 인정한다. "까트 추방을 위한 세미나가 끝나자마자 세미나에 참석한 정부 관계자들조차 이내 까트잎을 씹으러 흩어져 버렸습니다." 안티까트운동의 홍보 담당 압달라 앗-잘라브 박사가 전해 준 일화다.

약 700년 전 에티오피아에서 처음 유입된 까트는 일부 상류층의 고급문화로 자리 잡았다. 최근 30여 년 동안 까트는 상류층을 흉내 내는 서민들의 유행으로 변신하고 급기야 대중화되어 버렸다. 까트의 재배 면적은 5배가 넘게 증가했고, 확실히 '남는 장사'를 보장하기에 재배

농가는 날로 확대되고 있다. 그 면적이 전체 경작지의 38%에 이른다. 까트는 이제 예멘 국내총생산(GDP)의 6%를 차지한다. 일부에서는 정치적인 이유에서 지배 권력이 까트 문화를 조장해 온 것이 아니냐는 의혹도 제기한다. 한편으로 까트 재배는 지방 토호들의 주요 자금원이 되고 있다.

2) 술, 때로는 은밀하게 혹은 노골적으로

생활상을 보여 주는 것이 영화라면, 이곳의 영화 속에서 음주 장면은 얼마나 나올까? 모로코나 튀니지 지역에서는 영화 속에서는 물론이고, 일상에서도 포도주 등을 마시는 음주 장면이 자주 등장한다. 그곳에서는 음주가 은밀한 것이 아니기 때문이다.

이슬람 국가이기에 이곳 주민들은 술을 마시지 않을 것이라 생각된다. 많은 이들은, 중동에서는 술을 마시지도, 사거나 휴대하지도 못한다고 생각한다. 그러나 그것은 사실과 많이 다르다. 사우디아라비아처럼 공식적으로 술의 수입이나 판매가 불법인 나라도 있다. 그렇지만 대부분의 나라에서는 술을 만들고 수입과 판매, 소비가 이뤄지고 있다. 물론 이 모든 것이 외국인을 위한 것이라고 섣불리 단정 짓지는 말자.

요르단의 경우는 곳곳에서 술을 마실 수 있는 공식적인 주점을 찾아볼 수 있다. 호텔에 딸린 술집(바)만을 말하는 것이 아니다. 음주 전용 술집이 존재한다. 요르단, 이집트, 팔레스타인 등은 물론, 웬만한 중동 국가에서 주류 판매상을 찾는 것은 그리 힘든 일이 아니다. 물론 한국처럼 마트 어디서나 술을 사고파는 것과는 다르긴 하다. 주류 판매상의 공식적인 주인은 기독교인이다. 법적으로 무슬림이 주류 판매상

_ 무슬림도 공개적으로 공인된 술을 마시고, 개인적으로 음주 문화도 누리고 있다. 중동에서 포도주와 맥주의 유래는 3,000-4,000년 전으로 거슬러 올라갈 정도로 오래되었다. (요르단의 암만)

을 소유하거나 운영할 수 없기 때문이다. 물론 무슬림이 술을 사고파는 것도 공식적으로는 금지되어 있다.

아랍에미리트의 경우는 3성급 호텔 이상에서는 술을 마실 수 있는 공간이 허용된다. 여기서 말하는 술은 알코올성을 말한다. 주류 판매상의 존재도 어렵지 않게 볼 수 있다. 전통 증류주인 아라끄(한국에서는 아락주로 표기했다)도 있다. 이란에서는 알렉, 이라크 등지에서는 아락, 터키에서는 라크로 부른다. 우리나라 소주의 원조에 해당한다.

포도주는 증류주인 소주보다 훨씬 더 대중적이다. 요르단의 마다바(느보 산 지역)나 팔레스타인의 헤브론, 이스라엘의 헬몬(헐몬), 골란, 레바논의 베카 골짜기 등은 대표적인 포도주 주산지이며, 포도주 양조장으로 유명한 지역이기도 하다. 프랑스 문화의 영향을 가득 받은 북부 아프리카의 튀니지, 모로코, 알제리에도 유명한 지역 포도주 양조 산업이 존재한다.

'공식적'으로 아랍 이슬람 지역에서는 '공개적'인 장소에서의 음주가 금지되어 있다. 이런 처지에 무알코올 음료를 찾는 무슬림이 늘고 있다. 무알코올 음료는 알코올 함유량이 0.05% 이하인 음료를 말한다. 한편 저알코올 음료는 알코올 함유량이 0.5%인 경우이다. 주류에 해당하기에 미국에서조차 미성년자에게 판매가 금지되어 있다.

무알코올 맥주 같은 음료를 마시는 이유는 무엇일까? 맥주나 술을 종교적 거리낌 없이 마시고 싶어서이거나 무알코올 음료의 독특한 맛을 즐기고 싶어서일 것이다.

3) 음주운전 단속

"잠시 검문이 있겠습니다. 혹시 음주하셨나요?" 라마단 절기가 무르익어 가던 지난 2000년대 중반 10월 중순 심야시간, 암만 곳곳에서 교통경찰들이 긴급 단속 근무를 하고 있었다. 단속 업무는 사람들이 많이 몰리는 지역을 중심으로 이뤄졌다. 사연인즉 음주운전 예방을 위해 단속을 벌이고 있었던 것이다. 아랍 이슬람 사회에서의 음주운전 단속이라는 말이 이상하게 들릴지도 모른다. 그러나 이곳에서도 음주운전 사고가 계속 확대되고 있는 것은 사실이다.

아랍 무슬림들은 공식적으로는 음주를 하지 않는다. "종교적인 이유로 술과 돼지고기를 먹지 않는다"고들 말한다. 그러나 요즘 아랍 이슬람 지역의 상황은 많이 다르다. 의외로 술에 절어 사는 현지인들이 많다. 코끝이 벌겋게 달아오른 사람들을 보는 것도 그리 어렵지 않다. 알고 지내는 몇몇 현지인들도 술에 대한 애정이 남다르다. 입국 시 면세점에서 가장 많이 챙겨 오는 것이 술과 미제 담배이다. 특별한 식사 자리에는 으레 포도주를 기본으로 맥주와 각종 주류가 제공된다. 물론 그 자리가 공공장소가 아니긴 하다.

사우디아라비아나 일부 아랍 국가를 제외하면 의외로 아랍 곳곳에 술을 사거나 마실 수 있는 공간들이 즐비하다. 최소한 호텔이나 일부 음식점에서는 공공연하게 술을 사고팔 수 있고, 캔 맥주나 와인을 즐길 수도 있다. 요르단의 경우 시내 곳곳의 주류 판매점을 통해 제한 없이 술을 살 수 있다. 웬만한 호텔에는 클럽이나 바가 운영되고 있다.

아랍 지역 곳곳의 빈번한 교통사고의 주요인 중 하나가 음주 및 약물복용 운전이다. 요르단 인접 국가인 이집트 당국은 한밤중에 고속도로 진입로 등에서 불시 검문을 벌이기도 한다. 최근 들어 무슬림들의 음주운전이 늘고, 특히 음주 단속이 부실한 허점을 틈타 외국인 음주운전자들이 급증하자 이집트 정부도 단속에 나서고 있다. 이집트 당국은 고속도로 등에서 불시에 음주 및 약물복용 여부를 단속하고 있다. 음주운전 적발 시 6개월 면허정지와 3개월 징역형에 처해진다. 7-12만 원 정도의 벌금도 물어야 한다.

이집트나 아랍에미리트 등에서는 운전자들의 습관적인 과속·난폭운전 등으로 인명피해가 증가하고 있다. 그러나 과속·난폭운전이 음주와 약물복용의 결과이기에 정부 당국은 음주운전 단속에 나설 수밖에 없는 것이다.

4) 담배 그리고 물담배*

끽연의 전통, 내가 오늘날의 아랍인을 떠올리면서 갖게 되는 몇 가

* 김동문, 『기독교와 이슬람 그 만남이 빚어낸 공존과 갈등』, 세창출판사, 2011, 149-156쪽.

지 특징적인 이미지 가운데 하나이다. 때와 장소를 가리지 않고 담배를 즐기는 이들 …. 담배는 오늘날 아랍 이슬람 지역 문화의 키워드 같은 존재이다. 나라별 정확한 통계를 제시할 수는 없지만, 흡연 인구로 둘째라면 서러워할 것 같다. 게다가 물담배(아르길라 또는 시샤, 후카로 부른다)도 전통문화인 양 이 지역을 방문하는 외국인들의 눈길을 사로잡고 있다. 그러나 담배는 17세기 초 영국을 통해 아랍 이슬람 지역에 유입된 외래 작물이다. 신대륙 발견으로 영국은 북미 지역에서 영국으로 담배를 가져왔다. 왕실의 독점 작물로 재배와 공급에 성공한 영국 왕실은 상당한 부를 축적했다. 이것이 다른 유럽 지역은 물론 아랍 이슬람 지역에도 소개되었다. 당시 영국인들은 담배를 습기로 인해 발생한 질병(습병) 치료제로 소개했고, 경제적으로 힘이 있는 이들이 누리게 되었다. 이들에게 담배는 고급스러운 기호품으로 자리했고 점차적으로 종교 지도자들인 울라마이와 정치 권력층에까지 확산되었다.

흡연가가 늘어 가는 와중에 오스만 터키의 통치자(술탄) 무라트 4세는 흡연은 비도덕적이고 반이슬람적이라며 그것을 금지했다. 일부 이슬람 종교 지도자들도 흡연이 반이슬람적이라는 교리 해설(파트와)을 내놓고 있다. 오늘날 아랍 이슬람 지역에서 흡연 문화는 공공성을 잊고 있다. 어디를 가나 애연가들이 넘쳐 난다. 공중 보건법 등에 따라 금연 장소가 정해져 있지만, 그것도 지켜지지 않는다. 단속 경찰관이나 단속 대상 사이에 흡연 공조(?)가 자연스럽게 이뤄진다. 아이들이 있는 밀폐된 공간에서도 흡연은 거리낌 없는 기호일 뿐이다. 여전히 대부분의 공공장소는 흡연 가능 지역으로 남아 있다. 어찌 보면 아랍 이슬람 지역에서는 항공기 안에서의 어쩔 수 없는 금연과 라마단 금식

_ 때와 장소, 대상을 가리지 않고 물담배를 즐기는 이들을 볼 수 있다. (이집트의 아스완)

월 기간 중 낮 동안의 공공장소에서의 금연을 제외하면 모든 곳에서 흡연이 가능한 것으로 보인다.

사람들이 많이 오가는 아랍 거리를 걷다 보면 사과 향을 비롯한 각종 과일 향이 풍겨 난다. 강하고 독한 토바코 향도 느껴진다. 이것은 무엇일까? 아랍 이슬람 지역의 물담배가 풍겨 내는 독특한 냄새다. 이 지역은 애연가들로 넘쳐 난다. 두바이에서, 다마스쿠스에서 그리고 베이루트와 암만에서 때와 장소를 가리지 않고 뿜어내는 진한 물담배 향과 담배 연기가 넘쳐 난다. 아랍스러운 풍경의 하나이다. 흡연 또는 애연 문화는 아랍인들의 전통문화가 되어 버렸다. 외지인들에게 이것은 아랍의 상징 중 하나로 자리하고 있다. 그런데 최근 곳곳에서 물담배 금지령, 퇴출령이 확산되고 금연 규정도 강화되고 있다.

암만 시내에서 렌터카 회사를 운영하고 있는 무함마드 나집은 회사에 출근하자마자 물담배를 피워 댔다. 뿌연 연기와 함께 첨가향이 사무실 가득히 넘쳐 났다. 두바이, 요르단, 이집트 할 것 없이 공항 면세

_ 중동의 전통문화로 잘못 알려진 물담배, 그 위해 논쟁이 벌어지고 있다. (레바논의 베이루트)

점은 물론 주요 매장마다 물담배 용품 판매상이 자리하고 있다. 휴대용 물담배 세트도 인기를 끈다. "이 독한 것을 어떻게 즐기나요?" 한 한국인 여행자는 현지인의 끝없는 권유에 물담배를 한 모금 빨고는 현기증을 느끼고 주저앉았다. 여름이면 시내 곳곳에 늘어선 노천카페는 물론이고 아파트 발코니나 집 마당에 나와 앉아 숯불을 얹어 놓고 물담배를 즐기는 이들을 쉽게 찾아볼 수 있다. 심지어 해변은 물론이고 광야의 야자수 그늘 아래서도 물담배를 즐기는 이들이 있다.

암만 시내에는 여성 전용 물담배 카페도 성업 중이다. 여성 물담배 애호가들이 눈에 띄게 늘고 있다는 증거이다. 물담배 전문 카페가 아니더라도 물담배를 즐기는 여성을 찾아보기는 어렵지 않다. 공공장소 흡연 여성에 대해 색안경을 끼고 보는 이들도 물담배 피우는 여성에 대해서는 상대적으로 관대하다. 시리아 다마스쿠스의 전통 시장 하미디예 곳곳에도, 베이루트 하므라 거리 곳곳에도 카페에 앉아 물담배 삼매경에 빠진 이들이 많다. 이들은 이른 아침부터 한밤중까지 나름 자기 취향을 갖고 물담배를 즐기고 있다.

반금연법의 적극적인 법 집행을 꾀하는 일부 아랍 국가들의 의지는 열매를 거둘 수 있을까? 금연을 엄격하게 적용하겠다는 의지를 밝히고 있는 정부와 오래 묵은 흡연의 전통 사이의 갈등은 전통의 승리로 돌아갔다. 오래된 '친흡연가' 전통 덕분이다. 물담배를 비롯한 흡연은 반이슬람적이라며 금지를 추진하지만, 점차 탈종교화되고 있는 주민들의 마음을 종교의 고삐로 죄려는 것도 잘 먹혀들지 않는다. 여러 설문 조사에서 공공장소에서의 금연은 물론 건물 내에서의 금연을 지지하는 비율이 90% 안팎인데도 실천력 부족으로 제자리이다. 여전히 수입 담뱃값이 2,000원 안팎으로 비싸지 않은 것과 금연을 요청하는 행위가 상대방에 대한 무례라고 생각하는 의식도 큰 문제이다. 물로 담배 연기를 걸러 내기에 물담배는 흡연보다 안전하다는 오해도 큰 몫을 한다. 금연 지역으로 지정되면 주변 상인들은 매상이 줄어들 것을 염려한다. 비즈니스 관계자들의 고충이다. 공식적으로 음주가 금지된 이 지역에서 물담배 흡연은 술 권하는 문화에 준하는 것이다. 이를 대체할 대안 문화가 없는 상황이 흡연 전통을 무너뜨리지 못하는 큰 걸림돌이기도 하다. 물담배 퇴출을 통해 금연 세상, 맑은 공기 마실 권리를 제공하겠다는 정책이 넘어야 할 장애물은 많기만 하다.

5) 돼지고기 즐기기

중동에서 돼지고기를 접할 수 있는 방법은 몇 가지 안 된다. 이집트, 요르단, 모로코에는 돼지 농장이 있다. 요르단 암만이나 이집트의 카이로, 이스라엘의 예루살렘에는 돼지고기 전문 판매점이 한 곳씩 있다. 냉동 고기는 아니지만, 이곳 돼지고기의 육질은 한국의 것에 비할 것이 못 된다. 그렇지 않으면 그리스나 호주 등에서 수입된 돼지고기를 구할 수 있다. 아니면 이스라엘에서 보다 육질 좋은 돼지고기를 찾을 수 있다. 갈릴리 지방의 러시아 이민자들이 많이 사는 지역에서는 육질 좋은 돼지고기 구입이 어렵지 않고 돼지고기 스테이크 전문점까지 성업을 할 정도이다. 다른 나라들에서는 수입 고기 코너에 냉동 돼지고기가 제한적으로 판매된다.

그런데 무슬림들은 왜 돼지고기를 먹지 않을까? 그 답은 단순하다. 알라가 돼지고기를 금했기 때문이다. 알라가 돼지고기를 금한 이유는 무엇일까? 무슬림들은 저마다 이런저런 해석을 늘어놓는다. 돼지의 습성이 나쁘다, 돼지고기는 사막 기후에 부패하기 쉽다, 돼지고기가 가지고 있는 여러 가지 선충들이 사람에게 해롭다 등 다양하다. 사실 기독교에서도 구약 성경에 돼지고기 식용을 금지하고 있다. 그렇지만 기독교인들은 돼지고기를 먹는다. 구약 성경이 주어진 시대와 환경이 지금 우리의 것과 다르기 때문이다. 율법으로 금지되었을 때의 상황에 따라 금지 사유를 해석해야지, 그것을 글자 그대로 적용하는 것엔 문제가 있다는 입장이다.

3. 중동의 인간관계

인간관계로 소통하는 것은 중요하다. 사람 사는 곳은 다 비슷하기 때문이다. 얼굴로 통하는 것도 마찬가지이다. 친구의 친구는 내 친구가 되는 곳, 그곳이 중동이다. 인간미 가득한 그곳이 안겨 주는 불편함도 있고, 편리함도 있다.

1) 와스따, 안 되는 것도 되게 하는 관계

중동 사회를 이해할 때 필수적인 단어는 '와스따'이다. 중재자 또는 로비스트 등 여러 가지 뜻으로 풀이할 수 있다. 카이로 시내의 '마디 기디이다'라는 동네에서 한 상인과 행인 사이에 말다툼이 벌어졌다. 점점 쌍소리가 오가자 주변에 사람들이 몰려들었다. 사람들은 저마다 중재자로 나섰다. 그러다 마침내 한 사람이 중재자 역할을 마무리했다. 스스로 말다툼을 중재하겠다고 나선 인물 중에서 싸우던 두 사람이 이 사람을 중재자로 받아들였기에 중재가 가능했다. 일단 다른 사람들의 목전에서 자신들이 중재자로 받아들인 사람의 제안을 무시하는 것은 수치에 해당한다. 그런 까닭에 중재 내용에 거리낌이 있거나 내용이 만족스럽지 않더라도 중재를 받아들여야 한다.

이 이야기처럼 중재자는 이해 당사자 간의 갈등을 조정하여 타협을 이뤄 내는 사람이다. 이 중재자를 '와스따'라고 부른다. 물론 와스따는 한국말로 하면 배경 또는 '백'(back)의 의미도 지닌다. 이럴 경우는 매개인의 의미가 된다. 중재자는 아랍에서 아주 중요한 역할을 맡는다. 그 역할을 맡으려면 양쪽 당사자로부터 존중을 받아야 한다. 그것이 바탕이 되지 않으면 이해 당사자가 중재자의 중재를 받아들이지 않기에 중재 자체는 시작될 수도 없는 것이다. 2004년 여름, 한국인 A씨 석방 협상 과정에 A씨 관계자들이 내세운 중재자가 A씨를 납치하여 잡아 두고 있던 B 집단과 사이가 안 좋은 집안 출신이었기에 협상이 제대로 이뤄질 수 없었다는 이야기도 있다.

_ 아랍 사회는 관계 중심의 사회이다. 아랍 사회에서 중재자는, 갈등 중인 이해 당사자 사이의 평화의 가교 역할을 한다. (이집트의 카이로)

와스따가 '백'으로 통하는 경우도 다반사이다. 친구의 친구는 내 친구라는 생각이 강한 아랍 지역의 특성 때문이다. 아무리 민원이 밀려 있어도 바로 이 와스따나 개인적인 관계를 이용하여 관련 공무원이나 관계자의 배려를 받는 것은 어려운 일이 아니다. 대개 이 경우는 민원이 서 있는 줄이 아니라 뒤로 이뤄진다. 가벼운 의미로는 청탁에 해당하지만, 거리낌 없이 다른 민원인들이 보는 앞에서도 이런 유의 청탁이 쉽게 받아들여진다. 민원인들조차도 별달리 거부감을 느끼지 않는다. 관행으로 체질화되어 있기 때문이다.

2) 족보는 개인의 신상정보*

관계, 돈을 주고받고 매수하는 그런 관계가 아닌, 그야말로 인간관계로 소통하려면 이름과 성, 가문에 대한 이해가 필요하다. "삼천갑자

* 김동문, 『이슬람의 두 얼굴』, 예영커뮤니케이션, 2001, 153-155쪽.

동방삭이 …" 하는 식으로 아랍인들의 이름은 길다. 공문서에도 이름 쓰는 칸이 최소 세 칸 이상이다. 자기 이름, 아버지 이름, 할아버지 이름 그리고 성을 쓰도록 되어 있다. 그래서 굳이 한국 이름을 이 방식에 맞춰 풀이해 보면 '동문 김'이라는 나의 이름에서 '동'이 내 이름이 되고, '문'이 부친의 이름이 되는 셈이다. 또 내 이름을 아랍식 이름으로 다시 짓는다면 '동문 홍○(아버지 이름) 상○(할아버지 이름) 김'이 된다. 물론 여권상에는 이 이름이 없기에 그냥 '동'이 내 이름이 되어 버린다.

앞서 언급했듯이 아랍인의 전통적인 이름 구조는, 자신의 이름 뒤에 아버지의 이름을 넣고 그 뒤에 할아버지의 이름을 넣고 부족 성씨를 마지막에 붙이는 형태이다. 이른바 족보식이다. 그래서 대개의 경우 한 사람의 이름을 보면 최소 삼대까지의 가계 내력을 알 수 있다. 이런 식으로 하여 길게는 이름이 10개 이상이 되기도 하는데, 평균 네 개 정도의 이름[본인의 이름+아버지 이름+할아버지 이름+가족 이름(姓)]을 갖는다. 이름이 약식 호적이자 일종의 신분 증명이 되는 셈이다. 그래서 아랍인들은 이름(성과 이름을 포함하여)만 보아도 그가 어떤 배경의 어느 지역 출신인지를 감 잡을 수 있다.

덧붙이자면 아랍 무슬림들은 원래 성이 없었다. 1923년 터키의 무스타파 케말 파샤 아타튀르크(1881-1938)는 당시 개혁을 통해 터키를 유럽화하는 과정에서 성을 갖도록 권장하였다. 아랍 국가들도 비슷한 시기에 성을 갖기 시작한 것으로 보인다. 사실 우리나라의 경우도 일반 상민들이 성을 갖게 된 것은 얼마 되지 않은 일이다. 이제 아랍 지역 남자들의 이름을 살펴보자.

첫째, 가장 흔한 이름으로 무함마드, 아흐마드, 마흐무드, 후세인, 알

_ 아랍 이름은 움직이는 족보이다. 일부다처 상황이 반영되어, 공식 문서에는 모친의 이름을 적는 칸이 존재한다. (이집트의 카이로)

리 등이 있다. 물론 이 이름들은 지역에 따라 조금 다르게 발음되기도 한다. 이는 마치 같은 한자어를 두고 한국, 일본, 중국이 다르게 발음하는 경우와도 같다. 꾸란이나 이슬람 전통에서 비롯된 이름들이다. 이런 이름을 이쓤(Ism)이라고 한다.

둘째, 이름에 알라의 이름이 연결되는 경우가 많다. 압달라(압두+알라: 알라의 종), 압둘-카림(카림의 종: 관대한 알라의 종), 압둣-쌀람(평화의 종: 평화이신 알라의 종), 압둘-라흐만(자비의 종: 자비로운 알라의 종) 등이 그것이다. 여기서 압두(Abd)라는 접두어 뒤에 붙어 있는 '카림'이나 '쌀람' 등은 알라의 다른 이름들 중 하나이다. '압두'는 '종'이라는 뜻으로 이 이름들을 풀어 보면 '친절한 분이신 하나님의 종', '평화이신 하나님의 종'이라는 뜻이다.

셋째, 결혼한 남자가 자기 큰아들 이름 앞에 아부라는 단어를 붙이는 이름들이다. 이런 이름은 별명으로 부르는 경우도 있고 실제 이름으로 사용하는 경우도 있다. 이런 식의 이름을 쿤야(Kunya)로 구분한다. 그러나 이런 이름들은 별명으로 사용하는 경우가 더 많다. 실제 자기 아들의 이름 앞에 아부를 붙이는 경우는 우리식으로 보면 '누구네 아빠'라는 뜻이 되며, '발명의 아버지', '법의학의 아버지' 식의 별칭으로 쓰일 때도 있다. 아랍 현지인들은 자신의 이름이 장남의 이름으로 불리는 것을 선호한다. 팔레스타인의 수반인 '마흐무드 압바스'의 이름도 언론에서는 애칭인 '아부 마잔'으로 등장한다. 그것이 '마흐무드 압바스' 수반에 대한 존칭으로 사용되는 것이다.

넷째, 자기 부모(대개는 아버지)의 이름 앞에 이븐(Ibn) 또는 빈(Bin)을 붙이는 이름이 있다. 그 뜻은 '…의 아들'이라는 뜻이다. 예를 들면, 오사마 빈 라덴의 경우는 '라덴의 아들'이라는 뜻이고, '이븐 칼둔'의 경우는 '칼둔의 아들'이라는 뜻이다. 예를 들어 압둘라 싸니 빈 알-후세인(현재 요르단 국왕인 압둘라 왕의 실제 이름이다)이라는 이름의 뜻은 후세인(왕)의 아들 압둘라 2세라는 의미가 된다. 두 이름 사이에 들어갈 경우는 '빈'이 쓰이고, 독립적으로 한 이름 앞에 사용될 경우에는 '이븐'이 쓰인다. 이런 형식의 이름은 나삽(Nasab)이라 부른다.

이런 성명 구조 아래서 보통 남에게 소개할 때나 소개받을 때는 '아무의 아들', '아무의 딸', '아무의 아버지'란 식으로 간략한 형태로 말하기도 한다. 물론 이 약칭 자체가 정식 이름으로 쓰일 때도 많다. 회사 안에서 직원이 상사를 부를 때도, 당사자의 이름을 호칭하기도 하지만 상사의 아들 이름을 빌려서 '아무개의 아버지'라고 친근히 부르기도 한다.

다섯째, 이름 사이에 애칭이나 별칭을 추가하기도 한다. 『천일야화』에도 등장하는 압바스 왕조의 칼리프인 무슬림 통치자의 이름은 '하룬 아르-라시드'이다. 이것은 본명이 아니라 애칭에 해당한다. '의로운 자

하룬(성경 속 모세의 형 아론)'이라는 뜻을 지닌다. 이런 식의 이름을 라깝(Laqab)으로 구분한다.

이름에 덧붙이는 표현으로 또 다른 하나가 있다. 연고를 나타내는 표현이다. 그 연고는 직업과 관계될 수도 있고 특정 인물이나 지역에서 유래된 것일 수도 있다. 테러리스트로 유명한 '알-자르카위' 같은 경우도 그것이 실제 이름이 아니고 자신이 요르단의 자르카 출신임을 강조한 별칭이다. 아랍 곳곳에서 성이 '알-마쓰리'인 사람들을 만난다. 이들의 조상이 이집트에 뿌리를 두었음을 짐작할 수 있다. '마그레비'라는 성을 가진 인물들은 북아프리카 모로코에 연고지를 둔 사람들의 후손들이다. '알-핫다드'라는 성은 직업에서 유래된 것으로, 대장장이 직업을 가졌던 집안 내력을 보여 준다. 이런 이름을 니쓰바(Nisba)로 구분한다.

여섯째, 한국에서 한때 부모 양성쓰기운동이 주목을 받은 적이 있다. 아랍 이슬람 사회에서는 어떨까? 그곳에서 여자는 이름이 없다. 물론 법적으로는 이름이 있다. 그러나 결혼하기 전에는 누구누구의 딸로 불리는 경우가 많고, 결혼한 이후에는 누구누구의 아내 또는 아무개의 엄마로 불리곤 한다. 전통적인 관점에서 이런 분위기가 이어진다. 그러나 개방화되면서 기혼 여성들도 자신의 이름으로 불리는 것을 선호하고 있다. 이슬람법에 의하면 결혼한 무슬림 여성이 남편의 성을 강제로 가질 필요가 없다. 실제로 남편 성 갖기 관습은 아랍 무슬림들에게는 낯선 일이다. 여권 기재 사항에도 기혼 여성이라고 하여도 자신의 고유한 이름과 성을 표기한다. 신원 확인을 위하여 괄호 안에 남편 이름과 성을 적기도 한다.

_ '누구네 아빠'라는 뜻의 '아부 ○○'는 남자에게는 영예로운 호칭이다. 대통령이나 정치인의 이름도 이런 애칭으로 불린다. (레바논의 베이루트)

잠시 위에서 언급한 이름의 비밀에 관해 퀴즈를 풀어 보자. 아부 마잔 마흐무드 이븐 니달 이븐 압둘-아지즈 알-칼릴리(Abu Mazan Mahmud ibn Nidal ibn Abdul-aziz al-Khalilii). 누군가 자신의 이름을 이렇게 소개했다. 이 이름 중에는 진짜(법적인) 이름도 있고 여러 가지 애칭과 별칭도 섞여 있다. 그것을 구분할 수 있다면, 현지인과 단번에 친숙해질 수 있을 것이다. 이 긴 이름에 담긴 코드는 "마잔의 아버지, 마흐무드, 니달의 아들, 압둘-아지즈의 손자, 헤브론 사람"이 된다. 그 이름을 풀이하면, 아부 마잔(장남의 이름에 붙인 애칭, 쿤야), 마흐무드(개인 이름, 이씀), 니달(그의 부친 이름, 나쌉), 압둘-아지즈(그의 조부 이름, 나쌉), 알-칼릴리(그의 출신지 이름, 니쓰바)이고, 그냥 쉽게는 마흐무드 또는 아부 마잔으로 부른다. 이 이름만을 보면 아부 마잔은 유목민 집안이 아니라 전통적으로 농경생활을 하던 집안 출신임을 짐작할 수 있다.

한국이나 다른 서구 국가들과는 달리 이곳에서 이름은 단순한 호칭 이상의 의미를 지닌다. 이런 구조적인 특성은 아랍인으로 하여금 혈통이나 가문을 중시하도록 만들어 왔다. 혈통이나 가문을 중시하는 분위기는 기독교인들보다 무슬림들에게 조금은 더 강해 보인다. 그래서인지 "피는 물보다 진하다"는 것과 같은 의미로 아랍에는 "피는 물이 되지 않는다"는 속담이 있다.

3) 우리와 다른 순서

이곳에는 우리와 다른 순서나 절차가 있다. 지위에 따른 자리 배치 방식도 다르고, 셈법도 다르다.

이집트에 머물 때였다. 한국에서 파견된 관계자와 차에 동승하게 되었다. 습관적으로, 승차하기 불편한 뒷좌석으로 향했다. 시야가 좋은 앞자리에서 경치를 전망하라는 나름의 배려였다. 남은 좌석은 조수석. 불편한 표정을 짓던 한국인 관계자는 뒷좌석이 귀빈석이니 연장자가 앉는 자리 아니냐며 한마디 했다. '뒷좌석이 더 불편한데 …' 속으로 의아한 표정을 지어야 했다.

지난 2009년 5월 교황 베네딕토 16세가 요르단을 방문했다. 교황을 태운 전세기가 암만 특별 공항에 도착하기 직전 요르단 왕실 관계자들이 헬기 등을 이용하여 영접 장소에 나타났다. 유틸리티 차량 형태였다. 뒷좌석 문이 먼저 열렸다. VIP가 내리는가 싶었다. 그런데 비서진이었다. 잠시 뒤 조수석 문을 열고 압둘라 국왕이 내렸다. 라니아 왕비도 다른 차량의 조수석에서 내렸다. 이곳에서는 귀빈석이 조수석 위치에 있다.

이 지역의 귀빈석 위치에 대해 어떤 사연이 있는지 의견이 분분하다. 그렇지만 일반 승용차가 아닌 유틸리티 차량의 경우는 조수석이

시야가 넓기 때문이 아닌가 하는 이야기도 있다. 그렇지만 일반 승용차를 탑승할 때도 이곳의 귀빈들은 조수석을 선호하고 있다.

아랍 상점에 들러서 250원(편의상 한화로 적어 본다)어치 물건을 구입하고 1,000원을 냈다. 상점 주인아저씨, 물건을 옆에 두고 250원씩 세면서 돈을 더해 간다. 결국 1,000원에 도달했다. 그제야 250원어치 물건과 거스름돈을 집어 준다. 이곳의 일반적인 셈법이다. 대체적으로 뺄셈에 약하다. 우리식으로 하면 1,000원을 받았는데 250원어치를 구입했으니 거스름돈 750원이 바로 나오지만 이곳은 계산 방식이 다른 것이다. 지폐를 셀 때도 한 장 한 장 늘어놓으면서 계산한다. 다발로 세는 것에 익숙하지 않다.

4) 하루 두 끼 식사

아랍인들은 하루에 두 끼를 먹는 경우가 많다. 다이어트나 웰빙 문화 덕분은 물론 아니다. 우리나라는 물론이고 서구 사회의 사무실 밀집 지역 낮 풍경에는 공통점이 있다. 점심시간에 직장인들이 이 식당 저 식당으로 몰려다니는 풍경이다. 패스트푸드점이든 일반 식당이든 직장인들이 가득 넘쳐 나곤 한다. 그러나 중동에서는 점심시간이라고 하여 이런 풍경을 볼 수 없다.

요르단의 경우를 보자. 일반 기업체 직원들은 업무에 따라 퇴근시간이 다르지만 공무원들의 경우는 대개 오후 3시면 퇴근이다. 어쨌든 직장인들은 오후 3시 이후에야 퇴근을 한다. 이렇게 일하는 이곳 사람들에게 점심시간이 주어질까? 당연한 질문이지만 그 대답은 '아니오'이다. 점심시간이 따로 없이 근무가 계속된다. 각자 알아서 커피나 차를 마시거나 간단한 샌드위치를 먹는 정도이다. 대개의 경우는 퇴근 이후에 귀가하여 때늦은 점심 식사를 한다.

아부 아흐마드, 40대 초반의 문구용품점 지배인이다. "가만히 앉아서 점심을 먹을 시간이 없지요. 차 한두 잔 정도 마시거나 급하게 샌드위치 하나 정도 먹을 시간밖에는 없어요." 50대 초반의 에이사는 중간 간부급 공무원이다. "하루 두 끼 정도 식사를 하지요. 식이요법 때문이 아니라 직장생활을 하다 보니 이렇게 할 수밖에 없어요." 에이사의 경우 우리 같은 아침 식사를 할 겨를이 없다. 사무실에서 3시, 때로는 그 너머까지 일을 마치고 집으로 돌아간다. 4-5시 정도 되어 제대로 차려진 식사를 한다. 그리고 10시 안팎에 출출한 배를 생각하여 너무 무겁지 않게 저녁 식사를 하는 경우가 대분이다.

그런데 중동 지역에서는 옛날부터 두 끼 식사를 하는 경우가 많았다. 브런치(아침 겸 점심 식사)에 해당하는 늦은 아침 식사와 늦은 저녁에 이어지는 만찬 두 경우였다. 그래도 아침보다는 만찬이 제대로 차려진 식사시간이었다. 사회가 변하고 서구화되어 가는 요즘도 직장인들은 본의 아니게 전통 식사법을 강요받고 있는 셈이다.

서구화된 현지인 가정에서 저녁 식사에 초대할 경우는 이른 저녁이 아니라 늦은 저녁일 경우가 대부분이다. 6시나 7시에 초대하는 경우는 가볍게 차 한 잔 하자는 정도로 받아들일 필요가 있다.

5) 커피 즐기기

현지 아랍인 가정이나 고위 관료의 집무실, 사업가의 사무실 등을 방문하면, 으레 아랍 커피가 나온다. 손님을 맞이하는 주인은, 환영 커

_ 영국 브랜드 커피인 코스타는 중동 지역에서 스타벅스와 경합하고 있다. (아랍에미리트의 두바이)

피를 자기 잔에 먼저 따라, 손님 앞에서 마신다. 그러고 난 다음에야 손님의 커피 잔에 커피를 부어 준다. 이번에는 손님을 위한 것이다. 손님이 그 커피 잔을 비우면, 다시금 주인은 손님의 커피 잔에 가득 커피를 부어 준다. 환영의 마음을 가득 담아 준다.

집에서 제공하는 커피는, 직접 가정에서 만들어 그 집 고유의 맛과 향이 담긴 커피이다. 주인이 제공하는 커피를 많이 마신다는 것은, 주인의 호의에 감사해하는 또 다른 방식의 표현이 되기도 한다. 커피 세 잔에 얽힌 아랍 격언이 떠오른다. 한 잔의 커피를 함께 마시면 나그네이고, 두 잔의 커피를 함께 마시면 손님이며 세 잔을 함께 마시면 당신은 가족이 된다. 커피를 좋아하는 나는 진한 아랍 커피를 선호한다. 드넓은 광야에 자리한 유목민 천막 안에서 마시던 커피 맛과 향이 강하게 떠오른다. 그런데 지금 중동에서는 색다른 '전쟁'이 한창이다. '커피 전쟁'이다. 아랍산 커피와 스타벅스, 커피빈, 코스타 등 외국계 커피 전문점 사이에 시장 장악을 두고 경쟁이 치열하다. 토종 커피 전문점들까지 반격에 나서면서 그야말로 점입가경이다.

"하루에 (아랍) 커피 두세 잔은 마셔야 해요. 글쎄요, 안 마시면 금단 현상처럼 손까지 떨릴 지경이랍니다!" 이런 고백을 하는 아랍인들을 만나는 것은 어렵지 않다. 아랍의 이슬람 지역에서 커피를 안 마시는 사람은 '외계인'이다. 유럽식이나 미국식 커피는 아닐지라도 아랍 커피의 진한 맛을 외면하는 경우는 없다고 봐도 좋다. 때를 얻든지 못 얻든지 커피 마시기에 힘쓰는 문화가 존재한다.

요르단 수도 암만의 옛 시가지 시장 골목을 돌다 보면 곳곳에서 아주 강한 커피 향의 유혹을 받는다. 원두커피 판매점에서 커피를 볶는 향이 짙게 새어 나온다. 이곳 사람들은 손님을 환대할 때 연하게 탄 아랍 커피 한 잔을 먼저 권한다. 그런 다음에 "커피 드시겠어요, 차를 마시겠어요? 설탕은 얼마나 타 드릴까요?" 하고 커피와 차 중에 하나를 고르도록 한다. 이때 커피는, 양은 적어도 커피의 맛과 향이 진한 것이 나온다. 이것이 아랍식 손님 환대법이다. 커피는 이렇게 아랍 지역 주민들의 생필품으로 자리하고 있다. 암만 시내의 쇼핑과 문화 공간인 메카 몰에는 전체 매장의 20% 안팎을 커피 판매점이 차지한다.

커피 하면 흔히 콜롬비아 등 중남미 국가를 원산지로 생각하지만, 커피의 본고장은 기실 유럽도 남미도 아니다. 이미 9세기 무렵부터 에티오피아 고산 지대에서 커피를 재배했고, 이것이 이집트와 예멘을 거쳐 15세기 무렵에 이르면 페르시아와 터키, 그리고 북아프리카 일대로 퍼져 나간다. 이슬람권에서 시작된 커피 열풍이 17세기 무렵이 되어서야 유럽으로 퍼져 나갔으니, 누가 뭐래도 커피의 본고장은 이슬람권이다.

2장

야자수 길을 걸으며 "라우 싸마흐트" (실례합니다만)

누가 아랍인인가? 누가 무슬림인가? 중동은 어떤 땅인가?
아랍 무슬림임에도 겉으로는 그렇게 보이지 않는 사람들도 부지기수다. 심지어 아랍 현지에서 만날 수 있는 사람들도 '아랍스러운' 이들이나 무슬림 같은 이들이 다가 아니다. 아랍, 그곳에 또 다른 사람들이 살고 있다. 그들은 우리와 너무나 닮은, 우리의 이웃이다.

1. 아랍어와 친해지기

아랍어는 어렵다. 그것은 사실이다. 그런데 외국인이 아랍어를 못한다고 해서 문제될 것은 없다. 아랍인들에게도 아랍어가 어려운 경우가 많기 때문이다. 평범한 외국인들에게 있어서 아랍어는 아랍인과의 의사소통, 마음을 이해할 수 있는 수단이면 족할 듯하다. 현지 아랍인들처럼 말하려는 욕심을 버린다면, 아랍어가 조금은 더 가까워지지 않을까?

그럼에도 마음이 담긴 현지어 몇 마디라도 할 수 있다면, 내가 현지인의 말과 일상에 관심이 있다는 표현이 될 수 있다. 유창한 아랍어가 아니더라도, 오가는 짧은 아랍어 사이에도 정감이 전해질 수 있다. 아

_ 표준 아랍어와 아랍 문화를 보존하는 공간은 대학이다. (오만의 무스카트)

랍어는 단지 소리나 글이 아니라 현지의 일상이, 삶이 담긴 언어이다. 아랍 문화를 모르면 아랍어가 어렵고, 아랍어를 알수록 현지 문화에 다가갈 수 있다.

1) 어렵지만 재미난 아랍어 — 아으띠니 자지 와헤드(닭 한 마리 주세요)

"아랍어! 어려운 언어 맞지요?"

현지 아랍인들이 종종 확인 삼아 던지는 질문이다. "아랍어는 알아보기 힘들다!"는 말이 맞다. 종종 아랍어 뜻을 명확하게 알고 싶을 때 현지인에게 종이에 써 달라고 요청을 할 때가 있다. 그러면 상대방의 얼굴이 벌겋게 달아오른다. 문맹이기 때문이다.

아랍어는 UN에서 정한 국제 공용어 중의 하나이다. 한국에서는 중동 관련 일이 있을 때만 '귀한 대접'을 받는 언어이다. 앞에서 언급하였듯이 일반적으로 아랍어는 어렵다고 평가된다. "가우왁", "키이팍", "슈로넥", "이자이약", "라 바스" … 무슨 뜻일까? 모두가 "잘 지내십니까?", "안녕하세요"의 뜻을 가진 아랍어이다. 비슷하게 생기지도 않았는데 모두 뜻이 같다.

이처럼 아랍에서는 지역별로 다른 아랍어를 사용하고 있다. 그런 이유로 물정에 어두운 서로 다른 지역의 아랍인들끼리 아랍어로 이야기 한다고 하여도 의사소통은 되지 않는다. 또한 같은 단어가 전혀 다른 뜻으로 사용되는 경우들이 많다. 무알림(선생), 우스타즈(교수)가 한 나라에서는 말 그대로의 의미로 쓰이지만, 다른 나라에서는 그냥 '아저씨'를 부를 때 쓰인다. 요르단이나 일부 지역에서 남자를 지칭할 때 사용하는 '잘라메'가 모로코를 비롯한 북아프리카 지역에서는 '당나귀'나 '바람둥이' 정도의 심한 욕설이 된다. 당나귀는 한국어의 '개'와 연관된 욕을 연상시킨다. 15년 전쯤 요르단과 모로코의 농구 국가 대항전에서 요르단 농구 선수가 심판에게 항의하면서 '잘라메'라고 호칭했다고 하여 심판 모독죄로 퇴장을 당하자 양국 사이에 논란이 일기도 했다. 기쁘거나 행복한 기분을 표현할 때 사용하는 아랍어 '맙쑤뜨'가 이라크에서는 '얻어맞아 축 늘어져 뻗어 있는' 상태를 뜻한다. 이렇듯 아랍인들 사이에도 '문자가 서로 사뭇디' 아니하는 사례는 많다. 이것이 아랍어의 묘미이다.

아랍어는 중세 유럽에서 과학과 수학, 철학 등 다양한 분야에 깊은 영향을 끼쳤다. 이들 분야의 중요한 어휘들이 아랍어에서 비롯되었다는 점에서 그 흔적을 찾을 수 있다. 설탕, 면, 잡지, 매트리스, 소파, 마사지, 항아리, 캐러멜, 낙타, 마스카라 같은 단어가 아랍어에서 비롯되었고, 알-게브라(algebra, 대수학), 알-코올(alcohol)이나 제니스(zenith, 천정, 天頂) 같은 어휘들도 아랍어에서 기원한 것이다.

_ 멋지게 쓰인 아랍어 문장은 그 자체로 하나의 '회화'나 '디자인' 같다. (쿠웨이트의 쿠웨이트)

아랍어는 일반적인 의미로 이슬람 언어라고도 할 수 있다. 아랍어 깊숙이 이슬람의 영향력이 가득하기 때문이다. 그러나 그렇다고 하여 모든 무슬림이 아랍어를 읽고 쓰는 것은 아니다. 비아랍계 무슬림의 경우 아랍어로 된 몇몇 중요한 이슬람 관용어를 겨우 읽는 정도가 대부분이다. 아랍어가 이슬람 언어라는 특징 때문에 아랍 기독교인들은 자신들만의 독특한 표현법을 구사하기도 한다. 특히 이슬람 종교의 의미가 강한 표현들을 기피하는 경향을 보이기도 한다. '앗쌀라무 알라이쿰'(안녕하세요. 직역하면, 알라의 평화가 당신에게 있기를) 대신에 '마르하바'(반가워요)를, '알-함두릴라'(알라에게 찬미를) 대신에 '쓔크란'(감사합니다)을, '마앗쌀라마'(직역하면 '알라'의 평화가 함께하길) 대신에 '알라 마악'(하나님이 당신과 함께하길)을 말하곤 한다. 물론 후자의 어휘들을 아랍 무슬림들이 사용하기도 한다.

아랍어는, 다른 언어도 마찬가지지만, 문어체 표준어 '푸스하'(fuṣḥā)와 일상에서 사용하는 구어체 아랍어 '암미야'(ammiya)로 나뉜다. 표준어는, 우리말로 예를 들면 어미에 '까'와 '다'를 붙여 또박또박 말하는 교과서적인 언어이다. 만약 외국인이 표준어로 이야기하면 표준어로 대답해 줄 아랍인들이 많다. 그런데 표준어만 아는 외국인들은 현지인들이 구어체 아랍어로 나누는 이야기를 제대로 알아듣지 못한다.

아랍어 발음 중에 우리나라 사람이 발음하기 특별히 어려운 것도 많다. 주로 가래 끓는 소리나 가래 뱉을 때 나는 소리와 비슷한 '카[kha]' '가[gha]' 같은 발음이다. 지금 우리말에 없는 'ㆆ' 발음도 있다. 입김을 '하'하고 불 때 나는 소리와 같다. 이 발음이 우리말에서 사라진 탓에 한국에서는 '바흐레인'이 '바레인'으로, '아흐마드'가 '아마드'로, '마흐무드'가 '마무드'로 표기되곤 한다. 다른 하나는 '호르륵'하고 소리 낼 때 굴러가는 소리 'r'이다. 이집트 카이로의 중앙 광장 이름이 '따흐리이르'(해방)이다. 적지 않은 한국인들이 이것을 '따리르'로 발음한다.

발음이 정말 이상하게 들리는 아랍어도 있다. 물론 한국인의 귀에 그렇게 들리고 엉뚱한 상상을 하게 하는 말들이다. 한 구어체 아랍어 전문 학원의 수업시간에 펼쳐지는 광경이다. "닭은 표준 아랍어로는 '다자지'이지만 구어체로는 '자지'라고 합니다. 닭 한 마리는 '자지 와 헤드'입니다. 돌아가면서 한 사람씩 발음해 보세요." 현지인 아랍어 선생님의 지도를 따라 외국인 수강생들이 한 사람씩 돌아가면서 발음 연습을 하고 있다. 한국인들만 유난히 얼굴이 벌겋게 달아올라 제대로 발음을 못하고 있다. 그래서인지 적지 않은 한국인들은 닭을 사러 가서 아랍어를 쓰지 않고 그냥 치킨이라 말하곤 한다.

우리말과 유사하게 발음하지만 뜻은 완전히 다른 경우도 많다. '야'

라는 단어가 대표적이다. 우리말의 막말에 해당하는 것이 아랍어에서는 존칭이 담긴 호격에 해당한다. '야 라이쓰'(대통령님), '야 우스타즈'(교수님) 같은 식이다. '야 알라'(알라여), '야 랍브'(주님이시여)처럼 절대자를 부를 때도 사용하는 격 있는 말이다.

그런데 한국어의 표준말이나 사투리 안에도 아랍어나 아랍어의 흔적들로 보이는(?) 몇몇 단어가 있다. 경상도 해안가를 중심으로 사용되는 '사분'이 대표적이다. 경상도 해안가 사투리로 '비누'를 의미한다. 그런데 아랍어로도 비누는 '사분'이다. 다른 지역 사투리에는 없는 비누의 사투리가 아랍어와 같은 발음이라는 것이 인상적이다. '구름'이라는 뜻의 아랍어는 '구윰'(단수로는 구유마)이다. 구름을 나타내는 중국어 '윤'이나 일본어 '쿠모'와도 다르다. 다른 나라에도 구름을 나타내는 말이 비슷하게 발음되는 것은 없다. 다만 쿠르드어 '쿠르만지'와 아랍어 '구윰' 정도가 한국어 '구름'과 유사하다. 팔레스타인 지역의 한 가문에서 '아부 갈윤'이라는 이름을 쓴다. '담배의 아버지'라는 의미를 갖고 있다. 아랍어에서 '갈윤'(Ghalyún)은 담뱃대나 담배 곰방대와 연관된다. 일부 지역에서는 연초를 말아서 만든 담배를 일컫기도 한다. 한국어에 궐련이라는 단어가 있다. 얇은 종이로 가늘게 말아 놓은 담배 '권연'(卷煙)에서 비롯한 말이다. 그런데 한국어 '궐련'과 '갈윤'은 발음도 의미도 비슷하다. 비슷한 뜻과 발음을 가진 아랍어 단어들은 또 있다. 꾸리인(한국인), 야바니인(일본인) 등 사람[人]을 나타내는 말인 아랍어의 '인'이다.

재미있는 상상을 하게 만드는 단어들도 있다. "이끄라", "이르바하" 같은 경우이다. 이끄라는 "읽어라"는 뜻인데 "읽어라"의 사투리와 비슷

_ 아랍어를 읽고 쓰는 것이 쉬운 일은 아니다. 아랍어로 표기할 수 없는 외래어가 늘고 있다. (오만의 무스카트)

하다. 이르바하는 복권이나 도박 같은 경우에 사용하는 "당첨의 기회를 잡으세요", "따 보세요"의 의미를 지닌다. 그런데 마치 우리말로 "읽어 봐"라고 외치는 것 같다.

요즘 아랍어과 출신들이 잘나간다는 헛소문이 돌고 있다. 아랍어 열기는 수능에서 제2외국어로 아랍어를 선택하는 수험생이 늘고 있다는 것으로도 증명이 된다고 말한다. 아랍 현지에서 유학이나 언어 연수만 해도 길이 열린다는 괴담까지 있다. 그러나 사실은 다른 제2외국어보다 좋은 점수를 받을 수 있다는 장점 때문에 아랍어 시험 응시자가 늘고 있을 뿐이다.

2) 현지 아랍어를 배우려면

종종 한국 언론이 제2의 아랍 붐이니 하면서 호들갑을 떨곤 한다. 그렇지만 아랍어 전공자의 길이 탄탄대로가 된 것은 전혀 아니다. 그럼에도 불구하고, 아랍어 연수 또는 아랍 지역으로 유학을 오는 경우들이 이어지고 있다. 전통적으로 이집트 카이로나 튀니지, 모로코가 그런 지역이었다. 한때는 이집트 카이로, 요르단 암만, 시리아 다마스쿠스가 3강 시대를 형성하기도 했다.

아랍의 봄 이전까지 시리아 다마스쿠스가 아랍어 공부에 최적지라는 식의 외신이 이어졌다. 그렇다면 정말 시리아가 아랍어 공부에 최적지였을까. 맞기도 하고 아니기도 하다. 하기 나름이기 때문이다. 그래도 한국 유학생들이 많이 선호하는 지역으로 시리아를 꼽았던 것은 분명한 사실이다.

이집트 카이로는 다른 지역에 비해 물가가 싸고 볼거리가 많아 레저활동에 최적지이다. 요르단 암만은 깔끔한 도시 환경을 비롯하여 번잡하지 않으면서 나름 체계적인 아랍어 연수에 적합한 지역이다. 시리아는 어떤 면에서 이 두 가지 장점을 다 갖춘 지역이 아닐까 싶다. 레저공간이 넉넉하지 않다는 점, 외국인들이 다른 두 지역보다 많지 않다는 점이 장점이면서 동시에 단점이 된다. 공부밖에 할 것이 없어서 아랍어에만 집중했다는 말도 들렸다.

물론 이것은 대개 문어체(표준) 아랍어 공부에 얽힌 이야기이다. 그렇지만 일반인들이 일상에서 사용하는 듣기·말하기 언어인 구어체를 기준으로 하면 판도는 달라진다. 이집트 구어체 아랍어는 다른 지역에서 사용하기에 불편하다. 워낙 이집트 영상물이 아직까지 아랍 세계를 주도하고 있기에 이집트 아랍어 구어체를 말하면 상대방이 알아듣긴 한다. 그렇지만 대답으로 돌아오는 말을 전혀 알아들을 수 없다. 그 지역의 구어체 체계가 이집트 아랍어 구어체와는 사뭇 다르기 때문이다. 보편적으로 통하는 구어체 아랍어를 구사하려면 요르단이나 시리아를 선택할 수 있다. 그중에서도 요르단에는 구어체 아랍어 전문 학원들이 있다. 일단 요르단 구어체 아랍어를 배우면 다른 지역(물론 이집트나 북아프리카 지역을 제외하고는)의 구어체 아랍어를 감 잡는 것에도 별다른 어려움이 없다. 요르단 구어체 아랍어로 이야기하면 다른 지역의 아랍인들과 대화할 수 있다.

3) 아라비지 혹은 아라베쉬*

아랍어는 오른쪽에서 왼쪽으로 써 나가고, 영어는 왼쪽에서 오른쪽으로 써 나간다. 숫자도 마찬가지이다. 그래서 아랍인들이 글을 쓰면서 숫자와 영어를 섞어 써야 할 때, 묘한 풍경이 펼쳐진다. 오른쪽에서부터 아랍어를 쓰다가 단어나 숫자의 길이를 감안하여 왼쪽에서부터 오른쪽으로 숫자나 영어를 쓰고, 다시 왼쪽으로 아랍어를 이어간다. 그런데 이런 경우보다 영어나 숫자를 오른쪽부터 써 나가는 경우가 많다. 그러다 보니 단어로 쓰기보다 한 자 한 자 철자를 따라 쓰는 경우가 많아 단어를 표기할 때 시간이 많이 걸린다. 영어를 곧잘 구사하는 경우라도 영어 쓰기 속도는 느린 경우가 많다.

이슬람이 확장되는 그곳에는 아랍어나 아랍 문화가 함께 스며들곤 했다. 최소한 친아랍적인 정서가 형성되곤 했다. 그런데 요즘 아랍 이슬람 지역에는 아랍어의 영향력이 줄어들고 있다. 이것을 두고 반아랍화 또는 친서구화로 비판하는 목소리도 늘고 있다.

아랍어보다 영어를 선호하는 계층과 문화가 번져 간다. "키이팍?"(어

* 김동문, 기독교와 이슬람 그 만남이 빚어낸 공존과 갈등, 세창출판사, 2011, 219-223쪽 참조.

_ 아랍식 인사, 거룩한 입맞춤 또는 거룩한 인사로 불린다. (요르단의 쇼우박)

떻게 지내?), "아나 파인(Fine)"(나 잘 지내), "아이(I) 원더(wonder) 슈 비씨이르 이자 …"(내가 … 하면 어떻게 될지 모르겠네 …), "얄라 바이(bye)!"(잘 가!), "오케이(OK) 하비이비!"(그래 잘가!), "얄라 하이(Hi)"(안녕), "아슈팍 일파킹(parking)"(주차장에서 보자). 현지인들이 즐겨 찾는 카페는 물론 공공장소에서 자주 접하는 말이다. 아랍어 같기도 하고 아닌 것 같기도 한 말로 대화하는 현지인들을 흔히 볼 수 있다. 반미 문화가 대세라고 외부에 잘못 알려진 아랍 이슬람 지역에서 영어의 힘이 곳곳에 스며들고 있다. 요르단과 레바논에서, 그리고 걸프 지역에서 이 같은 문화가 번져 가고 있다. 이 문화를 '아라비지'(Arabizi)라고 부른다.

"당신은 아라비지입니까?" 아라비지는 새로운 계층을 일컫는 말이다. 처음에는 외국 물, 특히 미국 물을 먹은 부유층 젊은이들을 빗대는 호칭으로 시작되었다. 우리나라에서 한때 소비지향적이고 감각적인 문화 행태를 누리며 주목받던 오렌지족과는 달랐다. 오히려 그보다는 지적 개성을 강조하고 단순한 삶을 추구하는 신세대 시피족에 더 가까

_ 영어나 아라비지가 널리 통용되는 공간은, 중상류층의 일상과 대형 쇼핑몰 등이다. (바레인의 마나마)

운 집단이다. 그러던 것이 이제는 젊은 세대만이 아니라 아랍 이슬람판 강남족이나 문화 귀족을 일컫는 말이 되고 있다. 문화 귀족, 처음에는 정부 관리나 전통 유력 명문가가 중심이 된 전통 상류층이 이 범위에 속했다. 그렇지만 요즘은 외국 물을 먹은 유학파와 이민자들, 신흥 부자들이 합류하고 있다. 신흥 부유층은 이라크 전쟁 이후 벌어진 땅값, 집값 폭등과 대규모 건설 프로젝트 등으로 부를 축적했다. 전통 명문가이든 신흥 부자들이든, 이들은 다른 계층의 사람들과 차별화된 자기 정체성과 표현을 원하고 있다. 그중 하나가 이들만의 공용어로서의 영어와 아라비지 사용이다. 프랑스 문화권인 모로코, 튀니지 등 북아프리카 지역과 레바논 등에서는 여기에 곁들여 프랑스어를 기본적으로 사용한다.

'아라비지'와 '아라베쉬'(Arabeshi)는 중동의 새로운 문화코드이다. 아라비지는 아랍을 뜻하는 아랍어 '아라비'와 영어를 뜻하는 아랍어 '잉글리지'의 합성어이다. 다른 말로는 아라베쉬로 부른다. 이 말은 영어로 아랍을 뜻하는 '아라빅'과 영어를 뜻하는 '잉글리쉬'의 합성어이다. 아라비지나 아라베쉬 모두 아랍어와 영어를 섞어서 쓰는 새로운 언어 표현 방식을 말한다. "아라비지 말할 줄 아세요?" 유행하는 표현이다. 아라비지를 보도한 일부 언론 매체들은 요르단 젊은이들과 엘리트층, 상류층의 과시형 문화로 빗대었다. 그러나 아라비지는 20년 묵은 이집트 영화에서도 등장하고 걸프 지역이나 다른 곳에서도 어렵지 않게 경험할 수 있는 문화다. 결국 아라비지 자체가 새로운 것은 아니다. 인터넷이나 이동통신과 연결되어 보다 강화된 것이다.

2005년 북아프리카 끝자락의 아랍 이슬람 왕정 국가 모로코를 여행한 적이 있다. 스페인과 지중해를 사이에 두고 접해 있는 모로코 북부 해안 도시 탕헤르에서 카사블랑카로 내려오는 야간 기차를 탔다. 같은 객실을 사용한 현지 모로코인들의 대화는 밤새 계속되었다. 그런데 알아들을 수 있는 말은 거의 없었다. 아랍어에 영어에 프랑스어가 뒤죽박죽되어 있었다. 이에 비하면 아라비지는 알아들을 만하다. "모로코 사람들 말은 아랍인인 나도 못 알아들어요." 모로코의 수도 라바트에서 만난 모로코인 에이사는 뒤죽박죽된 언어로 의사소통에 곤혹을 느끼는 것은 자기만의 문제가 아니라고 한다.

"어, 저 사람 아랍인 아닌가요? 그런데 왜 현지인끼리 음식을 주문하면서 아랍어가 아닌 영어를 쓰고 있죠?" 암만의 대표적인 쇼핑과 문화 공간인 메카 몰을 찾은 한 한인 여행자가 이상한 표정으로 고개를 갸웃거렸다. 이곳만의 풍경은 아니다. 중동의 중상류층이 즐겨 찾는 장소라면 어디에나 아라비지 구사자가 넘쳐 난다. 음식을 주문할 때는 물론이고 서로 대화를 나눌 때도 아라비지는 대세이다. 아라비지가 특

_ 아라비지는 영화나 드라마는 물론, 일상에서도 사용된다. (요르단의 암만)

별한 공간의 공용어가 되어 가고 있다. 서구풍의 분위기가 넘쳐 나는 카페와 갤러리, 쇼핑몰이 대표적이다. 이런 곳에서는 아랍어를 못해도 그야말로 'No Problem'이다. 외국 문물과의 접촉이 보다 활발한 이곳의 전통 교회와 개신교회들 내에서의 아라비지 사용도 눈에 띈다. 일부 개신교인들은 아랍어 안에 깔려 있는 이슬람 요소에 거부감을 갖고 언어 표현의 새로운 대안으로 '영어 반 아랍어 반'을 섞는 아라비지 사용을 즐기고 있다.

'아라비지'의 등장은 아랍 세계의 새로운 트렌드를 보여 준다. 아라비지의 확산을 두고 네티즌들 가운데 댓글 논쟁도 벌어졌다. "아라비지 때문에 아랍어의 순수성과 이슬람 문화가 오염되고 있다"고 우려하는 목소리도 높아지고 있다. "아니 아랍어가 얼마나 아름다운 것인데 그것을 버리고 이상한 국적 불명의 말을 사용해야 하는가. 받아들일 수 없다." 물론 "언어는 의사소통인데 영어가 편하여 영어를 섞어 쓰는 것이 문제 될 것은 없다"는 의견도 있지만, 온라인상에서 아라비지 사용에 대한 거부감을 드러내는 네티즌들이 절대적으로 더 많다. 일상에서 아라비지 사용자들은 평범한 아랍인들에게 거북스럽게 다가온다. "폼 잡으려고 애써 아라비지를 사용하는 것 아닌가? 싫다." 심지어 보수적인 무슬림들은 아라비지의 사용을 종교적 금기인 '하람'으로 규정하고 있다. 이렇듯 이들을 차가운 시선으로 바라보는 현지인들도 적지 않지만, 아라비지 문화는 널리 퍼지고 있다.

'아라비지' 문화의 메카는 단연 요르단이다. 요르단의 강남족, 아라비지 사용자들은 일상생활 속에서 영어를 사용하는 수준을 넘어 새로운 문화를 만들어 내고 있다. 자신들을 위한 영문 미디어를 생산하는 것이다. 영문 미디어는 현지 아랍어판의 영문 번역판이 아니다. 처음부터 독립된 영문 매체로 자리 잡았다. 더 나아가 아랍어판 매체가 담지 못하는 터부들을 과감하게 다루는 대안 매체가 되고 있다.

'아라비지'는 신분과 계층을 넘어서 아랍 세계의 새로운 문화코드로 자리 잡아 가고 있다. 중상류층의 문화를 동경하는 또 다른 소비 계층에서도 아라비지는 하나의 유행이 되고 있다. 대학가와 중·고등학교에서, 이제는 초등학교에서조차 아라비지가 점점 힘을 발휘하고 있다. 이런 와중에 영어 못하는 외국인은 외계인 취급을 하는 이상한(?) 분위기까지 확산되고 있다. 아라비지 사용자들은 외국인이 아랍어를 한다고 우대(?)하지 않는다. 영어 못하는 것을 이상하게 생각할 뿐이다. 이제 이 지역 주민들과의 원활한 의사소통을 위해서 아랍어는 물론이고 영어 실력까지 요구되기에 이르렀다.

2. 한국의 추억이 새록새록

나는 중동을 아예 낯선 곳으로 생각한 적이 있다. 그런데 이곳에서 뜻밖의 친숙한 것들을 만나게 될 때 느끼는 감정은 묘하다. 이 장의 이야기는 요르단 암만에서 겪은 것이지만, 이집트나 다른 나라에서도 이와 비슷한 친숙함을 느낄 수가 있다. 디지털 세상에서 만나는 아날로그의 신선함이다. 요르단 암만에서 버스 차장 '꼰트롤', 판박이 약을 파는 아저씨, 주전자를 짊어지고 다니는 냉차 장수 … 커피와 차, 음식을 배달하는 '배달'의 기수들, 추억 아련한 손간판, 손수레꾼, 거리의 사진사, 이발소그림 등 우리의 추억이 현실에 살아 있는 현장을 만났다. 무엇보다 가장 아날로그적인 풍경은 광야에 천막을 치고 양과 염소 떼와 더불어 지내는 유목민들이다.

1) 추억의 버스 차장

요르단의 마을버스는 물론 시외버스에는 차장이 있다. 이곳에서 차장은 운전기사의 조수 역할도 겸하는 남자이다. 조수라는 뜻의 아랍어 호칭보다 '꼰트롤'로 불린다. 당연 외래어이다. '꼰트롤'은 그야말로 마을버스 승객들을 '꼰트롤'한다.

요르단에서는 4,000-6,000명의 차장이 일하고 있다. 그중 10대 후반의 청소년들이 많다. 차장 경력 3년차인 나세르는 "차장 일, 해 볼 만합니다. 하루 2교대로 일하는데 수입도 그리 나쁘지 않아요"라고 말했다. "암만, 암만(가요?), 암만(가요!)." 나세르는 연방 행선지를 반복하면서 호객을 하고 있다. 나세르가 하루 종일 일해서 얻는 수입은 우리 돈

_“암만? 암만! 얄라~” 요르단 버스에 타면 운전기사 조수 겸 차장 역할을 하는 젊은 남성들을 만날 수 있다. (요르단의 암만)

8,000-9,000원 정도. 요르단의 차장들은 호객도 하고 차비도 받고, 승객들의 차 타고 내림을 감독하고, 발차와 정차 신호를 통해 운전기사를 돕는다. 무엇보다 차내 ‘질서’를 잡는 역할을 도맡는다. 여성 승객이 서서 가는 것은 가만 두고 볼 수 없는 일. 남성 승객이 태연하게 앉아 있을 때면, 차장이 당당하게 다가가 여성에게 자리를 양보하라고 ‘협조’를 구한다. 창밖을 바라보면서 ‘꼰트롤’의 눈길을 피해 봤자 허사다. 알아서 일어나 자리를 양보하는 것이 상책이다.

그렇지만 최근 요르단 교통부는 차장의 승무 의무 조항을 삭제한 새로운 교통법을 시행하려고 한다. 버스 요금은 현금이 아닌 버스표나 교통카드로 결제할 수 있게 연구 중이다. 우리나라에서 차장(안내양)이 없어진 것과 비슷한 이유로 이곳에서 ‘꼰트롤’이 사라질 위기에 처해 있다. 이집트에는 차장 제도가 없다. 운전기사가 승객들에게 차비도 받고 거스름돈도 거슬러 주면서 운전을 한다. 옆에서 보고 있는 외국인 승객, 가슴이 조마조마하다. 그런데 요르단에서 차장이 사라지면 이런 상황이 연출되지 않을까 염려스럽다. 우리나라에서 차비를 버스 표나 교통카드로 대체하기까지 걸린 긴 시간이 생각난다. 차장 없는 버스 승차를 위해 얼마만큼의 적응 기간이 필요할까? 그래도 아직은 시내 곳곳에서 이런 소리가 들려온다. "버스 출발합니다. 얄라~!"

2) 다방 레지

"커피 설탕 많이 넣은 것 두 잔하고, 조금 넣은 것 한 잔, 박하 잎 넣은 홍차 한 잔 배달이오~!" 암만 구시가지의 '샴스 알-아시일' 같은 배달 전문 다방은 각광받는 신종 업종이다. 차나 커피 배달이 최근에 새로 생긴 것은 물론 아니다. 식당이나 찻집에서 종종 커피나 차를 배달해 주었다. 그러나 요즘은 차와 커피 배달, 판매를 전문으로 하는 전문점이 늘고 있다.

아부 사미르는 올해 들어 차 배달 전문점을 새로 열었다. 두 명의 배달 직원을 두고 있는데 수입이 짭짤하다. "차나 커피를 즐겨 마시는 상가 지역 상인들의 특성상 배달 건수가 계속 올라가고 있어요." 차 배달은 전화 주문도 있지만, 배달 직원들과 자신이 직접 주변 시장 골목골목을 돌면서 주문과 배달을 받곤 한다. "상인들이 차를 마시는 시간대가 있어요. 그 시간에 맞춰서 시장 골목을 한 바퀴 돌면 기존 손님에게 때맞춰 차도 배달하고 새로운 손님도 끌고 여러 면에서 고객 관리가 어렵지 않아요." 차 배달 전문점에는 '장부'가 하나 있다. 고객 이름과 배달 내용, 수금 상황 등이 가득하게 암호처럼 적혀 있는 장부다. 아랍에도 '외상 문화'가 있다는 사실이 정겹다.

상가 주변 지역, 유유히 인파 틈새를 헤치고 오가는 사람들이 보인

_"먹고 마시는 것은 뭐든 배달해 드립니다." 한 손에 쟁반을 들고 암만 시내를 누비는 차 배달부. 배달 전문 다방은 요르단에서 떠오르는 신종 업종이다. (요르단의 암만)

다. 한 손에 쟁반을 들고 음식을 배달하는 '배달부'들이다. 손님들이 배달을 요청하는 것은 주로 현지 음식이다. 이들에게 '철가방' 같은 도구는 없다. 밋밋한 쟁반 하나가 배달 도구의 전부다. 아랍 빵과 콩이나 가지 등을 갈아서 만든 소스, 야채 샐러드, 채소와 고기를 적절하게 섞어 끓인 아랍식 찌개, 닭고기, 양고기 등이 고객들이 자주 찾는 음식들이다. 패스트푸드 전문점인 피자헛이나 맥도날드, 버거킹이나 KFC 따위는 오토바이나 차량을 이용한 무료 배달 서비스를 하고 있다.

3) 이발소그림과 손간판

'이발소그림'이란 대량 판매를 목적으로 제작한 값싼 그림을 말한다. 우리나라에서는 대개 이발소에 잘 걸려 있어서 붙여진 이름이다. 이곳에도 '이발소그림'이라 불리는 것이 있다. 옛날 버스 안에도, 서민 가정에도 외국 명화를 상업적으로 본뜬 그림들, 즉 이발소그림이 있다.

_ 대량 판매를 목적으로 제작된 값싼 그림들이 즐비한 암만 시내의 한 그림 판매점. (요르단의 암만)

암만 시내 구시가지, 이라크 바그다드의 무타나비 거리, 이집트 카이로 따흐리이르 광장 주변과 칸엘칼릴리 시장 골목 등에 가면 그림을 그리는 '직업화가'들을 만날 수 있다. 직업화가는 작품활동을 하는 화가가 아니라 이발소그림을 주문 생산해 내는 그림 생산자를 일컫는 말이다.

암만 시내 후세인 사원 거리에 자리한 '알-바르다위' 안에는 아랍풍과 서양풍의 그림이 빼곡하게 걸려 있다. 우리나라에서 어렵지 않게 볼 수 있었던 이발소그림보다는 나름대로 정성이 들어간 그림들이다. '대중미술 화랑'을 자처하는 이곳은 문을 연 지 50년이나 됐다. 아버지에게 물려받은 가업을 잇고 있는 무함마드 알-바르다위는 "이 그림들은 거의가 이라크 직업화가의 손을 빌려 정성껏 그린 것들"이라고 말했다. 그림마다 직업화가들의 친필 서명이 들어 있다.

바그다드 구시가지의 무타나비 거리에서 만났던 직업화가와의 만남이 떠오른다. 시리아의 부세이라 거리의 이발소그림 판매점 풍경도 추억이다. 손으로 그린 간판을 볼 때도 아련한 추억 속에 들어선다. 여러 해 전만 해도 암만 곳곳의 극장가는 손간판으로 가득했다. 극장의 간판 미술가는 나름 인기 직종이었다. 그러나 극장이 현대화되면서 요즘은 대개 실사 간판이 보편화되고 있다. 멀티플렉스(복합상영관)가 대도시를 중심으로 번져 가고 있는 것도 한몫한다. 복제 DVD 영화들이 일반화되어 재개봉관이 들어설 자리가 사라졌다. 이에, 전통을 유지하고 있는 아주 일부 재개봉 영화관만이 손간판의 전통을 잇고 있다. 손간판에 등장하는 인물들을 보면 누가 누구인지 알 듯 말 듯하다. 실제 인물을 닮은 듯 닮지 않은 손간판 자체가 추억이다.

깔끔한 실사 현수막이 대세를 이루고 있는 한국에 비해 요르단에서는 손으로 직접 쓴 현수막이 일반적이다. 거리 곳곳에서 날아갈 듯한 아랍어 필기체로 장식된 현수막들이 무슨 말인지는 몰라도 '나 좀 봐 달라'고 손짓하며 바람에 흔들리고 있다. 깔끔하게 컴퓨터로 처리한 실사 현수막도 눈길을 끌지만, 이곳에서는 손으로 쓴 현수막이 아직도 대세이다.

4) 길거리 서점

아랍 국가의 경우 대개 책방 골목이나 거리로 불릴 수 있는 서점가가 있다. 일반 서점은 물론 중고 책방과 더불어 길거리 서점이 책이 손님을 만나는 자리가 된다. 서점가보다는 시내 길목 좋은 주변에서 고객을 찾아가는(?) 길거리 서점이 오가는 손님들의 발길을 붙잡는다. 카이로나 암만의 경우 시내 중심지의 신문·잡지 가판대가 그 역할을 한다. 신문·잡지 가판대라고 하여 그것만을 팔기 위하여 가판대가 설치

_ 대형 서점이 늘어나면서 길거리 책방이나 중고 책방은 급감하고 있다. 그래도 중고 책방은 잊혀지고 사라져 가는 추억의 정류장이다. (요르단의 암만)

된 것은 물론 아니다. 신문과 잡지도 팔고, 헌 책과 신간 서적도 팔며 그야말로 온갖 종류의 서적을 취급한다. 어쨌든 길거리 서점은 깔판이 깔린 길 위나 좌판 위에 날마다 열리고 닫힌다.

길거리 서점 판매 실적을 보면 요즘 잘 나가는 책이나 시민들의 관심사가 어디에 있는지를 알 수 있다. 책방보다 길거리 서점이 서민들에게 더 친근하게 다가서는 듯하다. 서점은 마음을 먹어야 찾아가는 곳이지만, 길거리 서점은 발걸음만 멈추면 되기 때문이다. 아무래도 서점 운영자들에게 길거리 서점은 미운털이 박혔을 법하다. 그런데 카이로 시내를 걷다 보면 묘한 풍경을 보게 된다. 아무렇지도 않은 듯이 서점 바로 앞에까지 길거리 서점을 펼쳐 놓은 경우이다. 서점 주인아저씨 마음씨가 좋은 것인지 길거리 서점 총각이 용감한 것인지 모르겠다.

종종 책의 향기에 빠져들고 싶을 때가 있다. 이럴 때 찾아가는 곳이 있다. 잉크 냄새 대신 그윽한 책의 향기가 넘쳐 나는 곳이다. 이집트 카이로 시내의 아타바 광장 근처 에즈베키아 공원 주변이나 요르단 암만의 꾸라이쉬 거리, 이라크 바그다드의 무타나비 거리 주변에는 해묵은 책을 취급하는 헌책방들이 넘쳐 난다. "아저씨 이 책 얼마예요? 그런데 이 책은 어느 나라 말로 적혀 있는 거죠?" 어떻게 이곳까지 흘러들어 왔나 싶은 낡은 한국 책을 발견하곤 서점 주인아저씨에게 던져 보는 짓궂은 질문이다. 대학 도서관에서도 볼 수 없는 귀중한 고서들이나 희귀본들, 옛날 신문이나 잡지들을 만날 수도 있다. 애호가들에게 이 거리는 매혹적이다. 이 거리를 거닐다 보면 어느새 서울 동대문의 책방 거리를 걷는 듯한 착각에 빠진다. 과연 책 애호가들에게 금광과도 같은 곳들이다. 중고 책 사냥 끝에 발견한 '그 책'은 하늘을 나는 마법의 양탄자요 알라딘의 마술램프와도 같다.

이곳에서 책값은 책 파는 주인 마음이다. "아니 이 책, 저기 서점에서는 3,000원이나 더 싼데 여기서는 왜 이렇게 비싸게 받아요?" "안 살 거면 나가요. 거기 가서 사든지 말든지 …" 퉁명스럽게 받아치는 서점 주인의 말투로 기분이 상했다. 책값이 무려 20-30% 차이가 나는 경우도 많다. 이런 풍경은 도서정가제가 시행되지 않아서 발생한 문제들이다. 같은 책이라도 책방마다, 파는 사람마다 가격이 다르기에 종종 벌어지는 광경이다. 아랍 현지 출판 서적의 경우는 대개 가격이 표시되어 있지 않다. 물론 신문이나 잡지는 예외다. 그렇지만 정가가 책 겉표지에 표시되어 나오는 영서조차 서점마다 판매가가 다른 경우가 많다.

진짜 원서보다 더 잘빠진 복제판들도 있다. 책의 무단 복제가 성행하고 있는 덕분이다. 우리나라에서도 그랬던 것처럼 지금 아랍 이슬람 지역의 학교 근처 복사점을 가면 얼마든지 잘 만들어진 복제판을 구할 수 있다. 책만 가져다주면 원판 이상의 질 좋은 상태로 책을 만들어 주기도 한다. 희귀본이라서가 아니다. 원판이나 복제판이나 가격에는 별 차이가 없어 돈이 되기 때문이다. 잘 나가는 영서나 아랍어판 책들의 해적판도 팔리고, 금서도 찾을 수 있다.

이집트 카이로의 경우는 싼값에 고서나 장서 느낌이 물씬 풍겨 나도록 예술적인 제본까지 해 준다. "저작권보호법, 있지요. 그런데 책 도둑도 도둑인가요?" 일부 아랍 국가에 지적재산권이 법으로 규정된 경우도 있지만, 유명무실하거나 아예 법으로 규제하지 않는 나라들도 많다. 그러나 지적재산권이 법으로 보호받는 경우라 해도 책의 복제에 제한을 받는 경우는 극히 드물다. 카이로 아메리칸 대학이나 베이루트 아메리칸 대학 같은 외국계 대학에서만 엄격하게 책의 복사 한계를 설정하고 있을 뿐이다.

요르단의 경우 대학 강의에 아예 복사판이 교재로 사용되는 경우도 많다. 저작권에 무관심한 것은 언론 매체도 크게 다르지 않다. 일부 아랍 시사 주간지의 경우, 게재된 사진의 출처도 밝혀지지 않은 경우가 많다. 인용한 기사인 것이 분명한데도 기사 작성자나 출처가 언급되지 않는 경우도 있다. 잡지를 속속들이 살펴봐도 저작권 관련한 어떤 힌트도 담겨 있지 않다. 이 외에도 그곳에는 길거리에서 만나는, 시간이 멈춘 듯한 장면들이 많다.

3. 거리에서 만나는 낯선 이들

아랍 이슬람 지역의 거리 풍경은 어떨까? 여행자들은 주민들의 일상을 한가롭게 거닐지 못한다. 게다가 단체 여행자들은 버스 창을 통해서나 거리 풍경을 접하곤 한다. 걸프 지역의 경우는 날씨 때문에, 그리고 안전의 문제 등을 이유로 거리에서 한국인 여행자를 보기가 쉽지 않다.

주민들의 삶이 어우러지는 그 거리에 발걸음을 옮겨 보자. 그것도 유적지 주변이나 쇼핑공간 주변이 아닌, 일상의 거리로 나가 본다. 이 거리 풍경은 이집트 카이로와 요르단 암만을 중심으로 짧게 짚어 보는 것이다.

1) 도시 속의 불청객, 집시와 유목민

아랍 지역에서 양과 염소를 목축하며 광야를 돌아다니는 이들은 유목민, 즉 '바두'이다. 종종 유목민들은 양과 염소 떼를 몰고 도시 곳곳에 나타나기도 한다. 반유목생활을 하는 이들이다. 그러나 보다 전형적인 모습은 들판에 큰 천막을 치고 유유자적하며 살아가는 모습이다. 이와 대조적으로 요르단이나 시리아, 이라크 같은 지역에는 조금 낯선 삶을 살아가는 '이방인' 아니 '불청객'들이 있다. 들판 대신에 도시 한복판에서 철거민이나 피난민들처럼 천막생활을 하고, 남루한 옷차림으로 쓰레기통을 뒤지고 고물과 넝마를 찾아 생활하는 이들이다. 이들은 도시 속의 불청객들이다. 구름에 달 가듯이 가는 나그네의 시선으로 이들을 보면 어느 것에도 매이지 않고 사는 자유인들로 보인다. 그

_ 암만 거리에서 종종 만나는 도시 속의 유목민, 집시. (요르단의 암만)

러나 이들의 떠돌이 삶에는 나름의 이유와 사연이 있다.

도시 한 귀퉁이에 독특한 생활 방식을 가진 이들이 있다. 그들은 단칸 천막에 산다. 이들 식의 단칸방이다. 이 천막은 얼기설기 만들어져 조악하기 그지없다. 살림살이도 간소하다. 매트리스와 작고 볼품없는 돗자리와 담요, 다 깨진 찻잔과 컵, 간단하게 조리할 수 있는 그릇들이 전부이다. 토마토와 양파 등 야채 조금과 구운 지 오래된 빵 조각들이 눈에 들어온다. 옷차림은 남루하고 허름하다. 몰골은 꾀죄죄하고 초라하다. 평일 아침, 아이들은 학교로 어른들은 일터로 가는 그 시각에도 그들은 갈 곳이 없다. 아이들과 부녀자들은 도시를 누비면서 쓰레기통을 뒤지고 넝마와 고물을 긁어모은다. 수도도 없고 전기 공급도 없다. 이동용 자가발전 전력 장치도 없다. 물탱크도 없다. 그래도 문제 될 것이 없다. 달과 별보다 더 밝게 이들의 어둠을 밝혀 주는 도시 문명의 화려한 빛이 있기 때문이다. 물은 인근 주택에서 얻으면 될 일이다. 아침저녁이면 천막촌에서도 연기가 피어오른다. 조촐하지만 음식을 만

들어 먹는 광경이다. 마른 나뭇가지나 쓰레기 등에서 연료를 챙겨 쓴다. 천막을 치고 살고 있구나 싶으면 어느 날 이내 자리를 접고 또 다른 곳으로 훌쩍 떠나 버린다. 살림살이가 없다는 것은 이렇게 쉽게 자리를 뜰 수 있게 만든다. 어떻게 이동하나 싶은데 픽업 차량이나 낡은 승용차가 이용된다. 떠돌이들이 잠시 머물던 자리는 순식간에 다시금 덩그러니 공터가 된다.

이들은 누구인가? 묘한 것은, 겉으로 보면 다 비슷해 보이는데도 뿌리도 다르고 사연도 다른 두 집단이 뒤엉켜 공존하고 있다는 점이다. 한 무리는 현지인들이 '가자르'로 부르는 집시들이고 다른 부류는 몰락한 토박이 유목민과 정착민의 후손들인 아랍계 '나와리'다. 그러니 핏줄도 따르고 문화와 전통 관습도 다르다. 다만 현재의 생활 방식이 비슷할 뿐이다.

'나와리', 아랍어를 쓰고 아랍 문화와 전통을 알고 있는 이들은 자신들의 뿌리가 전통 유목민(바두)이라고 말한다. "아니 양도 염소도 없는 유목민이 다 있나?" 사실이다. 이들 가운데는 아부 로드완의 집안사람들처럼 몰락한 유목민의 후손도 있다. "100여 년 전만 해도 우리 조상들 역시 양 떼도 많았고 염소 떼도 많았다. 그러나 집안이 몰락했다. 그래서 요즘은 일자리를 찾아 이곳저곳을 떠돌고 있다." 사해에서 가까운 마을 공터에 천막을 치고 생활하고 있던 10여 세대의 호주격인 아부 로드완은 자기 집안의 내력을 소개했다. "겨울철에는 사해 주변 마을에서 농장에 나가 품팔이를 하고 여름철이면 도시를 떠돌지요." 조상들이, 아니면 다른 유목민들이 양과 염소 떼를 몰고 꼴을 먹이기 위하여 이곳저곳을 돌아다녔거나 다니고 있다면, 이들은 임시 일자리를 찾아 농촌과 도시 주변을 기웃거리고 있는 것이다.

2006년 9월 10일 오전 8-9시경, 암만 한 귀퉁이의 비야디르 지역에 천막을 치고 자리 잡고 있던 한 무리의 떠돌이들을 만났다. 처음에는 천막 모양만 보고 가자르인 줄 알고 어떻게 말을 나눠야 하나 망설이고 있었다. 그런데 그때 "앗쌀라무 알라이쿰!"(안녕하세요!) 하는 인사말이 들려왔다. 뜻밖에도 그들이 아랍어를 구사하는 것이었다. 몇 사람과 "키이팍?"(어떻게 지내세요?) 반갑게 인사를 하고 나니 그 무리 중에 무함마드가 있었다. 무함마드는 가장 흔한 아랍 무슬림 이름의 하나이다. 어쨌든 그 무함마드는 한 집안의 가장이었다. 주변에는 같이 떠돌이 생활을 하고 있는 100여 세대의 나와리들이 있었다. 대개 4-5명의 자녀를 거느리고 살고 있었다. "우리들은 유목민 출신이 아니다. 정착민인 농부 집안 출신들인데 이렇게 떠돌이 생활을 하고 있다." 무함마드가 자신의 이야기를 풀어 갔다. 그런데 길 바로 맞은편에도 10여 채 정도의 낡은 천막촌이 자리하고 있었다. "저 사람들은 '가자르'다. 우리와는 말도 다르고 종족도 다르다." 서로 교류는 있는가 물었다. 그랬더니 "이웃일 뿐이다. 교류는 없다"고 담담하게 말을 이었다. "저 중에는 아랍어를 할 줄 아는 사람이 없다. 누군가 터키어를 할 줄 알면 가자르와 대화가 가능할 것이다. 가자르는 터키에서 왔다"고 말했다. 그러나 또 다른 현지인들은 가자르가 쿠르드인들이라고 말하기도 한다. 어쨌든 집시와 나와리는 다르다는 것이다. "우리(나와리)야 토박이지만 저들(가자르)은 아니다." 그 말을 들으면서 건너편 천막촌을 보니 남자들은 몰라도 여성들의 생김새와 옷차림새는 그들과 전혀 딴판이었다. 나와리 여성들은 허름하지만 전형적인 아랍식 복장이었고 건너편 무리는

_ 집시들도 일정 기간 도시 속 공터에 자리를 잡아 정주한다. (요르단의 암만)

집시 패션이었다.

집시 '가자르'는 '나와리'와는 또 다른 무리이다. 보통 집시는 유럽에서나 볼 수 있는 것으로 생각된다. 그러나 이곳 요르단이나 이라크, 시리아 등 일부 중동 국가에도 집시들이 살고 있다. 집시의 기원에 대해서는 인도 기원설이 일반적이지만 확실한 정설은 없다. 집시를 일컫는 말은 지역마다 조금씩 다르다. 표준 아랍어로는 '가자르'로 부르지만 시리아 일부 지역에서는 '돔'이라고 부르기도 한다. 영국을 비롯한 유럽인들은 집시를 이집트인들로 생각하고 이집트인(Egyptian)이라 했다가 이것이 변형되어 집시가 되었다고 한다. 일부 지역에서는 집시를 보헤미안으로 부르기도 한다. 그러나 사실 영어의 집시라는 명칭은 유럽인들의 편견과 오해에서 비롯된 잘못된 호칭이다.

다시 요르단 집시 이야기로 돌아가자. '나와리'와 문화와 풍습, 전통도 다른 이들 '가자르'는 요르단에 들어와 이곳저곳을 떠돌면서 살게 된 지도 200년이 넘는 것으로 전해진다. '전해진다'고 하는 이유는 가자르가 자신들의 기록을 가지고 있지 않기 때문이다. 이들에 따르면 요르단에 살고 있는 가자르는 30개 부족 2만 5000여 명으로 추산된다.

도시 사람들 복장을 닮아 가는 남자들과 달리 집시 여인들의 생김새는 확연하게 구별된다. 옷차림새는 넉넉하고 헐렁하면서도 겹겹이 받쳐 입는, 말 그대로 보헤미안풍의 집시 패션 그 자체이다. 옷 색깔은 노란색, 분홍색 등으로 화려하다. 그러나 옷의 재질은 빛나지 않고, 머리 모양새는 검고 긴 머리카락을 헝클고 있다. 집시들에게도 염색을 하고 다니는 유행이 있는지 다양한 머리색을 볼 수도 있지만 기본은 검은 머리카락이다. 눈동자는 검고 피부색은 황갈색으로 아랍계 나와리들과는 구별된다. 키는 현지인들에 비하여 작은 편이다. 이들의 언어는 분명 아랍어가 아니다. 도시 속에 살면서 기본 아랍어를 하는 집시들이 있지만 집시의 말을 알아듣는 현지인은 극히 드물다.

집시 가자르의 생활 방식은 나와리들과 크게 다르지 않다. 날이 밝으면 도시 속의 쓰레기 더미를 뒤지면서 문명의 쓰레기 속에서 자신들만의 '쓸 거리'를 찾아 나선다. 여인들과 아이들은 동네를 누비면서 쓰레기통과 거리를 훑는다. 올리브가 익어 가는 가을이면 올리브를 따 자루에 담아 간다. 올리브 열매는 돈도 되고 이들의 기본 반찬거리로도 활용된다. 맨발 차림을 한 집시 꼬마들은 여인들과 같은 일을 하거나 사거리 주변에서 동냥을 하기도 한다. 그런데 길거리에서 집시 성인 남자를 만나는 일은 극히 드물다. 남자들은 집에 머물거나 도시민들과의 직접 거래 같은 중대사를 처리한다. 남성 중심 가부장제 문화가 엿보인다. 해 질 무렵이면 집안 남자들을 비롯하여 흩어졌던 가족들이 모인다. 집시들은 문명의 쓰레기에 의존하여 살지만, 도시인들이 쓸데없다고 버린 것에서 자신들만의 문화를 만들어 내며 살고 있다. 집시들은 문명 속에 사는 현대인을 부러워하지 않는데, 오히려 현대인들이 이들을 모방하고 있는 듯하다. 이들을 부러워해서인지 요즘 집시풍이나 보헤미안풍이 유행하지 않는가?

오라는 데 없어도 갈 곳은 많은 도시의 불청객 집시와 나와리. 그들은 현대 문명 속에 살지만 그 문명 속에 매이지 않는다. 아니 현대 문명이 이들을 받아들이지 않는 것인지도 모른다. 아랍의 인심도 점점 각박해져 간다. 도시의 위협과 문명사회 속의 반문명의 위협을 넘어서야 한다. 아랍계 나와리와 집시 가자르는 자유인인가, 문명과 전통 사이에 자리한 경계인인가? 아니면 극빈한 삶을 살아가야만 하는 버림받은 경제난민들일 뿐인가?

2) 현지인 보기가 힘들다

나는, 오래전 걸프 연안 국가를 방문하기 위해 공항에 들어서면서부터 당황한 적이 있다. 현지인 얼굴 보기가 힘들었기 때문이다. 공항 면세점에서 일하는 직원들에서부터 공항 청사 안팎을 가득 메운 이들은 외국인들이었다. 걸프 연안 국가 하면, 남자들은 흰색의 통옷[지역에 따라 다른 이름으로 불리는데, 디쉬다쉬(dishdash)로 기억하면 좋을 것 같다]에 머리에 케피예(keffiyeh)를 쓰고 있고, 여성들은 온통 검은 천을 몸에 두르고 있는 풍경을 떠올린다. 그런데 실제로는 이런 전통 복장을 한 현지인을 만나기가 쉽지 않다. 아랍어를 못하는 방문자는 아랍어만 들릴 줄 알고 지레 주눅 들기도 한다. 그러나 아랍어가 아닌 다양한 외국어가, 그

_ 걸프 지역 거리에서 순수한 현지인을 보기가 힘들다. 좋은 시설, 쇼핑몰 등에 가야 현지인을 만날 수 있다. (아랍에미리트의 두바이)

리고 특히 영어가 일상에서 오간다. 게다가 아랍 현지인이 자기 동네에서 영어로 외국인과 의사소통을 하는 풍경도 이상스러웠다.

한국 사회는 다문화 이슈를 마주하면서 혼란과 논쟁을 겪고 있다. 그런데, 걸프 연안 국가 중에는 자국민보다 외국인 비율이 거의 두 배 이상인 나라들, 심지어 내국인과 외국인 비율이 1:5인 나라까지 있다. 도대체 무슨 이런 당혹스러운 상황이 있나 싶을 것이다.

십여 년 전, 대낮에 두바이 시내 곳곳을 걸어 다닌 경험이 있다. 현지 아랍인들은 물론 외국인들도 좀처럼 대낮의 햇볕을 쬐며 걷는 일은 없다. 뜨거운 바람과 햇살, 일상생활 풍경을 맛보고 싶어서, 나는 걷고 걸었다. 그런데 24시간 시원한 에어컨이 작동되는 대형 쇼핑몰 같은 실내에서 이따금 현지 아랍인들을 볼 수 있을 뿐이었다. 전통 시장이나 바닷가 레저시설에서도 현지인들을 만나기 힘들었다. 중동에서는 정말 아랍 현지인 보기가 힘들다. 중동에 한국 기업의 지상사 주재원으로 파견된 이들도 비슷한 이야기를 한다. "지사장으로 파견되어 왔

아랍 국가 내국인 외국인 인구 비율표(GCC)

국가명	총 인구	내국인	외국인
바레인	1,478,608	48.0%	52.0%
쿠웨이트	3,544,400	30.8%	69.2%
오만	3,601,349	56.0%	44.0%
카타르	2,120,596	14.3%	85.7%
사우디아라비아	30,139,344	67.3%	32.7%
아랍에미리트	10,440,539	14.7%	85.3%
합계	51,324,836	38.52%	61.48%

기준 연도: 2015년

지만, 현지 회사의 현지인 사장을 만나기가 쉽지 않다. 실무적인 일은 고용된 필리핀인 과장급이나 다른 실무자들과 논의하라는 식이다. 다른 아랍 국가에서는 현지인 사장과도 어렵지 않게 만나곤 했지만, 이곳 걸프 지역에서는 그렇지 않다."

이런 거리 풍경은, 수치로도 확인할 수 있다. 걸프 연안 국가의 경우 거주 인구의 절반 정도가 외국인이다. 아랍에미리트의 경우는 거의 90%에 가까운 거주자가 외국인들이다. 상황이 이렇다 보니 현지인들이 현지의 패스트푸드 전문점 같은 곳에서 아랍어가 아닌 영어로 주문을 하는 등의 진풍경이 펼쳐진다. 아랍 현지인이 해외여행을 온 것만 같다. 현지 아랍인들은 영어 구사를 통해, 자신의 높은 사회적·문화적 품위를 드러내고 싶어 하는 듯하다.

"돼지 불고기 주세요." 걸프 연안 국가에 있는 한국 식당을 찾을 때면, 평소에 많이 못 먹는 음식을 시키곤 한다. 그중 대표적인 음식은 단연 돼지고기가 들어간 요리이다. 외국인 거주자의 비율이 극도로 높

_ 외국인 이주자는 어디서나 볼 수 있다. 청과물 시장에 쇼핑 나온 요르단의 외국인들. (요르단의 암만)

은 덕분에, 대형 식품점에서는 이슬람 음식 규정에서 금기 식품인 돼지고기가 들어간 제품도 사고팔 수 있다. 외국계 음식점이 즐비하고, 외국인들이 즐겨 찾는 식품이나 물품 공급이 넘쳐 난다. 참고로 여기서도 폐쇄적인 사우디아라비아는 예외적인 모습을 보여 준다. 이런 모든 것이 거의 금지되어 있기 때문이다.

"사방에 널려 있는 것이 남자인데, 결혼할 남자가 없다." 걸프 연안 국가의 경우 평균적으로 남녀 비율이 3:1 정도이다. 남자들이 넘쳐 난다. 그런데도 결혼하지 못한 현지인 여성들이 증가하고 있다. 가장 대표적인 나라는 사우디아라비아로 150만 명이 이런 상태로 결혼하지 못할 것이라고 예측하고 있다. 아랍에미리트는 17만 5000여 명으로 추정하고 있다.

걸프 연안 국가의 경우, 외국인의 대다수가 노동인력이다. 그런 이유로 전체 거주 인구의 상당수가 남자들이다. 또한 결혼의 절반 가까이가 타민족, 타인종과의 결혼이다. "외국인 여성과 결혼한 아랍에미

아랍 국가 남녀 인구 비율표(GCC)

국가명	총 인구	남자 인구 (%)		여자 인구 (%)	
바레인	1,478,608	925,353	62.6	553,255	37.4
쿠웨이트	3,544,400	2,113,597	59.6	1,430,803	40.4
오만	3,601,349	2,125,011	59.0	1,476,338	41.0
카타르	2,120,596	1,609,651	75.9	510,945	24.1
사우디아라비아	30,139,344	16,642,343	55.2	13,497,001	44.8
아랍에미리트	10,440,539	7,252,861	69.5	3,187,678	30.5
합계	51,324,836	30,668,816	63.63	20,656,020	36.37

기준 연도: 2015년

리트 남성들의 경우, 상대방 배우자의 문화와 언어에 대한 이해나 소통 부족으로, 절반 정도가 이혼에 이르고 있다"는 현지 언론 보도도 있다. 아랍에미리트 남자의 결혼은 30% 정도가 외국인 여성과의 결혼이다. 물론 이 결혼이 일부다처 상황인지 아닌지는 불분명하다.

"아랍인이라고?" 검은색의 피부, 고수머리를 가진, 전혀 아랍인같이 생기지 않은 아이에게 되물었다. 걸프 지역에서는 다문화 가정 자녀들의 정체성은 물론, 아랍의 정체성이 무엇인지, 어떻게 지켜야 하는지에 대한 논란이 크다. 아랍어를 못하고, 생김새도 다르지만 걸프 지역 아랍인을 아버지로 둔 자녀들이 늘어 간다. 이런 분위기에서 아랍어를 읽고 쓴다는 것은, 문화적 권력과 권위의 바탕이 된다. 국제결혼을 한 걸프 지역 아랍 여성의 자녀들이 현지 국적을 얻지 못하는 것도 논쟁거리가 되고 있다.

3) 넘쳐 나는 가사도우미, 고통받는 여성들

“가정부나 파출부 필요하세요?” 〈알-와씨트〉와 같은 아랍판 생활정보지마다 인력 공급업체의 광고가 늘고 있다. 중산층 지역에는 거리 벽면에서도 그러한 광고문을 볼 수 있다. 여기서 언급되는 가정부나 파출부 인력은 주로 필리핀, 스리랑카, 인도네시아 출신이다. 이들 3개국 출신 여성들이 중동 곳곳에서 파출부 일을 하는 경우가 많다. 처음부터 인력 공급업체를 통해 가정부로 취업하기도 하고, 다른 일로 왔다가 직업여성이나 파출부가 되는 경우도 많다.

걸프 연안 국가를 비롯한 중동에서 가정부나 파출부로 일하는 여성들은 이들 아시아 3개국 출신 외에도 이집트나 이라크 여성들이 있다. 이라크 여성들이 아랍어를 한다는 점에서 좋기는 하나 인건비가 비싸서 요르단 현지인들은 이라크인 파출부를 꺼린다. 인도네시아 여성은 무슬림이라는 요소가 장점이지만, 가정부나 파출부가 꼭 그 가정의 종교까지 따를 필요는 없다. 필리핀 여성들의 인건비는 다른 두 나라의 경우보다 더 높은 편이다. 그것은 필리핀 여성들이 영어를 구사할 수 있다는 점과 상대적으로 깔끔하게 일처리를 한다는 평가에 힘입은 것이다.

가정부는 고용한 가정에서 숙식을 제공받는 경우가 대부분이다. 이 여성들이 받는 월급은 제각각이다. 아랍 현지인들에게는 짜게 주는 편이고 외국인들에게는 조금 후한 편이다. 일도 그리 힘들지 않다. 아예 숙식을 제공받으면서 현지인 가정에서 일하는 여성들의 경우 월 140달러 정도를 받는 것으로 알려져 있다. 요르단의 일용직 인력시장에서 하루 단순인력의 경우 10달러 정도를 받고, 파출부로 일하는 여성들이 시

_ 전업 가사도우미는, 중동 지역 중상류층의 명예 표현 중 하나다. 이들 외국인 가사도우미의 인권과 정체성을 둘러싼 논쟁이 커지고 있다. (레바논의 베이루트)

간당 2-3달러를 받는 점을 고려하면 턱없이 싼 임금이다.

세계 인권감시단체 휴먼라이츠워치(Human Rights Watch)의 2013년 보고서에 다음과 같은 내용이 담겨 있다.

> 일은 내가 기대했던 것이 전혀 아니었다. 완전히 달랐다. 요리를 하기 위하여 잠을 깨고, 그다음에는 청소, 세탁 그리고 다시 요리. 쉼이 없다. 말 그대로 쉴 수가 없다. 주인 여자가 계속 소리를 지른다. 나는 울며 부탁했다. 인력 중개업소로 돌아가겠다고. 그러자 주인 여자가 말했다. "나는 이미 너를 샀다"고. (파라, 23세, 인도네시아 여성, 2013년 두바이)

숙식을 제공받는 여성들은 거의 하녀 수준으로 일한다. 나름대로 인격적인 집안의 경우는 이 가정부를 배려해 주기도 하지만, 그런 경우를 만나는 것은 행운으로 여겨진다. 식당은 물론이고 공원이나 쇼핑몰에 가도 어린아이들을 돌보는 아시아 여성 가정부를 볼 수 있다. 여유

있는 가정의 해외 나들이에도 가정부들이 동행한다. 집 안팎에서 아이들을 돌보는 일은 기본이고 여러 가지 집안 살림도 이 여성들의 몫이다. 가정부나 파출부 여성들이 겪는 어려움 중 하나는 인권침해에 해당하는 갖은 폭언과 구타 등이다. 현지 언론에도 가끔 부당 착취를 이유로 법정에 서는 현지인들이 소개된다. 그러나 그것은 빙산의 일각일 뿐이다.

여권을 인력 공급업체에서 보관(?)해 두기에 혼자서 출국할 수도 없다. 카팔라(kafalah)로 불리는 후견인 제도 때문이다. 이들의 후견 보증이 없이는 체류 허가를 연장받지 못한다. 게다가 후견인들에게 후견비 명목으로 1,000달러 안팎의 적지 않은 비용을 지불하기도 한다. 이 후견인은 고용주, 즉 집주인인 경우도 많다. 주인집 남자에게 성폭행을 당하는 경우는 물론, 폭력의 희생자가 되기도 한다. 인도네시아, 필리핀 대사관 같은 경우는 아예 이 여성들을 보호하기 위한 활동을 벌여야 할 정도이다.

그런 굴레에서 벗어난 일부 여성들이 직업여성으로 전환하는 경우도 있다. 현지 남성들은 필리핀 여성들을 몰아서 직업여성으로 간주하는 경우도 많다. 이런 현지 남성들의 따가운 시선에 필리핀 여성으로 보이는 다른 동양 여성들은 물론이고 한국 여성들조차 씁쓸한 경험을 하게 만든다. 외국인의 출입이 많은 이집트나 요르단 같은 곳에서 동양인 여성들에게 달라붙는 현지인들을 자주 보게 된다. 동양인 여성들을 성적인 해소 대상으로, 아니면 지참금 부담 없이 결혼할 수 있는 파트너로 간주하는 이들이 많다. 또한 동양인 여성들은 유럽 여성 못지않게 성적으로 개방적이라는 편견이 아랍 남성들 사이에서 번져 가고 있다. 그래서인지 동양인 여성들을 바라보는 현지인 남성들의 느끼한 표정은 끊이지 않고 있다.

중동 지역의 외국인 가정부들의 인권과 노동권익 보호는 완전한 사각지대에 놓여 있다. 제대로 쉬지도 못하고, 인격체로 대우받지도 못하며 제대로 대가를 받지도 못하고, 갖은 구타와 폭언, 성폭력에 노출되기도 한다. 종교활동의 자유도 보장되지 않고, 주인의 종교를 따라 강제 개종을 당하는 경우도 적지 않다. 대부분의 국가에서 외국인 가사도우미의 문제를 사적인 문제로 취급해 버린다. 가사노동을 노동법에 적용을 받는 노동으로 간주하지도 않는다. 중동 각 지역의 여성인권단체나 노동단체, 국제노동단체 등이 이 같은 문제를 해결하기 위하여 다양한 채널을 통해 의사를 표현하고 정부 관계 당국에 압력을 가하고 있다. 외국인 가사도우미 노동자 단체가 만들어지거나, 입법 청원운동이 전개되기도 한다.

그나마 2015년 말 쿠웨이트에서 가사도우미의 인권과 노동권리를 보장하는 가사노동고용자 규정이 마련된 것은 진일보된 현실이다. 주간 휴무일, 매일 12시간 이상의 노동을 하지 않을 권리, 연간 30일간의 유급휴가권 등이 규정된 것이다. 그동안, 아니 지금도 대부분의 아랍 국가에서 가사도우미로 있는 외국인 여성들은, 24시간 일하는 '여종' 같은 존재로 취급되는 경우가 일반적이다.

급기야 2015년 5월 인도네시아 노동 당국은 21개국에서의 인도네시아 여성의 가사도우미 취업을 금지하기도 했다. 이 금지 대상국 대부분이 중동 국가들이다. 놀라운 것은 그중에 예멘과 팔레스타인, 모리타니아 같은 가난한 중동 국가에서도 전업 가사도우미로 일하는 인도네시아 여성들이 있었다는 점이다. 인도네시아 노동 당국은 63만 명의 인도네시아 여성이 중동에서 합법적인 가사도우미로 고용되어 있으며, 불법 노동자들 포함하면 그 수는 180만 명에 이른다고 추정했다. 이들 전업 가사도우미 여성들 가운데는, 자녀를 둔 기혼 여성들도 존재한다. 가족들의 생계와 미래를 위해, 외국에서 가사도우미로 살아가는 여성들이 누리고 보장받아야 할 권리가 제대로 주어질 수 있기를 바란다.

4) 아랍 이슬람 지역에 흩어진 유대인 공동체

지금도 주변에서, 그리고 때때로 강연 자리에서 "아랍인은, 무슬림은 반이스라엘 감정이 강하고 반유대주의적이기에, 유대인에 대해 적대적이다"는 이야기를 듣곤 한다. 나에게도 그런 확신(?)이 있었다. 1990년 말, 이집트에 거주하기 전까지는 그랬다. 그런데 그것은 그저 미신일 뿐이었다. 요르단 정부의 통계에 따르면 유대인 남자와 결혼한 무슬림 여성도 있고, 때때로 유대인 마을에 거주하고 있는 무슬림 여성들도 직면한다. 물론 이런 일이 흔한 일은 아니다. 이집트 카이로의 이른바 올드 카이로 지역에는 벤에즈라 시나고그(유대인 회당)가 자리하고 있다. 카이로 시내 곳곳에도 유대인 회당이 여전히 존재한다. 이 주변 지역에서, 겉보기에도 전형적인 유대인 얼굴을 가진, 스스로를 유대인이라고 밝히는 이들도 만날 수 있다. 사실, 아랍 지역에서 유대인 공동체의 자취를 만나는 것은 이상한 일이 아니다. 대표적으로 이집트나 이란은 물론이고 예멘 같은 지역에서도 유대인들의 집단 거주 흔적과 크고 작은 유대인 공동체를 만날 수 있었다.

_ 이곳이 시바 왕국이 있던 곳. 오늘날의 예멘과 에티오피아를 통치하던 시바 왕국의 여왕 빌키스는, 이스라엘의 솔로몬 왕과 교역관계를 맺은 것으로 알려진다. (예멘의 마립)

2000년대 초반, 요르단 암만의 요르단 대학에서 대학원 공부를 할 때, 이라크인 교수에게 히브리어를 배웠다. 나는 수업을 통해 이라크 아랍어와 히브리어 사이의 유사함을 많이 절감할 수 있었다. 2003년 이라크 전쟁이 시작되고, 바그다드가 미군에 의해 점령당한 이후, 나는 바그다드의 중심가인 공화국 거리 곳곳을 둘러보고 있었다. 그런데, 건물 곳곳에 유대인의 상징인 다윗의 별이 새겨진 것을 보고 이상해서 지역 주민들에게 물었더니 "이 지역은 전통적으로 유대인들이 살던 마을이다. 지금은 대부분 이 동네를 떠났다. 일부만이 남아 있다"는 대답을 들었다. "어, 유대인들이 이곳에!" 호기심도 생겼다. 대부분의 유대인들이 이곳을 떠나면서 그 주인이 현지 무슬림으로 바뀌었지만, 유대인들의 삶의 자취는 여전히 남아 있었다. 자료와 주변인들의 말에 따르면, 30-40여 명의 유대인 공동체가 여전히 살고 있었다. 당시 그곳은 이라크 정교회 기독교인들이 모여 살고 있던 빈민 지역의 한 부분을 차지하고 있었다. 전쟁 와중에, 그것도 2,000년 이상의 역사를 가진 유대인 공동체의 존재를 마주하는 것은 당혹스러운 경험이었다.

남부 레바논 전쟁이 한창이던 지난 2006년 7월, 레바논에 거주하는 유대인들이 이스라엘의 공격을 반대하는 비난 성명을 발표한 적이 있다. 이스라엘에 의해 레바논 전쟁이 터졌음에도, 레바논 내 유대인에 대한 인종 혐오 감정이 증가하지 않았던 것이 나에게는 다소 낯선 풍경이었다. 그 시기에 나는 이스라엘의 레바논 전쟁을 비난하는 시리아계 유대인들의 목소리도 들었다. 얼마 전, 예멘 정부가 예멘에 아직 남아 있는 유대인들에게 이슬람으로 개종하거나 예멘을 떠나라고 요구했다는 기사를 보았다. "아, 아직도 예멘에 유대인들이 남아 있구나." 새삼 오래전 기억을 되살릴 수 있었다. 예멘의 수도 사나(Sana)의 까아 알-야후드(Qa'a Al-Yahud)라는 예멘계 유대인 공동체가 살고 있는 지역을 방문한 적이 있다. 지난 2002년의 일이다. 그 당시 예멘에는 280명 정도의 유대인들이 살고 있었다. 이들 중 다수인 230명은 예멘 북동부 오므란 지구(Omran District)의 라이다에, 50명은 예멘의 수도인 사나의 까아 알-야후드 지역에 살고 있었다. 유대인과 무슬림의 오랜 종교 분쟁, 인종 갈등을 떠올리고 있던 내게 이와 같은 경험은, 아랍 세계의 유대인의 존재에 대해 더 관심을 갖게 했다.

이스라엘이 독립하기 전 아랍 이슬람 지역 전체에 85만 명이 넘는 유대인들이 살고 있었다. 전 세계 유대인의 20%에 가까운 수치이다. 유럽에 흩어져 살던 유대인들에 비해, 아랍계 유대인들은 비교적 평화와 안전을 보장받으면서 살고 있었다. 그러나 중동 전쟁을 겪을 때마다, 흩어져 살던 유대인들의 수는 급감하였다. 지금은 최대 4,000여 명의 유대인들이 아랍 이슬람 지역에 살고 있는 것으로 추정된다. 여

_유대인의 가옥 구조가 남아 있는 유대인 집단 거주지 예멘의 사나, 까아 알-야후드의 가정. 중동 곳곳에는 유대인 집중 거주지가 있었다. (예멘의 사나)

기서 눈길이 가는 것은, 이 흩어져 살던 유대인들도 스스로를 난민으로 생각하는 점이다. 이들이 태어나 자라고 살아온 아랍 이슬람 지역을 자신들의 본토로 생각하는 것이다. 그들은 중동 전쟁으로 인해 악화된 지역감정과 반유대 정서의 확산, 이스라엘 정부의 적극적인 권면 등으로, 본의 아니게 그들의 '본토'를 떠나게 되었기 때문이다. 오늘날 이스라엘을 이루고 있는 유대계 국민의 절반 정도가 이들 아랍계 유대인과 그 후손들이다. 이스라엘 내에 살고 있는 이란계 유대인만도 2만 5000여 명에 이른다. 모셰 카차브 전 이스라엘 대통령(2000-2007년 재임)도 이란계 유대인 이스라엘 이주자이다.

그러나 이스라엘 건국 직전부터 평화로운 공존이 깨졌다. 이스라엘 건국을 둘러싼 정치적 논쟁이 인종 갈등과 혐오로 번졌다. 1948년부터 1972년 사이에 발생한 유대인 난민 82만 명 중 23만 5000명이 프랑스에 정착하였다. 58만 6000명은 이스라엘에 재정착했다. (이런 수치들은 학자들과 자료마다 상이하기만 하다.) 이스라엘 베냐민 네타냐후 정부는,

2014년 11월 30일부터 아랍 지역에서 (쫓겨난) 유대인 난민의 날을 기념하기로 하고 2015년 1회 기념일을 가졌다.

여기서, 간략하게 아랍 이슬람 국가 내 유대인 공동체의 출발점을 짚어 본다. 이라크의 경우는 이른바 기원전 6세기 초의 바벨론 포로기로 그 기원이 거슬러 올라간다. 이보다 앞선 기원전 8세기 후반에 북왕국 이스라엘의 멸망 이후 흩어진 유대인들 공동체가 시리아 지역에 자리를 잡은 바 있다. 레바논에는 기원전 3세기로 거슬러 올라가는 유대인 공동체 역사가 자리한다. 눈길을 끄는 것은 모로코, 알제리, 튀니지 등 북아프리카의 유대인 공동체의 기원이 멀리는 기원전 6세기에서 기원후 2세기경까지 거슬러 올라간다는 점이다. 모로코의 고고학적 증거에 따르면, 모로코의 유대인 공동체의 역사는 멀리 남쪽 유대왕국이 멸망한 직후인 기원전 6세기 초엽까지 거슬러 올라간다. 다른 아랍 국가들과 달리 모로코에는 아직도 몇 개의 유대인 회당이 기능을 이어가고 있다. 카사블랑카와 페즈, 라바트, 마르라케쉬 등의 도시에 유대인 공동체와 회당이 문을 열고 있다. 알제리의 유대인 공동체의 역사는, 1세기까지 거슬러 올라간다. 그러다가 14세기 이후에, 스페인 지역에서 스페인계 유대인이 알제리로 유입되었다. 1962년 알제리 정부가 들어서면서 압박을 받은 13만 명은 프랑스로 이주, 1948년 이래로 2만 5681명은 이스라엘에 재정착하였다. 튀니지에는 2세기경부터 유대인 공동체가 자리했다. 이집트의 유대인 역사는 출애굽 이전으로 거슬러 올라간다. 그들은 기원전 14세기에 이미 여러 지역에 흩어져 살고 있었다.

조금 더 자세히 살펴보고자 하는 것은 이집트의 유대인 공동체의

아랍계(아랍 거주) 유대인들의 변동 현황 (단위: 명)

연도 / 국가명	1945	1948	1958	1968	1972	1976	1978	2011	2014
이라크		135,000	6,000	2,500	500	400	350	7	7
예멘		63,000	43,000	500		1,000	500	250	90
알제리		140,000	130,000	1,500	1,000	500	1,000	50	50
리비아		38,000	3,750	100	50	20	40		
모로코		265,000	200,000	50	31,000	17,000	18,000	4,000	2,500
튀니지		105,000	80,000	10,000	8,000	2,000	7,000	1,500	1,500
시리아		30,000	5,000	4,000		4,350	4,500	100	17
이집트		75,000	40,000	2,500	500	200	400	100	100
레바논		5,000	6,000	3,000	2,000	400			40
합계	1,000	856,000	513,750	24,150	43,050	25,870	31,790	6,007	4,304

출처: Ada Aharoni, the Displacement of Jews from Arab Countries(chelm.freeyellow.com), Jewish Refugees from Arab Countries(www.jewishvirtuallibrary.org).

역사이다. 그것은 유대인 공동체의 정치적 억압이 다 중동 전쟁과 직접 연결되어 있다는 점이다. 이집트의 유대인 공동체의 역사는, 기원전 6세기까지로 거슬러 올라간다. 이 시기에 이집트에 정착한 유대인 공동체가 야훼 신전을 건축하기도 했다. 지금의 이스라엘 팔레스타인 지역과 긴밀한 연관성을 가진 이집트의 역사로, 이집트 내 유대인 공동체는 계속 존재해 왔다. 1945년 이집트 민족주의의 여파로 유대인에 대한 공격이 빚어졌다. 10명이 사망하고 300명이 부상당했다. 1948년 이스라엘 건국으로 인한 반유대 정서로 카이로 거주 유대인들이 공격을 당한다. 1948년 6월부터 11월 사이에 70여 명이 사망하고 200명이 부상당하고, 2,000명이 체포되었다. 1956년 전쟁 여파로 이집트 정부는 1만 5000명의 유대인을 추방하고, 1,000명을 구속하

_ 중동 전통 기독교의 문양은 유대교, 이슬람 문명과 유사성을 갖고 있다. 3대 종교 사이의 교류와 상호 영향이 있었음을 보여 준다. (이집트의 카이로)

거나 감금 조치하고, 그들의 재산을 몰수하였다.

여기서 정리하고 싶은 것이 있다. 이스라엘 건국 이전의 아랍 이슬람 지역의 유대인 공동체의 존재이다. 이른바 아랍계 유대인들의 본토는 바로 그들이 뿌리내리고 살아온 아랍 이슬람 지역이라는 점이다. 인종적·종교적·사회적으로 소수자였던 까닭에 겪었을 차별이 있었음에도 그것이 정치적인 영향을 받지 않았을 때는 다수파인 이슬람과 소수파인 기독교 사이에 공존과 평화가 가능했다는 점이다. 아랍 이슬람 국가들과 이스라엘의 보이지 않는 정치적 관계는 갈등이 아니었다는 점이다.

오늘날 아랍 국가들은 이스라엘과의 관계 강화를 위해 직간접적으로 노력하고 있다. 이 과정에서 징검다리 같은 존재가 아랍계 유대인이다. 지금 이스라엘 안에는, 전체 인구의 20% 정도의 아랍계 유대인들과 그 자녀들이 살고 있다. 2010년 자료에 따르면, 그들은 모로코(49만 3000여 명), 이라크(23만 5000여 명), 예멘(13만 9000여 명), 튀니지

(13만 4000여 명), 리비아(6만 9000여 명), 이집트(5만 7000여 명), 레바논(3만 5000여 명) 등에서 이주했다.* 이들 이스라엘에 살고 있는 아랍계 유대인들은, 이스라엘과 아랍 사이의 가교이기도 하고, 때로는 적과의 공존 같은 거북스러운 존재이기도 하다. 이스라엘이 아닌 곳에서, 아랍인이지만 히브리어를 구사하는 이들을 만나는 것, 유대인이지만 아랍어를 유창하게 구사하는 이를 만나는 것이 더 자연스러워질 날을 기대해 본다.

* 출처: "Jews, by Country of Origin and Age," statistical Abstract of Israel, 이스라엘 통계청(Israel Central Bureau of Statistics), 2011.09.26.

3장

문을 두드리며 "앗쌀라무 알라이쿰" (당신에게 신의 평화가 있기를)

다른 모습, 다른 분위기, 다른 말투 게다가 온몸을 흰색 또는 검은색으로 두르고 다녀 다소 보수적으로 보이는 아랍인들에게 다가서는 일은 어려워 보인다. 그러나 아랍어가 짧아도, 아랍인에게 다가설 방법은 있다. 그들과 내가, 우리가 닮았다는 것을 이해하는 것이다.

1. 중동의 생활 문화

아랍인들을 이해하는 길은 거리에서만이 아니라, 그들의 생활공간에서 찾을 수 있다. 특별히 가정에서의 일상생활을 접하는 것은 소중한 기회이다. 우리는 잊어 가고, 그 정도도 약해지고 있지만, 골목 문화와 가족과 친척의 유대 깊은 문화가 이곳에서는 그대로 이어지고 있다.

문득 중동 곳곳의 골목 풍경이 눈에 들어온다. 좁은 골목길 사이에 집과 집이 이어지고, 윗집 아랫집 사이에 교감을 나누는 저녁녘 풍경은 인상적이었다. 특히 이집트 카이로나 예멘 사나 같은 덜 개발된 도시 풍경은 이국적이면서 정감 가득한 추억이 되고 있다. 이제 골목길을 지나 가정과 공공장소, 그 내면을 방문해 보자.

_ 밀집된 건물로 가득 차 있는 공간에서도, 일상을 살아가는 이들의 삶이 가득하다. 그 일상을 만나는 것은 또 다른 나를 만나는 기회이다. (이라크의 사마라)

1) 가정집 둘러보기

화장실 앞에서 줄 서는 풍경은 한국 드라마에서 종종 사용하는 소재이다. "아니, 왜 집에 화장실이 하나밖에 없어요?" 아랍 지역 생활에 익숙한 한 청소년이 한국에 방문하며 머물던 한국 친척집에서 던진 이상한(?) 질문이다. "그래, 그럼 너희 집에는 화장실에 몇 개인데?" "3개나 돼요!" 화장실이 3개나 된다는 말에 친척들은 의아한 표정들을 짓는다. 부잣집에 사는 줄 착각도 겸하여서. 아랍 지역의 가정집들은 생김새가 저마다 제각각이다. 그 다양한 것을 간단하게 표현하려니 쉽지만은 않다. 도시를 중심으로 몇 지역의 집 구조와 특징을 묘사하려고 한다. 개인 주택보다 아파트(아닌 아파트, 한국의 연립주택 수준)를 중심으로 보자.

한국 집과 가장 큰 차이라면 화장실 수가 한국보다 평균적으로 많다는 점이다. 방이 3개 정도 되는 집이라면, 기본 2개 이상의 화장실이 있다. 화장실이 3개인 경우도 일반적이다. 새로 지은 집일수록 화장실 수에 여유가 있다. 화장실은 응접실 쪽에 자리한 간단한 화장실과 방쪽에 자리한 욕실 딸린 화장실이 일반적이다. 방이 3개 정도 되는 집이라면 거실이 작은 거실과 큰 거실로 나뉜다. 이 두 개가 이어져 있는 경우도 많다. 나뉜다면 보통 외부 손님용 거실과 가족용 거실로 나뉜다.

화장실은 우리와 크게 다르지 않지만, 가장 특징적인 것은 비데 기능을 갖춘 뒷물용 변기가 있다는 것이다. 뒷물용 변기가 없는 경우엔 뒷물 처리를 위한 샤워꼭지 비슷한 것이 달려 있는 경우도 많다. 아니면 물통이나 수도꼭지가 달려 있다. 왼손으로 뒤처리를 하고 손을 씻고 나올 수 있도록 되어 있는 것이다. 화장지보다 수건이 걸려 있는 경우가 대부분이다. 물로 뒤처리를 한 뒤 수건으로 닦고 나온다. 통옷을 입은 현지인 남자들의 엉덩이가 조금 젖어 있는 경우도 종종 보곤 한다. 뒤처리한 증거이다.

아랍 지역의 문화도 한국 못지않게 꾸미는 문화, 보여 주는 문화이다. 집안에서도 가장 돈을 많이 들이고 품을 많이 파는 공간이 있다. 외부 손님을 맞이하는 응접실이다. 자신들만의 공간은 소박해도 외부 손님을 맞이하는 응접실엔 돈을 많이 들인다. 첫인상을 강하게 안겨 주기 위한 것이다. 외부인의 시선을 끌기 위하여 한국에서는 거실에 시간과 물질을 많이 투자한다. 많은 경우 (요즘은 변해 가고 있지만) 거실에 필수적인 장식품 가운데 하나로 책꽂이가 자리했다. 읽지는 않아도 보여 주기 위하여 전집류를 꽂아 두던 시절이 있었다.

이곳 아랍인들도 보여 주는 것에 관심이 많다. 그런데 현지인 가정의 응접실에는 책꽂이가 보이지 않는다. 응접실 소파 세트나 액자, 장식용 테이블이 보일 뿐이다. 책 읽는 척하지 않아도 되는 문화이기 때문이다. 대개는 독서가 하나의 교양을 보여 주는 것이라는 생각을 하지 않는다. 읽지도 않는 책을 과시용으로 꽂아 두는 것과 아예 책꽂이도 없는 것 중 어느 것이 더 좋은 것일까?

'폼생폼사'라는 말이 있다. 폼으로 살고 폼으로 죽는다는 이야기. 아랍인도 마찬가지이다. 배가 고파도 안 고픈 척, 화가 났어도 안 난 척 겉으로 폼을 잡아야 산다. 비가 내려도 뛰어가는 사람을 보기 힘들다. 그냥 비를 맞으며 간다. 무단횡단을 해도 느긋하게 건넌다. 운전자를 성가시게 만들면서도 아무렇지 않다는 표정이다.

이곳 사람들의 자존심을 건드리면 두 가지 반응을 볼 수 있다. 수그리고 들어올 수도 있고, 속에 한을 품을 수도 있다. 자신의 자존심이 무너진 것을 자신의 명예가 실추된 것으로 생각하는 경우가 많기 때문이다. 요르단 관광부 통계과의 실무과장 B가 있다. 취재차 B 과장을 만났다. 다른 취재진에게는 다 제공하는 자료를, 가지고 있으면서도 나에게는 없다고 얼버무렸다. 몇 차례 나름 정중하게 요청을 했지만 오리발이었다. 그래서 국장실을 찾아가 항의했다. 자초지종을 들은 국장이 실무과장을 불러 필요한 자료를 다 제공하라고 지시를 내렸다. 그 이후 B 과장과의 관계는 영 껄끄러운 상태이다. 자신의 자존심이 무너지고 명예가 훼손되었다고 생각하기 때문이다.

사실 폼생폼사의 바탕에는 명예와 수치에 대한 깊은 전통적 생각이 자리하고 있다. 그들은 가문의 명예, 개인의 명예를 상당히 존중한다. 그래서 그들이 제일 싫어하는 단어를 '수치'로 볼 수 있겠다. "이런 것은 당신 가문의 수치 아닙니까?"라는 말이 가장 자극적일 수 있다. "가문의 명예를 위하여 이런 것쯤은 해결해 줘야 한다"는 말들이 나름 영향력을 끼치곤 한다.

요르단의 요르단 대학교에서 한국어 수업이 진행되고 있었다. D 교수가 수업을 방해하는 두 학생에게 여러 차례 구두 경고를 주었다. 그런데도 학생들은 아랑곳없이 계속 떠들며 수업 분위기를 망쳤다. 그래서 그들을 자리에서 일으켜 세웠지만, 그래도 막무가내였다. 이번엔 강의실 밖으로 나가도록 했다. 결국 문제는 해결되지 않았다. 두 학생은 다른 학생들 앞에서 자신들의 명예가 훼손되었다고 생각했다. 그런 자신들의 느낌을 감추기 위하여 아무렇지 않은 듯이 더 태연스럽게 떠들었던 것이다.

이집트, 요르단, 시리아, 레바논 할 것 없이 집이나 건물 옥상을 보면 몇 가지 공통점이 보인다. 최소 3가지이다. 먼저 위성방송 수신을 위한 접시안테나이다. 다른 하나는 함석으로 만든 물탱크이다. 물이 부족하고 일주일 내내 물이 나오는 것이 아니기에 수도국에서 제공하는 수돗물을 자동으로 물탱크에 채워 놓고 써야 한다. 다른 하나는 철근 골조가 그대로 남아 있는, 집을 짓다가 만 것 같은 흔적이다. 여유가 되면 한 층 더 올리려고 철근 골조를 그대로 둔 것이다. 빚을 내더라고 한 번에 다 마무리하려는 우리나라의 관습과 비교된다.

2) 물 확보를 위한 전쟁*

우리말에 '돈을 물 쓰듯 한다'는 말이 있다. 그러나 이 말은 아랍인들이 전혀 알아들을 수 없는 말이다. 물 쓰듯 쓸 물이 없어 오히려 '돈을 아주 귀하게 쓴다'는 뜻으로 이해할 것이다. 아랍 지역의 물 부족

* 김동문, 『이슬람의 두 얼굴』, 예영커뮤니케이션, 2001, 90-94쪽.

_ 이스라엘, 팔레스타인, 요르단의 가장 중요한 수자원은 요단 강이다. 물은 전쟁의 원인이기도 하고, 평화의 바탕이 되기도 한다. (이스라엘의 벳샨)

문제는 어제오늘의 일이 아니다. 물을 둘러싼 분쟁과 갈등도 계속된다. 물 문제가 나오니 요르단 형편이 안타깝게 느껴진다. 아랍 국가에는 석유가 있거나 물이 있다. 물이 없으면 석유를 팔아서 바닷물을 민물로 바꿀 수도 있다. 그런데 요르단엔 물도 석유도 없다. 나일 강이 남북을 흐르고 있는 이집트가 그나마 물 걱정이 적은 나라이다. 공중에서 바라본 이집트는 그야말로 나일 강 주변만 푸른색을 띠고 있을 뿐이다. '이집트는 나일 강의 선물'이라는 말이 새삼 실감이 난다.

요르단도 지금 물 전쟁 중이다. 수도권 대부분의 지역에 수돗물이 나오는 날은 일주일에 단 하루뿐이다. 이런 제한급수는 지난 1999년 5월 1일부터 시작되었다. 일시적인 현상이려니 했던 것이 지금까지 이어지고 있다. 가장 큰 문제는 물 부족의 근본 원인이 해결되지 않고 있다는 것이다. 겨울 가뭄은 계속되고 이스라엘과의 물 공유량은 점점 줄어들고 있다. 반면 외국인 거주자를 포함한 체류 인구는 해마다 증가하고 있다. 게다가 더 많은 관광객 유치를 위하여 호텔 등의 관광시설은 계속 증가하고 있다.

"물 한 방울을 절약하자." 신문과 방송에선 '물 절약'을 호소하는 캠페인이 계속되고 있다. "양동이로 세차를 하면 20리터, 호스를 사용하면 300-500리터, 목욕을 하면 136리터, 샤워만 하면 20-30리터, 물을 틀어 놓고 양치질을 하면 10리터, 컵을 이용하면 1.5리터 …" 여성단체들과 환경단체들이 정부와의 협조 아래 합리적인 물 절약을 위한 각종 계몽운동을 벌이지만 일반의 무관심은 여전하다.

휴지가 아닌 물과 손을 이용해 화장실 뒤처리를 하는 이곳의 관습도 도전받고 있다. 각 대학이나 공공기관의 화장실 수도꼭지가 잠기는 날도 많다. 이슬람 사원 역시 물 절약운동에 팔을 걷어붙이고 나섰다. 금요일 낮 예배를 포함한 각종 예배와 모임을 통해 "물을 낭비하는 것은 이슬람의 가르침에 어긋나는 죄"라고 강조하기도 한다. 물을 절약하는 사람은 애국자이고, 참무슬림이 되는 것이다.

각 집에는 수도관이 두 개 있다. 하나는 물 저장탱크와 연결된 것이고, 다른 하나는 수도국에서 제공하는 물(직수)이 연결된 수도관이다. 물이 나오는 날이면 진풍경이 벌어진다. 무엇보다 물이 많이 쓰이는 빨래와 집안 물청소를 해야 하기 때문이다. 게다가 화장실을 많이 쓰게 되는 손님 접대도 이때 하는 것이 경제적(?)이다. 실제로 손님을 치를 때 화장실 변기 물 내려가는 소리에 가슴이 철렁했던 적이 한두 번이 아니었다. 가장 많은 양의 물이 순식간에 사라지는 것이었기에.

나도 제한급수 초기에 머리를 감다가, 때로는 샤워를 하다가 물이 끊겨 곤경에 처한 적이 많다. 하지만 이제는 나름 이력이 났다. 물 전쟁에서 안전 지역을 확보하는 것은 중요하다. 월세 아파트를 구할 경우, 물이 좋은 곳을 찾는다. 물 좋은 곳은 따로 있다. 병원 근처나 대학가 주변, 고급 호텔 가까운 곳, 고위 관리들이 사는 곳 등은 제한급수가 제대로 적용되지 않는 곳이다. 새로 지은 아파트들은 지하 물탱크와 옥상에 각 가정용 물탱크를 구비하고 있다. 물탱크의 크기도 배로 크다. 물탱크가 작은 집들은 아예 욕조나 다른 물통에 최대한 물을 비축해 둔다.

물탱크 공급업체는 수요가 줄지 않고 있다. 물차로 물을 파는 업자들의 발 빠른 움직임도 진행형이다. 생수업체들의 경쟁은 더욱 가열되고 있다. 외국 기술과 제휴한 업체는 물론 수입 생수의 인기도 여전하다. 물 도둑도 활개를 치고 있다.

물 부족이 가장 심각한 나라의 하나, 그런데 1인당 물 소비량은 세계 제일인 나라가 있다. 아랍에미리트와 바레인이다. 그야말로 '물 쓰듯이' 물을 소모하고 있다. 그중에서도 1인당 하루 평균 물 소비량이 550리터나 되는 아랍에미리트는 미국 다음으로 물 소비가 많은 국가이다. 한국은 365리터를 쓰고 있다. 걸프 연안 국가들의 이 같은 물 소비는 해수의 담수화로 얻은 물 덕분에 가능하다.

팔레스타인의 물 문제를 들여다보자. 물을 둘러싼 마찰은 심각한 양상을 보인다. 이스라엘과 팔레스타인 두 나라 사이에는 영토 분쟁보다 물 확보 전쟁이 더욱 치열하다고 할 정도이다. 물 부족 원인에 대한 진단과 처방, 해결책에 대해서도 입장 차이가 크다.

팔레스타인 지역에 대한 물 공급권은 이스라엘이 쥐고 있다. 그것은 자치 지역이나 서안 점령 지역에 차별이 없다. 이스라엘 자체의 물 부족 사태가 갈수록 심해지면서 물 공급의 부정의는 더욱 심화되고 있다. 이스라엘 전체 지역에서 공급되는 물의 86%는 이스라엘인들이, 14%는 팔레스타인 주민들이 사용하고 있다. 이스라엘인들이 하루 평균 183리터를 소비하고 있다면 팔레스타인인들은 겨우 73리터 정도밖에 공급받지 못하고 있다. 이 수치는 세계보건기구(WHO)에서 정한 하루 최소 필요치인 100리터에도 크게 못 미치는 것이다.

이로 인해 팔레스타인 주민들의 불만이 고조되고 브첼렘 등 인권단체에서도 항의시위를 통해 개선을 요구하고 있다. 이들은 이스라엘 당국이 물의 편파적 공급을 통해 인권탄압을 자행하고 있다고 주장하고 있다. 팔레스타인 주민들은 물론 이스라엘 안팎의 인권단체들은 "물의 공정한 나눔 없이 정의는 없다"는 논리를 펴고 있다. 이스라엘과 팔레스타인 양쪽 사이에 체결된 오슬로 평화협정 원칙에 따라 팔레스타인 사람들도 이스라엘 사람들에게 공급되는 것과 똑같은 양과 질의 물을 나눠 가질 권리가 있다는 것이다. 그렇지만 여전한 불평등과 불의가 현실일 뿐이다. 팔레스타인 지역과 그 주민에 대한 차별적인 물 공급 정책은 어제오늘의 일이 아니다.

이스라엘과 팔레스타인 사이의 물 확보 전쟁은 지난 1967년으로 거슬러 올라간다. 이스라엘은 애초부터 팔레스타인 점령 지구에 차별적으로 물을 공급해 왔다. 평균적으로 이스라엘인에 대한 하루 공급량의 20% 안팎의 물만 공급한 것이다. 이 수치는 가정용과 산업용 등을 모두 합친 평균치이다. 설상가상으로 팔레스타인 지역의 낡은 수도관과 급수시설의 부족이 이 지역의 물 부족 사태를 더욱 부채질했다.

헤브론 외곽과 베들레헴, 제닌 등의 일부 지역에서는 아예 지난 2-3년간 45일에 한두 번 정도만 물을 구경할 수 있었다. 약 11만

3000명이 사는 73개 이상의 팔레스타인 마을에는 아예 수도관이 갖춰져 있지도 않다. 이 지역 주민들은 빗물을 받아서 사용하거나 인근 지역 우물에 가서 물을 퍼 나르며 살아가고 있다. 하지만 우물마저 마을마다 있는 것은 아니다. 빗물도 겨울 우기에 받아 쓸 수 있을 뿐 여름철에는 구경할 수 없다. 이럴 때는 비싼 비용을 지불하고 물차를 통해 물을 공급받는다. 이 지역 주민들은 하루 평균 겨우 2-10리터의 물을 확보할 수 있을 뿐이다.

팔레스타인 주민이 유대인과 같은 지역에 산다고 같은 양의 물을 공급받을 수 있는 것도 아니다. 이스라엘 수도회사인 메코롯(Mekorot)은 서안 지구 내의 팔레스타인 마을과 유대인 정착촌에 공급하는 물의 양과 질에 차별을 두고 있다. 팔레스타인 지역 송수관을 막아 둔 채 정착촌에만 물을 공급한 경우도 다반사이다. 팔레스타인 사람들의 거주지에는 저질의 물로 인해 각종 질병이 돌기고 한다. 인구가 180만 명이나 되는 가자 지구의 경우는 특히 심한 상태이다. 하지만 이스라엘 당국은 "낡은 수도관을 제때 교체하지 않은 팔레스타인 사람들의 문제일 뿐"이라고 애써 이런 사태를 외면하고 있다. 이스라엘은 물 부족으로 홍역을 치르면서도 호텔을 비롯한 관광 산업에는 아낌없이 물을 지원해 왔다. 또한 서안 점령 지구 곳곳에 새롭게 들어선 정착촌 건설을 늘리고 그곳에 넉넉한 물을 공급하고 있다.

이렇게 물이 부족한 나라인데도 이상한 풍경은 여전하다. 물의 씀씀이가 많이 헤프다는 것이다. 물 부족 국가에서 흔히 볼 수 있는 광경을 볼 수 없다. 수세식 변기에 대소변 구별 버튼 같은 것은 달려 있지도 않다. 외지인들이 보면 이곳이 제한급수 지역이라는 것을 모를 지경이

_ 물이 귀한 중동에서 사시사철 흐르는 물은 '강'이다. 시냇가에서 고기를 잡고 있는 아이들. (요르단의 암만)

다. 요르단이나 팔레스타인 지역의 가정을 방문하는 이들이라면, 이곳의 물 부족 상황을 염두에 두어야 한다. 직수가 공급되지 않는 날 자주 좌식 변기가 설치된 화장실을 사용하는 것은, 주인의 가슴을 졸이게 하는 일이 될 수 있기 때문이다. 게다가 샤워라도 하겠다고 말하는 것은 더욱 충격 주는 일일 수 있다. 언제쯤 이곳에서 물을 맘대로 쓰면서도 죄책감이 안 드는 때가 오게 될까?

3) 격이 다른 반려동물 사랑

중동에도 반려동물 개념이 있을까? 개나 고양이를 애완동물로 인식하고는 있는 것일까? 개와 고양이, 그들은 어디에나 있다. 2004년 6월 하순 카이로 남부 마디의 밤거리를 걷고 있었다. 카이로 방문 중에 인터넷을 사용하기 위하여 마디의 한 인터넷 카페를 찾은 무렵이었다. 길을 걷고 있는데 서너 마리의 들개들이 몰려와 주위를 둘러쌌다. 그 중 한 마리는 우두머리라도 되는 듯 내게 다가와 앞발로 나를 건드리

_카이로 곳곳을 장악하고 누비고 다니는 들개 떼들. 자기 구역을 지키기 위한 개싸움도 종종 벌어진다. (이집트의 카이로)

기 시작했다. '이 개, 광견병 예방 접종이나 받았을까?' 순간 여러 가지 생각이 스쳐 지나갔다.

개들은 밤이면 무리 지어 다니면서 카이로 곳곳의 길목을 장악하고는 서로의 영역을 지키느라 개싸움까지 벌이곤 한다. 개싸움이 심하게 벌어지는 길을 혼자서 아무런 두려움 없이 지나가기란 힘든 일이다. 개싸움에 돌고 돌아 집으로 향했던 기억이 있다. 카이로에 머물던 1990년대 초반의 이야기이다. 들개들이 지나치게 늘어나면 이집트 당국에서 들개 수를 조절하느라 들개 사냥에 나선다는 이야기도 듣곤 한다. 그러나 직접 관련 통계를 접하지는 못했다.

중동을 여행하면서 발견하는 낯선 풍경이 있다. 그것은 개와 고양이가 넘쳐 난다는 점이다. 애완동물을 말하는 것이 아니다. 이른바 들개와 들고양이들이다. 이집트는 들개와 들고양이가 많기로 손꼽히는 나라이다. 개와 고양이는 거리에만 넘쳐 나는 것이 아니다. 고양이는 거리는 물론 관공서에도 버젓이 배회하는 지경이다. 오히려 공무원이나 주민들에게 먹을 것을 제공받기도 하는 천덕꾸러기들이다. 고양이들은 관공서는 물론이고 빌딩의 후미진 자리, 현관 주변이나 집 베란다, 식당 주변에서도 쉽게 발견할 수 있다.

그런데 묘하게도 이런 동물들, 특히 고양이를 학대하는 주민들은 찾아볼 수 없다. 고양이를 잘 대접하는 사연에 대하여 주민들에게 물어보면 이렇다 할 답을 듣기가 쉽지 않다. 그래도 많은 이들이 하는 이야기는 두 갈래로 나뉜다. 하나는 종교적인 답변으로, 이슬람의 무함마드 선지자가 고양이를 좋아했기 때문이라는 것이다. 다른 하나는 아랍인들의 무속 신앙과 연결된다. 개나 고양이 같은 동물들에 조상들의 혼이 깃들기에 잘 대접해야 한다는 설명이다. 후자의 이야기는 이집트에서 종종 듣던 이야기이다.

사연이야 어쨌든 거리 곳곳에서 자주 접하게 되는 동물들이 그리 달가운 존재는 아니다. 혹시 카이로 밤거리를 혼자 배회할 기회가 생긴다면 들개들의 영토를 침범하지 않도록 조심할 일이다.

중동 지역 부유층의 반려동물 기호는 독특하다. 사자, 호랑이, 치타, 거대한 뱀 등 반려동물도 특별하다. 언젠가 한번은 '카타르의 수도 도하의 한 고속도로에 새끼 호랑이가 돌아다녀 교통 체증이 빚어졌다'는 뉴스 보도가 있었다. 이보다 앞선 어느 날엔, 아랍에미리트 두바이 시내에 암사자가 배회하다가 포획되는 사건도 있었다. 이들 야생동물은 모두 애완동물로 길들여진 것이었다. 아랍에미리트 등 걸프 연안 국가에서 야생 반려동물이 인기를 끈 것은 부유층의 품격 때문이기도 했지만, 더운 환경에는 이런 야생동물이 적격이었다는 점도 한몫하였다. 한때 사자와 호랑이 등을 판매하기 위한 사이트도 유행했었다. 그러나 이제는 이런 야생동물을 개인적으로 소유하고 있거나 운송하는 행위는 불법이다. 그렇지만 아랍 부자들은 이에 아랑곳하지 않는다. 여전히 특이한 야생동물을 애완동물로 키우는 것을, 부와 힘을 드러내는 품격으로 생각하는 이들이 많은 까닭이다. 게다가 야생 애완동물에 대한 단속이 강화된 것도 아니다.

그 가운데 매는 아주 상징적인 반려동물(?)에 속한다. 맹금류인 매는 두바이나 사우디아라비아 등의 부자들에게 매우 인기가 높다. 매 훈련 학교, 매 전문 병원까지 있을 정도이다. 마치 반려견에 관한 이야기를 듣는 듯하다. 한편, 아랍에미리트 등에서는 해마다 아름다운 낙타 선발대회도 열린다. 1-2만 마리가 모여 경합을 벌인다. 머리는 크고, 귀는 쫑긋하며, 볼은 넓고 주둥이가 길고, 등의 혹은 크고, 튼튼하고 발굽이 넓으며 …. 예쁜 낙타 선발 기준이다. 빼어난 낙타들은 수백만 달러에 거래가 되기도 한다.

4) 공공장소 살펴보기

사람들이 공동으로 속하거나 이용하는 장소가 있다. 화장실, 목욕탕, 온천, 수영장, 놀이동산, 공연장, 광장, 학교, 유치원, 역, 병원, 도서관, 영화관, 길거리 등 다양한 장소가 떠오른다. 이 가운데 사우나탕과 관공서에 얽힌 이야기를 풀어 본다.

이곳에는 공중목욕탕이 거의 없다. 옛 터키식 사우나탕이나 현대식으로 개조한 사우나탕이 일부 남아 있을 뿐이다. 아랍 국가 어디에도 대중탕은 없다. 그러면 목욕 문화는 있는 것일까? 물론 있기는 하다. 그러나 대중탕이 아닌 수영장이나 야외 물놀이장이 그 자리를 대신하

_ 바람 부는 야외에서 온천욕을 즐기는 여행자들. 현지인들도 온탕 사우나를 좋아하지만, 온천시설이 드물다. (요르단의 마인)

고, 대개는 집에서 씻어야 한다. 그렇지만 평소에도 목욕을 하는 문화는 아니다. 샤워 문화로 봐야 하고, 샤워를 날마다 하는 문화는 더욱 아니다. 물이 많고 적음의 문제가 아니다. 그것은 일종의 관습에 해당하는 것 같다. 중요한 명절에 한두 차례 동네 대중탕(목욕탕)을 찾았던 우리나라의 옛 추억이 떠오른다. 이곳에서는 목욕 대신에 종종 샤워를 하고 그 대신 향수를 많이 쓰는 것 같다. 땀이 많이 나는 여름철에 몸에 맞지 않는 듯한 강한 향의 향수를 뿌리고 다니는 현지인들을 종종 만난다. 이럴 때는 인내심을 배운다.

사우나탕이 있는 경우에도 우리처럼 발가벗지 않는다. 수영복 정도의 옷을 입고서 사우나를 하는 것이다. 오래전 겪었던 이야기를 풀어 본다. 이스라엘의 사해 근처에 자리한 한 사우나탕에서 겪은 일이다. 사우나탕에 들어가면 남탕과 여탕으로 입구가 나뉜다. 탕 안에는 탈의실이 있다. 탈의한 옷가지를 사물함에 넣고는 탕으로 들어가게 되어 있다. 한국 관광객 일부가 완전 탈의를 하고는 탕으로 들어섰다. 한국에서 익숙한 방식을 따라 아무렇지도 않은 듯이 말이다. 그런데 거기서 일이 벌어졌다. 반대편에서 여성들이 탕으로 들어서고 있는 것이다. 탕은 남녀 공용인 데다가 모두 옷을 입고 사우나를 하고 있는데, 순간 그것을 착각한 것이다. 그들은 얼굴이 벌게져서 급하게 자리를 떠야 했다. '대~한민국!'

이집트는 물론이고 왕정 국가인 요르단과 모로코, 걸프 아랍 국가들 어디를 가도 그 나라 통치자의 다양한 사진을 볼 수 있다. 시리아, 이라크, 예멘도 예외가 아니다. 관공서에 걸려 있는 통치자의 사진을 말하는 것이 아니다. 거리와 가정에서, 공공장소에서 거의 없는 곳 없이 가득한 통치자의 초상을 대하는 현지인들은 담담하다. 아니 자발적으로 통치자의 사진을 차량이나 자신의 활동공간에 부착하는 경우도 보게 된다. 정부나 통치 차원에서 하는 일도 아닌데 스스로 그렇게 하는 이들은 무슨 생각을 하는 것일까? 이는 연예인들의 브로마이드를 수집하고 집안 가득히 붙이곤 하는 '팬'들의 열정을 연상케 한다.

아랍 국가의 관공서 드나들기는 그야말로 "그때그때 달라요"이다. 물론 일정한 원칙과 규정이 있는 나라들이 대부분이다. 그럼에도 넉넉한 융통성이 보인다. 내가 경험한 나라 가운데 융통성이 가장 큰 나라가 이집트였다. 그런데 그 융통성이라는 것은 무원칙에 가까운 것이었다. 되는 것도 안 되는 것도 없어 보였다. 가장 효율적으로 보이는 나라는 쿠웨이트나 두바이였다. 나름 잘 짜인 조직 체계는 업무의 효율성을 끌어낼 것으로 보였다. 중간 관리급 가운데 아랍계 외국인이나 필리핀 같은 나라에서 온 사람들이 적지 않았다. 실무자들이 실무 능력을 갖추고 있고, 현지인 관리들은 그야말로 '관리'를 하는 것 같았다.

현지인들은 연간 3개월여의 유급휴가를 누리고 있는데, 현지인 관리들이 없어도 업무가 잘 굴러간다는 것이 그야말로 신기했다. 어떤 면에서는 있으나 마나 한 역할을 하고 있는지도 모를 일이었다. 여름철 가장 많은 현지인들이 휴가를 가는 계절에 현지 관공서에서 업무 협조를 받으려 노력하는 것에는 별 소득이 없어 보인다. 실무 책임자가 자리를 지키고 있지 않을 때가 많기 때문이다. 아랍 지역에서 라마단 기간과 여름철에 관공서를 찾을 때는 수없이 헛걸음할 각오가 필요하다는 것을 염두에 둬야 할 것 같다.

이집트 관공서 풍경은 인상적이다. 작은 공간이 책상과 직원들로 넘쳐 나는 곳이 많다. 한 방에 들어가서 업무 지원을 받게 되어도, 서류가 여러 사람의 손을 거쳐야 한다. 별달리 내용에 대해 관심도 없어 보인다. 그런데도 이런저런 말을 건네 온다. 그 자신이 최고 책임자라도 되는 듯하다. 업무 효율성을 느끼기도 쉽지 않다. 공보부 프레스센터에서 취재 협조를 받을 때도 그랬다. 실무 담당자가 누구인지 명확하지 않고, 업무파악 능력도 많이 떨어지는 것 같았다. 공무원들 가운데는 책상만 덩그러니 차지하고 있는 경우도 많았다. 자리를 지키지 않는 공무원도 많은 듯했다.

요르단에서만 11년을 경험했다. 업무와 이곳에서의 체류를 위하여 다양한 관공서를 방문하곤 한다. 특별히 거주비자 갱신을 위하여 해당 내무부를 방문하곤 했다. 물론 내무부와 업무 협조 부서를 오가는 일도 곁들여진다. 그런데 해마다 업무 처리 경로가 조금씩 다른 경우가 한두 번이 아니었다. 자동차 등록 갱신을 위하여 해마다 찾는 차량등록 면허사업소의 업무 처리 역시 나름 융통성이 있어 보였다. 그래서

_"관공서 드나들기가 부담스럽다." 외국인으로서 현지의 관공서를 오가는 것은 번거롭기 그지없다. 행정 구조도 다르고 때로 고압적인, 게으른 공무원을 만나기도 한다. (쿠웨이트의 쿠웨이트)

지금도 누군가 관련 업무 처리 과정을 물어 오면, 확답을 하지 못하는 경우가 많다. "이렇게 되는 것이 일반적인데, 그렇지 않을 경우도 있다"는 식으로 답하곤 한다. 얼마 전 요르단 관광부와 관광경찰국에 단체 관광객의 개념 규정에 대해 문의한 적이 있다. 실무자마다 저마다의 개념을 설명해 주었다. 어느 하나도 같지 않았다. 어떤 이는 2명 이상의 외국인은 무조건 단체 관광객이니 가이드를 데리고 다녀야 한다는 엉터리 같은 말까지 한다. 명확한 개념이나 규정을 모르고 통상적으로, 자기 주관을 따라 업무를 처리하는 관행이 여전히 엿보인다. 그래도 요르단의 관공서 방문이 이전보다 수월해졌다. 이른 시간에만 가면 관련 업무 처리에 걸리는 시간이 그야말로 신속하기 그지없다.

공무원들을 만나면서 느끼는 것이 있다. 여전히 인간관계가 중요하다는 것이다. 치켜세워 주고 당신이 책임자가 아니냐고 넌지시 자극하면 일처리에 더 신경을 써 주곤 한다. 공무원들 가운데 이공계 관계자들이 즐겨 사용하는 직함이 있다. '무한디쓰'라는 호칭이다. 우리말로 직역하면 '(전문)기사' 또는 엔지니어 정도의 의미이지만, 이들에게는 전문가라는 의미로 자리 잡고 있다. 딱히 문과와 이과에 차별은 없어 보인다.

요르단에 살던 2000년대 후반, 집 근처 암만 시내에서 도로를 아스팔트로 포장하는 시청 직원들(일용직 포함)이 있었다. 가까이 다가서자 한 사람이 무슨 일이냐고, 자기가 책임자인 양 자신의 전화번호를 주고 도움이 필요하면 처리해 주겠다고 했다. 얼마 뒤에 도움이 필요해 전화를 했다. 그리고 공사 현장으로 가서 아무개 '무한디쓰'를 찾았다. 그런데 무한디쓰 중에 그런 이름은 없었다. 자신이 무한디쓰인데 누구를 찾느냐는 한 시청 직원이 있었다. 나중에 알게 된 진실은, 자신이 무한디쓰임을 사칭한 사람은 현장 배식 담당자였다.

이렇듯 둑트르(박사), 우스타즈(교수), 무한디쓰(기사) 등은 현지인들이 자신을 칭할 때 앞에 붙이는 나름 돋보이는 호칭의 하나이다.

2. 중동의 패션과 유행*

이슬람은 '여성의 신체를 신성시'한다는 이유로 여성은 얼굴 외에는 신체를 드러내지 못하도록 하고 있다. 베일이나 아바야 착용은 문화적 관습에 따른 것일 뿐 여성 인권탄압과는 다르다고 말한다. 물론 보수적인 국가의 여성들은 여성들의 복장 제한을 당연하게 받아들인다. 그렇지만 이집트 등 상당수의 이슬람 국가에서는 여성의 히잡 착용 관습

* 김동문, 『이슬람의 두 얼굴』, 예영커뮤니케이션, 2001, 217-222쪽과 287-290쪽.

이 이미 깨진 지 오래이며, 지난 1990년대 이후 상당수의 국가에서도 강요가 아닌 선택으로 바뀌고 있다. 착용이 강제된 나라에서도 전통을 대신하는 개량 히잡과 아바야가 등장하고 있다.

1) 이슬람은 검은색?

중동 지역을 방문하게 될 때 오해해서는 안 될 것이 있다. 히잡을 쓰고 아바야(차도르)로 온몸을 감싼 여성들은 보수적이며, 현대식 복장을 입은 여성들은 개방적이라고 생각해서는 안 된다. 옷이나 겉모습으로 한 사람의 의식을 판단하는 것에는 무리가 있다. 무슬림 여성들의 경우, 옷 입는 것은 개인이 결정하기도 하지만 대부분은 가장이나 남편, 사회적인 관습, 법에 의한 규율 등으로 정해지기 때문이다. 보수적인 가정에서 자라난 사람도 개방적일 수 있고 그 반대일 수도 있다. 물론 히잡을 쓰거나 쓰지 않는 선택권은 통상적으로나 법적, 관습적으로 남성에게 있다.

니깝　부르카　차도르(아바야)　히잡

여기서 잠시 짚어 두어야 할 사항이 있다. 우리에게 익숙한 몇 가지 용어로, 차도르나 베일은 원래 아랍어가 아니다. 아랍어로 차도르는

_ 여성들의 옷차림새는 자유롭다. 도시에서 그런 모습을 흔히 볼 수 있다. (레바논의 베이루트)

아바야, 루싸리는 히잡으로 부른다. 아바야는 대개 3미터 가량의 긴 검은색 천을 잘라 놓은 것이다. 그리고 이란의 여성용 머리 스카프 루싸리는 아랍 세계에서는 일반적으로 히잡으로 통칭한다.

이슬람 세계 밖에서는 히잡을 무슬림 여성들의 전유물로 인식한다. 그러나 이슬람 세계 안에서도 히잡 착용에 대한 논란이 많다. 히잡 착용을 무슬림 여성의 미덕으로 간주하고 강제하는 시선에서부터 그것을 금지하는 해석에 이르기까지 다양하다. 아예 일부 아랍 이슬람 국가에서는 무슬림 여성들이 히잡 착용을 규제하고 있어 비판을 받기도 한다. 사우디아라비아나 걸프 연안 국가의 경우, 현지인 무슬림 여성이 얼굴을 드러냈다고 하여 법의 제재를 받고 있는 것과 대비된다.

아랍 국가에서도 히잡은 무슬림 여성의 상징처럼 받아들여진다. 사우디아라비아 등 일부 아랍 국가에서는 여성들이 외출할 때 히잡은 물론 눈만 내놓고 얼굴 부위를 가리는 옷 니깝을 착용하고, 검은색 긴 겉옷(아바야 또는 차도르)을 착용하도록 강제 규정하고 있다. 그렇지만 이를

_ 얼굴만 내어놓는 히잡(가운데)을 두른 여성과 눈을 제외한 전신을 가리는 니깝 복장을 한 여성들. (이집트의 시나이 반도)

금지하는 아랍 국가들도 있다. 북아프리카의 이슬람 국가 튀니지가 대표적이다. 튀니지 정부는 1990년대 초부터 공공장소에서 눈만 내놓고 입는 여성 전통 복장인 '니깝' 착용을 금지해 왔다.

그러나 오늘날의 히잡은 종교적인 의미에 머물지 않는다. 그것에는 사회적인 의미도 포함되고, 정치적인 의미도 더해진다. 관공서나 대학 구내에서 히잡 착용이 금지된 터키 등에서는 히잡을 쓰려는 움직임이 정치적인 의미도 지니고 있다. 종교적인 관심은 없지만 가문의 법도를 따라 히잡을 쓰는 여성들도 많다. 아울러 노출 패션과 유행이 번져 가는 것에 대한 반작용으로 전통 차림새로 돌아가는 경우들도 많다. 우리 것 지키기를 통해 그릇된 문화 유입에 저항하기도 하고, 반대로 서구 패션과 유행을 능동적으로 받아들여 향유하기도 하는 것이다.

아랍 무슬림 여자들은 일정한 나이—성징(性徵)이 나타나는 나이를 말하는데 대개 초등학교를 졸업할 때쯤이다. 보통 사춘기가 시작되는 때이다—가 되면 집안의 규율에 따라 히잡을 쓰기도 한다. 히잡은 나라마다 개인 취향에 따라 다양한 색깔의 차이를 보인다. 사우디아라비아 등 걸프 연안 국가—이란과 이라크도 포함—에서는 주로 여성들이 검은색 히잡을 사용하고 요르단, 레바논, 시리아 등은 연하고 밝은 색을 주로 쓴다. 물론 종교와 관계없이 전통 복장의 하나로 히잡이 사용되기도 한다.

히잡은 이슬람 시대 이전에도 중동에서 다양한 모양으로 존재했다. 머리에 히잡을 쓰고 얼굴을 완전히 덮는 너울(면사포)을 쓴 무슬림 여성들을 볼 수 있는데, 이 얼굴 가리개를 니깝이라고 부른다. 물론 앞을 볼 수 있도록 눈 부분을 잘라 낸 형태이다. 보수적인 집안의 여성들은 종종 여기에 색안경을 쓰고, 검은 장갑—계절에 관계없이—과 검은 구두, 검은 스타킹이나 양말을 신는 경우도 있다.

40-50도를 오르내리는 한여름, 온몸을 검은 천으로 둘둘 감고 다니는 여성들을 보면 얼마나 더울까 하는 생각이 든다. 그런데 물어 보면 시원하다고들 말한다. 중동은 햇빛이 강한 대신 습도가 낮기 때문에 살을 내놓는 것보다 오히려 옷으로 덮는 것이 체감 온도를 떨어뜨리고 덜 덥게 해 준다는 것이다. 옷이 그늘 역할을 하는 셈이다. 그러면서도 연신 땀을 닦아 대는 모습이 이채롭다. 히잡에서 시작하여 니깝과 아바야까지 걸치고 다니는 여성들을 어떻게 분간할 수 있을까? 현지인들에게 물어 보면 다 방법이 있다고 하는데, 외국인인 나로서는 아직도 이해가 되지 않는 부분이다.

2) 베일 패션과 차도르 속 유행

아랍 이슬람 세계도 더 이상 우물 안 개구리 같은 처지가 아니다. 세

_ 중동 여성들의 옷차림새는 사실 화려하고 섬세한 느낌이 든다. 다양한 색상으로 꾸며진 히잡을 두른 여성들. (이집트의 기자)

계화의 물결이 거세진 2000년 이후, 아랍 이슬람 세계에도 세계적인 흐름과 패션이 공유되고 있다. 겉보기에, 전통적인 패션만 존재하는 것처럼 보일 뿐이다.

아랍 여성들이 시커멓고 칙칙한 색으로만 치장을 한다고 생각하는 이들에게 아랍에도 패션이 있고 유행이 있다고 하면 어떻게 받아들일까? 겉을 검은색 천으로 둘둘 휘감고 다니는 사우디나 걸프 지역 여성들도 안에는 화려하고 멋들어진 옷을 입고 있다는 사실이나, 집에서는 자신의 몸매를 마음껏 뽐내고 있다는 사실을 안다면, 이슬람 지역 여성들에게도 패션이나 유행이 무시할 수 없는 것임을 이해하게 될 것이다.

물론 사우디 같은 경우에는 온갖 유명 브랜드들이 패션 여성 의류를 팔고 있다. 막스 마라, 크리스천 디오르, 지방시를 비롯한 온갖 고급 브랜드들이 다 망라되어 있다. 가슴이 푹 파인 옷은 물론이고 쫄티나 쫄바지, 민소매에 다양한 반바지, 힙합 패션과 미니스커트, 야하다 싶을 정도의 여성 속옷들. 이런 옷을 입은 사람들을 거리에서 본 적이 없

_ 헐렁한 여성용 겉옷인 차도르(아랍어로는 아바야)를 두른 여성들. (이라크의 바그다드)

는데 장사가 잘 될까 싶었다.

그런데 사실은 그게 아니었다. 없어서 못 판다는 것이다. 그럼 누가 이런 옷들을 사며, 어디서 그것을 입는단 말인가? 외국인들이 사 가는 정도 아니면 기독교인들이 사 가는 정도겠지 …. 그런데 실상은 현지인 여성들이 이런 옷들을 즐겨 사서 입고 다닌다는 것이다. 그러면 왜 눈에 안 보이는 것일까. 아랍 지역 여성들은 이런 옷들을 집에서도 입고 외출 시에도 입는다. 그런데 겉을 아바야나 다른 전통 의상으로 감추고 있어 보이지 않는 것이다.

다시 한 번 히잡과 전통 의상을 입은 여성들의 속사정을 짚어 보자. 바람 많이 부는 어느 날 거리를 걷다 보면 여성들의 겉옷이 바람에 펄렁이는 것을 보게 된다. 그런데 여성들의 속사정이 겉과 너무 많이 다른 경우를 보게 된다. 전통 의상 속에 빨간색으로 몸을 감싸고 있는 여성들 … 겉만 시커멓지 속은 무지갯빛이다. 게다가 주렁주렁 달려 있는 온갖 액세서리들이 햇볕에 반사된다. 어떤 후배는 바람 부는 날 전

_ 다양한 색상의 다양한 옷차림. 아랍 무슬림 여성의 색감에 검은색만 있는 것이 아니다. (요르단의 마다바)

통 의상 속에 간단한 속옷만 걸치고 있는 여성을 보기도 했다고 하니 요지경이다. 그래서 질바압이나 아바야 등은 외출용 겉옷일 뿐 그것이 전부는 아니라는 생각을 하게 된다.

2000년 여름, 암만에 새로운 명소가 생겼다. 한국의 조그마한 백화점쯤 되는 '압둔 몰'이라는 쇼핑몰이었다. 한번은 그곳을 찾았다가 나름대로 화려하게 차려입은 많은 아랍 여성들을 볼 수 있었다. 나의 편견일까? 화려하게 입고는 있었지만 잘 다듬어지지 않은 조금은 엉성한 패션이었다. 아마도 이런 옷들을 입고 거리를 활보해 본 경험들이 없는 까닭에 어떻게 세련되게 입어야 할지를 몰랐던 것 같았다. 집에서나 뽐내던 패션이어서 밖에 나오니 촌스럽게 보이는 것은 아닐까? 물론 현지인들에게야 나름대로 노출이 심하고 볼륨 있는 옷을 입고 나들이를 했다는 것 자체가 엄청난 일이겠지만, 아랍 지역에서도 심심찮게 패션쇼를 하고 여성 속옷 패션쇼까지 벌이는 이유를 짐작할 수 있겠다. 아, 그렇다고 모든 여성들이 이렇게 패션에 신경을 쓴다는 것은 물론 아니다.

보수적인 집안의 한 여학생은 늘 옷을 두 벌씩 가지고 다닌다. 집에서 나올 때는 전통 의상인 질바압과 히잡을 입고 학교로 나선다. 학교로 오는 길에 친구 집에 들러 청바지와 티셔츠 등으로 한껏 멋을 내고 자기 나름대로 패션을 연출한다. 물론 귀가 전에 다시 옷을 갈아입는다. 이 이야기는 겉으로 보이는 아랍 여성들의 복장이 그 개인의 취향이나 의식을 반영하는 것은 아니라는 점을 보여 준다.

개방과 개혁의 물결이 폭풍처럼 들이닥친 아랍 이슬람 세계의 대학생들과 신세대는 변화의 선두에 서 있다. 그들은 한편으로는 전통을 지키려는 움직임을 나타내지만 오히려 적극적으로 변화에 동참하는 행동도 보인다. 대학가는 패션 열풍 지대이다.

새로운 패션 열기를 가중시키는 창구는 연예인들이다. 이른바 '패셔니스타'로 불리는 연예인들의 옷차림새는, 아랍의 전통미보다는 세계적인 패션을 빠르게 수용하는 경우가 더 많다. 여러 곳에서 벌어지는 경연대회 참가자들의 패션도 또 다른 잔잔한 유행을 낳고 있다. 또한 해외 유학 경험과 해외 체류 경험을 가진 이들과, 모험을 좋아하는 젊은 세대들도 있다. 처음에는 한두 사람이 시도하던 것이 이제는 유행으로 번지고 있는 듯하다. 사우디 대학생 아베드 알-바디는, "새로운 패션을 즐기는 것에 주저함이 없다. 낯설어 보이는 새로운 색상과 디자인도 거부하지 않는다. 물론 새로운 머리 스타일도 즐긴다"고 말한다. 다른 한편으로는 아랍에미리트의 두바이, 카타르의 도하, 레바논의 베이루트 등에서 자주 열리는 패션쇼도 유행의 근원지가 되고 있다.

여학생들의 패션은 좀 독특해 보인다. 전통미와 현대적인 감각이

_ 해수욕장을 찾은 할랄 수영복 차림의 무슬림 여성. 보수적인 무슬림 여성들은 자신들의 피부가 노출되는 것을 이슬람의 금기라 생각한다. (요르단의 아카바)

조화를 이루는 경우가 많다. 머리에는 히잡을 썼지만 그것이 보수적인 집안 분위기를 반영하지 않아도 되거나 단지 종교적인 의미인 경우, 여학생들은 치마와 터질 것 같이 꽉 조이는 윗옷으로 멋을 내곤 한다. 그러다가 힙합 바지나 옆선을 튼 치마가 등장하고, 요즘은 배꼽티도 유행한다. 가만히 있으면 배꼽이 감춰지지만 몸을 움직일 때면 허리 속살이 보이는 패션으로 아마도 배꼽티의 전 단계는 되는 듯하다.

여성들의 전통 의상인 질바압의 재질도 점점 얇아지는 경향을 보인다. 히잡으로 가리던 앞머리를 마음껏 드러내는 여학생들도 많다. 사실 2000년대 초반까지는 노출 패션이나 유행을 이끄는 집단이 기독교인 여학생들이었다. 물론 이들은 히잡도 쓰지 않았고 의상에도 별다른 종교적 규제를 받지 않았다. 그래서 한껏 멋을 낸 노출 패션의 여학생이면 으레 기독교인이라고 생각했지만 이제는 그 경계가 무너지고 있다. 온라인과 일상에서 마주하는 다른 문화권의 외국인 체류자들로부터 받는 도전이 만만치 않다.

아바야에도 패션이 있다. 보수적인 지역에서 무슬림 여성들의 겉옷에 해당하는 아바야에 대해 보통은 단순한 검은색 옷일 것으로만 생각한다. 그러나 아바야는 그냥 단순한 천 가리개가 아니다. 여기에도 패션이 있고 디자인이 있다. 재질은 일반 면이나 폴리에스테르부터 실크까지 다양하고, 디자인과 무늬도 다양하다. 금실 은실로 부분적인 포인트를 준 아바야들도 많다. 목 부분과 소매 끝부분, 가슴 부분부터 시작하여 발끝까지 여미는 부분만 금실이나 은실로 꾸며진 것도 있고 금색이나 은색 술이 달린 것도 있다. 가슴 부분에 구슬로 꽃을 수놓은 것도 있다. 히잡도 이 못지않게 다양하다. 또한 가격도 천차만별이다.

3) 스킨헤드와 타투

그런데 사실 여학생들의 변화보다 더 눈에 띄는 것은 남학생들의 변화다. 아랍 무슬림들이 길러야 할 수염을 통칭해 리야(liyah)라고 부른다. 콧수염(샤립)과 턱수염(리이하), 구레나룻을 함께 기르는 것이 남성들의 종교적인 표현이었다. 그렇다고 아랍인들의 수염을 꼭 종교와 연관하여 생각하지 않아도 된다. 요즘 들어서는 아랍 전통의 일부로 여기는 경향이 많기 때문이다. 이곳에서는 흔히들 종교활동에 열심인 이들을 별명 삼아 '셰이크'(Shake)로 부르는데, 이들은 옷이나 얼굴 꾸밈새도 '순나'(이슬람의 무함마드 선지자의 생활 방식을 표준으로 삼은 전통)식으로 하려고 노력한다. 그러나 이런 사람들은 점점 소수가 되고 있다. 아울러 남자의 수염은 곧 그가 어른임을 나타내는 상징이기도 하다. 마치 조선시대에 상투를 틀지 않으면 어린애 취급을 받던 것과 같다. 압둘라 요르단 국왕이 즉위하고 수염을 기르려고 노력한 것도 이에 기인

_ 여성들보다 남성들의 유행은 훨씬 빠른 듯하다. 머리 모양과 수염에 비중을 많이 둔다. (요르단의 암만)

한다. 요즘은 다시 수염을 깎고 다닌다고는 하지만 ….

요즘 아랍 이슬람 지역의 젊은이들 중 이슬람 율법에 입각한 '순나' 식으로 수염을 기르고 다니는 경우는 드물다. 보수적인 걸프 연안 국가의 경우도 마찬가지이다. 간편하게 콧수염 정도를 기르는 경우는 여전히 눈에 띄지만, 이제는 그마저도 줄어드는 추세이다. 오히려 콧수염과 턱수염을 기르는 대신에 머리를 빡빡 밀어 버린 스킨헤드족(이곳에서는 이들을 통칭, 유행 따라 사는 이들이라고 '모다'로 부른다)이 늘어 가는 추세이다. 턱수염도 서구식으로 얇게 기르는 이들이 적지 않다. 머리를 염색한 이들도 눈에 들어온다.

전통 아랍 남성복을 입고 다니는 학생들은 더더욱 드물다. 걸프 지역의 경우는 그래도 하얀 통옷을 입고 다니는 젊은이들이 여전히 다수를 차지하지만, 다른 이슬람 지역의 경우는 전통 의상과 젊은이들의 유행 패션에 차이가 있다. 그들은 하얀 통옷 대신에 청바지를 즐겨 입는다.

그런데 논란이 되는 패션은, 남자들의 귀고리 착용이나 남자들이 길게 머리를 기르는 경우이다. 남자의 귀고리 착용을 문제 삼는 이유는, '무슬림 남자는 여성 고유의 장신구를 사용하지 말아야 한다'는 이슬람의 율법 때문이다.

아랍 지역에서 유목민들을 만나면서, 유목민 여성들이 손과 발, 얼굴에 문신을 한 경우를 많이 보았다. 이것이 헤나(Henna, 아랍어로 힌나)라고 부르는 아랍 문신이라는 것을 나중에야 알았다. 그때 나는 문신이 서구 문화의 산물이라 오해하고 있었다.

아랍 전통 문양을 몸에 그려 넣는 헤나 문화는 한국인들에게도 낯설지 않다. 아랍 문화 행사에 가도 무료로 헤나 문신을 그려 주는 풍경을 볼 수 있다. 헤나는 식물('Lawsonia alba')의 잎과 잎꼭지에서 추출한, 머리 염색이나 일시적 문신에 쓰는 염료를 말한다. 이 헤나 가루를 사용하여 만든 물감으로 손이나 발에 새기는 문신도 헤나 또는 멘디라고 부른다. 산스크리트어에 뿌리를 둔 멘디로 불리는 것을 보면, 헤나의 기원은 인도 지역으로 보인다.

요즘은 아예 '스티커 헤나'가 유행을 타고 있다. 사용법도 간단하고 문양도 다양하며, 가격도 저렴하여 인기를 끌고 있다. 그러나 스티커 헤나는 천연 헤나에 비해 화학 성분으로 인한 부작용이 생길 가능성이 있다고 한다.

한시적인 헤나 문신과 달리 바늘 등을 이용한 영구 문신인 타투도 있다. 아랍어로는 다끄(daqq)로 부른다. 전통적으로 이 타투는, 이집트의 정교회 기독교인들의 손목에 새겨 넣는 십자가 타투와 여성 유목민들이 손과 발목, 얼굴에 문양을 새겨 넣는 전통을 통해서 볼 때, 그 기원이 짧지 않음을 알 수 있다. 그러나 적지 않은 무슬림 학자들은, 이런 영구적 타투는 이슬람 정신에 어긋나는 것이라 말한다. 그것을 알라가 창조한 인간의 형상을 훼손하는 것으로 판단하기 때문이다.

유목민의 영구 문신 전통은 사라져 가고 있다. 그럼에도, 영구 문신으로서 타투 문화가 아랍 지역에 새롭게 유행하고 있다. 아랍 이름이나 관용어를 새기거나, 이를 형상화한 캘리그라피를 새기는 경우가 많다. 타투 문화의 중심지로 요르단 암만의 부유층 밀집 지역인 압둔 거리가 떠오르고 있다.

지난 1990-2000년대 초반까지만 해도, 아랍 지역에서 영구 문신을 한 사람은 불량배나 사회 반항아 같은 취급을 받았다. 사실 이 시기에는 노동자들이나 외국인들이 타투 문화에 더 많이 노출되어 있었다. 그러던 것이 이제는 연예인들 사이에 번져 가는 영구 문신 문화와 부유층과 젊은 세대의 자기표현 양식으로 새롭게 자리를 잡아 가고 있다. 하지만 영구 문신 문화는 여전히 많은 아랍 지역에서 불법이거나 천박한 서구 문화의 산물로 받아들여지고 있다.

3. 짧고 굵은 중동의 장례

이슬람 세계의 장례법은 우리와는 많이 다르다. 기독교인은 기독교 장례법을, 무슬림은 이슬람 장례법을 따르는 것은 물론, 무슬림과 기독교인을 함께 묻는 공동묘지는 없다. 무슬림 묘지와 기독교인 묘지는 확연하게 구분된다. 장례 절차나 문상의 예법과 의미도 기독교인과 무슬림 사이에 확연히 다르다.

_ 이슬람 사원으로 시신을 운구해 가는 유가족들. 무슬림의 장례 절차에서는 통상 당일 시신을 무덤에 안치한다. (이집트의 카이로)

1) 이슬람의 죽음 — 고인과의 헤어짐을 서두르다

우리는 무덤이나 공동묘지를 도시 주거지 밖에 둔다. 산 자의 공간과 죽은 자의 공간은 언제나 떨어져 있다. 그래서일까? 무덤 하면 왠지 스산한 느낌을 받게 된다. 그런데 무슬림들은 다르다. 아니 무슬림만 그런 것이 아니라 아랍 기독교인들도 비슷하다. 무덤이 생활공간에서, 산 자들과 공존하기 때문이다. 무덤을 바라보는 시선에 어떤 거부감이나 두려움 같은 것이 느껴지지 않는다. 무슬림들은 사람이 죽으면 육신은 더 이상 쓸모가 없다고 믿는다. 이런 이유로 간단하고 빠르게 매장한다. 묘석이나 기념물은 세우지 않는다.

죽음이 임박하면 무슬림들은 세정식에서 이슬람의 신앙고백문 '샤하다' 암송을 반복한다. 아침에 죽을 경우 시신은 당일 매장, 오후나 밤에 죽을 경우 다음 날 매장한다. 사람이 죽으면 시신을 씻겨 광목천으로 감싼 뒤 매장한다. 이때 성의 구별이 있다. 흰색과 녹색의 수의에 싸인 시신을 입관하고 나서 사원으로 운구한다. 사원에 옮겨진 관은 메카 사원 쪽을 향해 오른편에 놓인다. 무슬림 지도자가 관의 왼편에 서고 그 뒤로 조문객들이 원을 그리며 서는데, 여인들은 남자들 뒤쪽에 따로 자리한다. 시신 위에 기도한 뒤에 마지막으로 "알라후 아크바르!"(알라는 위대하시도다!)를 외친다.

이러한 일련의 장례 의식을 마친 시신은 다시 운구되어 사원 주변의 묘지로 옮겨진다. 하관은 성직자나 연장자에 의해 꾸란에 있는 기도문과 운문들이 암송되는 가운데 이뤄진다. 이때 여자들은 곡을 한다. 관째로 묻지 않고 시신만을 지하 묘지에 안치한다. 무슬림들의 매장 방식은 납골당 형식이다. 대부분 가족묘 형태를 취하고 있다. 이러한 무덤 방식을 자세히 볼 수 있는 곳은 이집트 카이로의 '시티 오브 데드', 즉 사자(死者)의 도시로 불리는 이슬람 지역 주변의 묘지이다.

일간 신문 뒷부분에는 부고 광고문이 큼지막하게 실리곤 한다. 장례식에 참여하도록 안내하는 내용보다 조문을 알리는 내용이 더 일반적이다. 위에서도 말했듯이 장례 절차가 당일 긴급하게 진행되기 때문에 가까운 친인척들이나 이웃들이 장례 절차를 마무리한다.

조문객들은 남자들이 맞이한다. 대개의 경우 집이 아닌 동네 공터나 회관 주변에 천막을 치고 조문객을 맞이한다. 경제적으로 여유가 있는 경우는 조문객들에게 음식을 제공하기도 한다. 3-4일 동안 조문객들은 애도를 표하기 위해 매일 모이며, 초청된 성직자나 남자들은 기도문 등을 계속 암송한다.

2015년 1월 23일 새벽, 사우디아라비아의 압둘라 국왕이 타계했다. 그런데 막강한 권력자였던 국왕도 사망 당일 공동묘지에 안장됐다. 이후에, 사우디 왕실은 사흘간 외국 사절과 일반인의 공식 조문을

_카이로 묘지의 호곡꾼들. 조객들의 아픈 마음을 대신 표현해 주는 약방의 감초들이다. (이집트의 카이로)

받았다. 요르단의 후세인 이븐 탈랄 국왕의 장례식은 이와는 조금 달랐다. 1999년 2월 7일 타계한 후세인 국왕의 장례식은 다음 날 8일 오전에 치러졌다. 물론, 타계한 지 24시간이 지나지 않은 시점이었다고 한다.

2) 묘지의 알바, 호곡(號哭)꾼

이집트 카이로의 묘지 곳곳에는 묘소를 찾는 유족들과 더불어 울어 주는 아르바이트(속칭 알바)가 존재한다. 장례식장 분위기를 자아내 주는 약방의 감초들이다.

카이로 곳곳의 공동묘지는 마을과 격리되어 있지 않다. 주거 지역과 인접해 있거나 아예 주거 지역 한복판에 자리한 경우도 있다. 이른 아침부터 묘소를 찾는 성묘객들 사이에는 전문 성묘객 알바들이 섞여 있다. 이집트인들은 죽은 이에 대해 자신들의 존경심을 표현하기 위하여, 죽은 이를 기리는 마음이 많다는 것을 전달하기 위하여 전문 성묘객을 고용하기도 하고, 묘지를 배회하면서 알바를 자청하는 청소년들도 있다.

카이로의 구시가지, 마쓰를 아디이마(올드 카이로)의 묘지에 이슬람 명절이면 이른 아침부터 성묘객들이 줄을 잇고 있다. 고인을 추모하기 위하여 묘에 가져다 놓을 다양한 모양의 꽃다발과 화환들을 파는 상인들의 손길이 분주하다. 무덤을 찾는 성묘객들 사이를 오가면서 잠깐잠깐 죽은 이에 대한 그리움을 안타깝게 표현해 주고는 또 다른 성묘객들에게 다가가는 한 무리의 청소년들을 볼 수 있다. 이른바 성묘객 알바들이다.

성묘객 알바들이 받는 사례는 그리 후하지 않다. 다른 성묘객들이 차려 온 음식 일부와 단돈 몇백 원에 해당하는 수고비를 받는 정도이다. 담배 몇 개비가 전부인 경우도 있다. 그래도 감지덕지라 생각하는 알바들이 적지 않다. 이집트에는 아직도 월 2-3만 원을 받는 저임금 노동자들도 적지 않기 때문이다.

3) 생활공간과 어울린 공동묘지*

아랍인들이 죽음을 마주하는 의식과 태도는 우리와 사뭇 다르다. 그것은 무덤과 장례에 대한 생각과 태도에서 확연히 드러난다. 심지어 무덤이 놓인 곳과 무덤을 바라보는 감정도 다르다. 우리의 경우, 무덤이 생활공간과 구별되는 특성이 있다. 그렇지만, 이슬람 지역에서는 마을 한복판에 공동묘지가 조성되는 풍경도 낯설지 않다.

* 김동문, 『이슬람의 두 얼굴』, 예영커뮤니케이션, 2001, 186-191쪽.

_ 공동묘지 지역 거주자들의 하루 일상도 다른 지역 거주자와 다르지 않다. (이집트의 카이로)

"무덤은 죽은 자를 위한 것이다. 당연히 이 지역에서 사는 산 자들은 이 곳에서 쫓겨 나갈 것이다."

"무덤은 죽은 자만의 공간이 아니다. 우리 산 자들의 보금자리를 무너뜨리지 말라."

묘비가 가득한 마을, 사자의 도시라 불리는 곳이 있다. 공동묘지를 일컫는 것이다. 그중 하나가 엘-아라파(el-Arafa) 지역으로, 카이로 남동쪽에 위치하며 길이가 6.4킬로미터에 이른다. 그렇지만 이 공동묘지에는 죽은 자들만 누워 있는 것이 아니다. 아침녘이면 등교하는 학생들과 출근하는 사람들, 오가는 차량들로 적막이 깨지고 만다. 어디서 나타난 사람들일까? 게다가 이곳에는 자동차 정비업소며 버스나 택시 정류장, 상점들도 즐비하다. 어림잡아 3만여 명의 카이로 주민들이 수십여 년에 걸쳐서 공동묘지 주변에 살고 있다. 죽은 자와 산 자가 나란히 누워 있는 곳, 그야말로 사자의 도시이다. 이집트인들의 장례 의식과 죽음에 대한 생각이 어떻기에 이 같은 일이 벌어지는 것일까?

장례 문화로 인한 논란이 계속되는 한국처럼 그 비슷한 논란이 카이로를 중심으로 한 이집트에서도 일고 있다. 그런데 이 무덤들이 도시 한복판에 자리하고 있다는 것과 그 주변 지역에서 수만 명의 이집트인들이 생활하고 있다는 것은 묘한 점이라고밖에 말할 수 없다. 이집트나 요르단을 비롯한 아랍 이슬람 국가의 무덤은 도시에서 멀리 떨어져 있지 않고 사람들의 생활공간에 함께 자리하고 있다.

아랍식 무덤은 가족 공동묘의 형태를 보이며 이곳에도 이른바 선산(先山)이 있다. 사람이 죽으면 날을 넘기지 않고 당일 장례를 치르는데, 지역 신문에 큼지막하게 부고를 하고 조문객들을 맞이하기 위해 동네 마당에 천막을 설치한다. 장례 의식에 따라 이슬람 사원에서 간단하게 꾸란을 읽은 뒤 묘소로 향한다. 봉분도 하지 않기 때문에 땅속 납골당 형태의 공간에 대를 이어 시신을 안치하는 것으로 장례를 마무리한다. 묘지가 주거지에 붙어 있는 이유는 이들이 음우(陰佑: 조상들의 음덕)를 믿고 있기 때문인 듯하다. 그런데도 인구가 급팽창하면서 무덤 부지는 도시 저 멀리로 밀려나고 있다. 장례 문화가 바뀌고 있는 것이다.

게다가 카이로의 인구 증가율이나 인구 밀도는 세계적이다. 지금도 카이로의 인구는 확장·팽창되고 있다. 그래서 그 한복판에 자리한 무덤들이 차지하고 있는 금싸라기 땅의 가치가 재평가되고 있다. 정부 측의 이장(移葬) 계획에 대해 민과 관, 종교계와 학계에서 한창 논의가 진행 중이다. 그러나 아직 이장을 반대하는 목소리가 거세기만 하다. 죽은 자들의 공간이 산 자들의 살 집을 지을 수 없게 만들고 있는 것이다. 실제로 카이로에서 있었던 거대 묘지 이장을 둘러싼 논쟁을 통해 이런 상황들을 살펴본다.

에이자트 하산은 13명의 자녀들과 함께 묘지 주변에 있는 작은 셋방에서 무덤을 지키면서 그의 생애 대부분을 살아오고 있다. 우리식의 선산에 해당하는 가족묘들이 즐비한 이곳. 이곳 주민들의 일부는 무덤 소유주이지만 대부분의 경우는 세입자들이다. 일부는 무덤을 관리해 주기도 한다. 그렇지만 그들도 이제는 이곳을 떠나야만 할 때가 되었다. 카이로의 다른 지역이 번잡하고 시끄러운 것과 달리 한적하고 조용하던 이 묘지 지역이 이제는 재개발의 삽질과 교통량의 증가로 변모하고 있기 때문이다. 아니, 카이로 개발 20년 계획의 일환으로 추진되는 '사자의 도시 재개발' 사업에 밀려 주민들이 강제로 퇴거당할 지경에 처해 있기 때문이다. 이집트 정부는 이장이 완료되면 이곳에 녹지를 조성할 계획이며, 도시 개발과 묘지 보존을 둘러싼 묵은 논쟁을 종결하고 재개발을 실현할 것에 대해 강한 의지를 보이고 있다. "무덤은 죽은 자를 위한 것이다. 당연히 이 지역에 사는 산 자들은 이곳에서 쫓겨 나갈 것이다." 재개발 관계자의 말이다.

만쉬에트 나스르 지역은 카이로 공동묘지의 대부분을 포함하고 있는 대표적인 사자의 도시이다. 카이로 시내에는 20-30개의 묘지가 있고 그 안에는 수만 기의 무덤이 자리하고 있다. 어림잡아 카이로의 10% 가까운 공간이 무덤으로 잠식되어 있다. 많은 묘지의 조성 시기는 14세기까지 거슬러 올라간다. 그러나 대부분의 묘지는 19세기 이후에 조성된 것들이다. 이 지역에 카이로의 만성적인 주택 부족으로 어려움을 겪는 50여 만 명의 주민들이 주거해 오고 있다. 정부는 재개발을 위해 이 지역 주민들에게는 신축 아파트 입주권을, 죽은 자들을

_ 카이로 지역의 10%가 넘는 공동묘지 지역의 개발을 두고 논란이 계속된다. (이집트의 카이로)

위해서는 새로운 무덤을 약속하고 있다. 그렇지만 주민들은 이 같은 정부의 약속을 믿으려 하지 않는다. 이슬람법에 의하면 한번 묘지였던 곳은 최소 15년 이상 비워진 후에야 다른 용도로 사용할 수 있다.

이집트 정부는 이미 2000년 10월 '사자의 도시' 인근 지역에 새로운 아파트 단지를 조성하고 2,100가구의 아파트를 건설하였다. 사자의 도시 재개발 계획이 이미 집행 중인 곳은 카이로 구시가지의 전통적인 이슬람 문명 지역인 밥 안-나스르(승리문) 주변으로, 이미 지난 수년 동안 25미터 도로 확장 공사가 진행되면서 이곳에 있던 1,800기의 무덤들이 이장되거나 파괴되었다. 그럼에도 상당수의 철거민들은 파괴된 묘지에 여전히 보금자리를 펴고 있다. 정부에서는 철거 통지문과 함께 이 거주자들에게 아주 좁은 단칸방을 제공한 것으로 알려졌다. 그래서 상당수의 철거민들이 다시 옛날의 보금자리로 돌아오게 되었다. "선택의 여지가 없다. 그래서 우리는 이곳에 살고 있다. 불도저의 굉음이 들릴지라도 이곳을 떠날 수 없다."

특히 묘지를 둘러 담장을 쌓는 과정에서 감정이 악화되었다. 2미터 높이의 담장은 범죄를 예방하고 관광객을 보호하기 위해 설치한 것이라고 한다. 사실 만쉬에트 나스르 지역은 범죄의 온상으로 악명 높았고, 범죄자들의 은신처 구실을 톡톡히 해 왔다. 그렇지만 지역 주민들은 이 담장에 분노하고 있다. 이는 무덤을 훼손하는 불경스러운 행위임은 물론, 이 지역 주민들의 생계를 끊어 버리는 처사라는 것이다. 당국에서는 담장 설치 과정에 훼손된 무덤들이 없었다고 하지만, 지역 주민들은 이장되지 않은 수십 기의 무덤이 파괴되었다고 주장한다. 〈카이로 타임스〉도 작업 인부들이 작업 과정에서 유해들을 발견했다고 증언한 것으로 보도하고 있다. 일부 유해들은 시멘트로 뒤덮어 버리기도 했다고 전해진다.

아울러 담장 설치는 이 지역 청소년들을 약물 복용과 폭력에 빠뜨릴 것이라고 주민들은 걱정한다. 게다가 담장 설치로 인해 도로 횡단이 불가능해져 묘지 주변 거주자들은 새장에 갇히는 꼴이 되어 버렸다. "누구를 위한 공원 개발인가? 조그마한 녹지를 보기 위해 목숨을 연명할 터전을 잃어버려도 된단 말인가?" 지역 주민 칼리드 압델 메기드의 푸념이다.

정부 당국이나 정치권에서는 민원인들의 목소리에는 관심이 없다. 현실적으로 묘지 주변에 사는 상인들이나 입주자들이 합법적으로 버틸 방법은 없다. 땅도 이미 정부 관할이 되었고, 이 지역의 영업 허가권도 정부가 쥐고 있기 때문이다. 일부 주민들이 쳐진 담장에 구멍을 내 볼 방법을 찾기도 했지만 폭이 1미터나 되기에 그것도 여의치 않았다.

그 옛날, 왕들의 피라미드나 무덤을 만들다가 왕이 사망하면 그 즉

시 공사를 멈추고 시신을 안치했다고 한다. 죽은 자의 영면(永眠)을 방해하면 안 된다는 의식 때문이었다. 그런데 오늘날 죽은 자들의 영면이 방해를 받고 있다. 산 자들 간의 아우성이 곡성을 대신한다. 관광객들에게 독특한 볼거리를 제공했던 사자의 도시가 도시 개발이라는 이름 아래 분주한 불도저 소리로 가득해진다. 이 과정에 죽은 자들은 새로운 묘지로 이장될 것이지만, 산 자들은 그 오래된 보금자리를 잃고 새로운 곳을 찾아야 할 것이다. 그들은 오늘도 죽은 자들과 함께 누워 삶을 이어 가며 내일을 생각하고 있다.

4장

사막을 바라보며 "알라히 칼릭" (하나님이 지켜 주시기를)

중동에서 해 볼 수 있는 특별한 경험이 있다면, 그것은 걸어서 육로로 국경을 넘나드는 것이다. 사막에서 경험하는 매서운 추위와 더위, 그리고 눈발과 검은 모래바람, 드넓은 벌판에 뜨고 지는 해도 이 지역에서 맛볼 수 있는 특별한 추억이다. 봄, 여름, 가을, 겨울이 어우러지는 중동을 만나 보자.

1. 국경 넘나들기, 난센스와 커먼 센스

한국인들에게 국경은 넘나들기 힘든 장소로 여겨진다. 국경과 휴전선은 남북 긴장의 현장이기 때문이다. 그러나 유럽은 물론, 중동 국가에는 한국인들에게 익숙한 국경 개념은 없다. 걸어서 국경선을 넘나들 수 있기 때문이다. 그런 까닭인지 국경 지역에서 우리의 휴전선과 같은 긴장감은 잘 느껴지지 않는다. 걸어서 국경을 넘나드는 특별한 느낌, 중동에서 경험할 수 있다.

1) 이스라엘 방문자 입국 사절

아뿔싸! 지난해 가을, 레바논 베이루트로 향하는 저녁 비행기에 탑승하고 나서야 내 여권에 이스라엘 입국 스탬프가 남아 있다는 것을 알았다(그러나 다행스럽게도 그 여권으로 레바논 입국을 할 수 있었다). 이스라엘을 드나든 여권의 희미한 흔적만으로도 시리아 입국 금지! 레바논 입국 금지! 중동에서 이스라엘 거주 비자를 가지고 있다면 입국이 금지될 나라는 수두룩하다. 이스라엘에 다녀온 전력이 있는 외국인에게도 중동 국가는 까다롭다.

얼마 전까지 소지하고 있던 내 여권에는 시리아, 레바논, 이란, 이라크, 예멘은 물론 웬만한 아랍 국가의 출입국 스탬프가 가득했다. 하지만 이스라엘의 스탬프는 없다. 물론 이스라엘과 팔레스타인 지역도 수차례 드나들었다. 그런데도 스탬프가 없는 것은, 여권에 출입국 스탬프를 찍지 않는 요르단과 이스라엘의 간이 국경인 후세인 국경사무소를 통해 출입하기 때문이다. 물론 이스라엘을 드나드는 사람의 고충을 알기에 이스라엘 국경사무소에서는 별지에 입국 스탬프를 찍어 준다.

레바논이나 시리아는 이스라엘 출입국 흔적이 있으면 입국을 허용하지 않는다. 이란도 마찬가지다. 이라크도 이라크 전쟁 이전까지는 이스라엘을 출입한 자의 입국을 허용하지 않았다. 그것은 국가보안법에 해당하는 금지 사항이었다. 자국민이 사전에 정부의 허가 없이 이스라엘을 출입하거나 이스라엘 사람과 접촉하는 것만으로도 처벌받을 수 있다. 그러나 외국인의 경우, 이스라엘을 입국했다는 사실이 드러나도, 물증이 여권 등에 남아 있지 않은 경우, 입국을 금지하지는 않는다. 여권에 이스라엘 입국 흔적이 있어도, 공항의 보안 당국의 협조를 받아서 입국할 수도 있다.

아주 오래전인 2001년 봄, 나는 시리아 국경사무소에서 승강이를

_"이 요단 강 건너편 저기가 요르단 땅입니다." 중동 지역의 국경은 강이나 육지를 바로 앞에 두고 마주하고 있다. (이스라엘의 카스르 엘-야후드)

벌여야 했다. 입국을 시켜 주지 않았기 때문이다. 나는 시리아의 지도에 이스라엘을 표시하지 않는 관례를 들어 요르단과 맞닿은 시리아 국경사무소장에게 슬쩍 항의해 보았다. "시리아 지도에 이스라엘이라는 국가가 존재하기라도 한단 말입니까?" "당신 말이 맞습니다. 이스라엘은 우리나라 지도에 존재하지 않습니다. 우리는 이스라엘의 실체를 인정하지 않기 때문입니다." "아니, 실정법상 존재하지도 않는 나라를 출입했다는 이유로 입국을 거부하는 것은 말이 되지 않습니다. 그렇지 않습니까?" "맞습니다. 그러나 입국을 허용할 수는 없습니다."

스탬프도 없는데 시리아 국경에서는 내가 이스라엘에 드나들었다는 사실을 어떻게 알았을까? 그것은 이스라엘에 닿아 있는 이집트 타바 국경의 출국 스탬프가 희미하게나마 남아 있었기 때문이다.

결국 시리아 입국을 거부당하고 암만으로 돌아왔다. 똑같은 여권으로 2000년 3월 중순에 시리아를 다녀왔었음에도 말이다. 결국, 이후에 여권을 갱신해야 했다. 갱신한 여권으로도 어떤 때는 입국을 거부

당하고 어떤 때는 들어갈 수 있었다. 입국 심사관의 '심사'(心思)에 따라 출입이 허용되고 거부되는 것이다. 이 비슷한 일을 2000년대 후반에도 종종 겪곤 하였다.

번거로운 일은 적성 국가 출입이 허용되는 이스라엘에도 있다. 2009년 봄 이스라엘을 방문하려고 후세인 왕 다리 국경사무소를 빠져나가 이스라엘 쪽의 여리고 국경사무소에 도착했다. 짐 검색을 마치고 입국 심사대에 서 있었다. 잠시 뒤 국경 보안요원이 보안책임자 사무실로 나를 데려갔다. 이스라엘 적성 국가에 방문한 이유와 그곳에서 한 일들, 그리고 팔레스타인 지역에서 만난 현지인들에 대해 자세한 진술을 요구했다. 4-5시간 동안의 깊이 있는 대화(?)를 마치고 나서야 이스라엘 입국이 허용됐다. 이런 일을 겪으면 기운이 다 빠져서는 '내 다시는 오나 봐라' 하는 심정이 되기도 한다. 그러나 그 이후에도 종종 이스라엘과 팔레스타인 지역을 오가고 있다.

예멘이나 레바논, 시리아 등지를 오가면서 만난 현지인들과 대화하다가 이런 질문을 받을 때면 속으로 식은땀이 흐른다. "아니, 이스라엘 점령 지역을 다녀오셨나요? 어떻게 그렇게 자세하게 알고 있나요?" 이런 질문을 받으면 "그냥 어떻게 알게 되었습니다 …"라며 말을 얼버무린다. '휴!' 아랍 국가 사이의 정치적인 긴장이 줄어들지 않는다면 그 나라들을 출입하는 사람들도 그만큼 신경전을 펴야 한다.

2) 눈만 내놓고 출입국

요르단 암만 알리야 왕비 국제공항 출국 심사대 앞. 눈만 내놓은 아랍 무슬림 여성이 출국 심사대 앞에 섰다. 그런데 이민국 직원은 맨얼

_ 무슬림 여성의 경우, 니깝 복장을 한 채로도 출입국 심사가 가능하다. (아랍에미리트의 두바이)

굴을 보여 달라는 요구를 하지 않는다. 여권에 붙어 있는 여권 소지자의 사진은 분명 베일을 쓰지 않은 맨얼굴의 여인이다. 그렇지만 이민국 관계자는 그 맨얼굴을 대조하려고 하지 않는다. 혹시나 하여 2층 출국자 대합실에서 출국 심사대를 살펴보았다. 그곳에서도 눈만 보이는 전통 무슬림 복장을 한 여성들이 출국 심사를 받고 있었다. 그런데 그 어떤 직원도 베일을 들춰 보라는 요구를 하지 않았다. 누군지도 모르고 그냥 출국시키는 것 아닐까 의심도 생겼다. 그런데 그들은 아무런 제재나 조치도 취하지 않았다.

무슨 이유일까? 눈만으로도 여권 소지인의 진위를 가릴 수 있는데, 굳이 여성을 곤혹스럽게 할 필요가 없다는 답변이다. 눈만으로도 출국 심사대는 물론이고 입국 심사대 앞에 서 있는 여성의 진위를 판단할 수 있는 것이다.

2002년 한일 월드컵이 한창이던 무렵, 예멘 북동 지역의 한 마을 보건소를 방문했을 때였다. 간호사들이 속에는 전통 예멘 여성 무슬림 복장을 입은 채 겉에만 하얀 가운을 걸치고 있었다. 눈만 내놓고 있는 것이다. 그곳에서 일하는 의사에게 물었다. "누가 누군지 어떻게 알고 일하나요?" 대답은 간단했다. "구별하기 어려울 것 없어요. 눈만 봐도 알 수 있고요, 즐겨 사용하는 향수도 다르고 걸음걸이로도, 뒷모습만으로도 구별이 되는데요." 사실이 그랬다. 그곳에 잠시 머무는 동안에도 몇몇 간호사들은 움직임이나 눈만 보고도 구별할 수 있었다.

출입국 심사장 풍경을 말하다 보니 떠오르는 일화가 있다. 이스라엘 입국사무소에서 벌어진 일이다. 한 단체 성지순례객들이 이스라엘로 입국하기 위하여 입국 심사를 받고 있었다. 그런데 그 일행 중 한 사람에게 문제가 발생했다. 여권 사진 속 인물과 실제 입국 심사대 앞에 서 있는 인물이 다르다고 보안요원이 입국을 불허하는 사태가 발생한 것이다. 무슨 일이 벌어진 것일까? 그 속에는 웃지 못할 사연이 있었다. 요즘 한국에서 유행하는 '포토샵' 처리, 즉 보정된 여권 사진이 문제였던 것이다. 실제 인물의 얼굴에 선명하게 존재하는 점이 여권 사진에는 보이지 않았던 것이다. 너무 깔끔하게 처리된 사진으로 여권을 발급받은 결과로 발생한 문제였다. 이 여행자는 어렵사리 이스라엘 입국에 성공했지만 '여권 사진은 보정하지 말자'는 말을 속으로 되뇌었을 것이다.

3) 서로 다른 서머타임(summer time)

중동 지역은 일광시간 절약제(서머타임)를 시행 중이다. 걸프 지역엔 아예 일광시간 절약제 같은 것이 없다. 언제나 여름인 까닭이다. 북아프리카의 경우도 튀니지를 제외하면 일광시간 절약제를 실시하지 않는다. 한국은 88올림픽을 앞둔 1987년에 실시했다가 올림픽이 끝난 해인 1988년 이후로는 다시 시행하지 않고 있다. 아랍 국가에서 일광시간 절약제를 적용하는 나라는 이라크를 제외하면 모두 같은 시간대에 속한 나라들이다. GMT 기준으로 +2에 해당하는 카이로 시간대에 속하는 이집트, 요르단, 이스라엘, 팔레스타인, 시리아, 레바논 등이다. 그런데 같은 시간대에 있음에도 각 나라마다 서머타임이 달라져 버리곤 한다.

2016년의 경우 아래와 같이 일광시간 절약제가 시행되었다(이집트는 2015년부터 서머타임을 적용하지 않고 있다).

요르단	4월 1일 금-10월 28일 금
이스라엘	3월 25일 금-10월 30일 일
팔레스타인	3월 26일 토-10월 21일 금
시리아	3월 25일 금-10월 28일 금
레바논	3월 27일 일-10월 30일 일

왜 인접국임에도 이렇게 나라마다 서머타임이 다른 것일까? 그것은 나라마다 일광시간 절약제를 적용하는 시점의 차이 때문이다. 어떤 경우는 해당국 정부에서 일광시간 절약 적용 기간을 큰 이유도 없이 연장하는 경우도 있다. 어떤 뚜렷한 과학적 원칙이 있는 것이 아니다. 일광시간 절약제는 사뭇 과학적인 것 같지만 다분히 문화적인 의미가 뒤엉켜 실시되고 있다.

묘한 것은 팔레스타인과 이스라엘의 일광시간 절약제 적용 시점이다. 같은 지역이니 당연히 같을 것이라고 생각되지만 대개 차이가 있다. 게다가 서안 점령 지역과 가자 지구 사이에는 종종 시차가 발생한다. 계속 같은 지역에 살고 있는데도 한동안 다른 시간대를 살게 되는 셈이다. 종종 이스라엘의 서예루살렘과 팔레스타인의 동예루살렘 사이에는 한 시간의 시차가 발생한다.

사실 이 지역을 일시적으로 방문하는 이들에게는 같은 시간대의 다른 일광시간 절약제 적용이 큰 혼란이 되지 않는다. 살고 있는 이들에게 문제가 될 것 같다. "오늘 오전 11시에 알렌비 국경으로 가려고 해요. 국경사무소 마당에서 보도록 해요." 이스라엘에서 여행업을 하고 있는 한국인 A 씨는 요르단 국경을 통과하여 한국인 단체가 넘어오는 시간을 예상하여 평소처럼 국경 사무소에 도착했다. 그랬더니 이미 한국인 단체는 이스라엘 입국 절차까지 다 마치고 이스라엘 국경 사무소 마당에서 자신을 기다리고 있었다. 기준이 달랐던 탓이다. 요르단에 사는 한국인 B 씨가 이집트 카이로를 방문하여 관공서를 찾았다. 관공서 근무가 시작되는 8시가 지났는데도 아예 관공서 현관조차 열려 있지 않았다. 무슨 나라가 이 모양이야 하면서 투덜대고 있었다. 한 시간여가 지난 다음 관공서 현관문이 열리고 직원들이 들어오기 시작했다. 이집트에서는 아직 서머타임을 적용하지 않은 시점에 한 시간 빠른 요르단 시각으로 착각한 탓에 벌어진 일이다.

4월에 아랍 지역을 여행하는 이들은 저마다 다른 일광시간 절약제에 적응하는 즐거움을 맛볼 수 있다. 9월이나 10월에 다시 한 번 시차로 인해 작은 혼란을 경험할 수도 있다. 누군가를 국경에서 만나려고 한다면, 현지 시각을 정확하게 챙기는 것이 중요하다. 적용 시작 시점이 달랐던 것처럼 종료 시점도 다르기 때문이다.

2. 눈비 몰아치는 열사(熱砂)의 땅?*

중동 하면 우리는 보통 열사의 나라, 뜨거운 태양을 떠올린다. 그리고 단조로운 사막만이 이어질 것을 연상한다. 그렇지만 이곳에도 숲이 있고 산이 있으며 강과 시내가 흐른다. 만년설로 중동 제일의 스키 레저 국가라 할, 산세가 화려한 레바논은 굳이 언급할 필요도 없다. 사우디아라비아 반도의 걸프 연안국들에도 산과 강이 있다.

1) 삼열사온과 삼한사온

사막 곳곳에도 오아시스의 풍요로움이 있다. 사우디의 경우 예멘과 국경을 접하고 있는 남부 산간 지방은 상춘의 기후에 비도 자주 오는 편이기에 나무와 풀이 잘 자란다. 기후가 좋고 각종 꽃과 나무가 풍성하여 여기저기 돌아다닐 곳이 많다. 비가 오면 시내가 흐르기 때문에 '마른 시내'로 불리는 와디 지역에도 대추야자 농원과 각종 수목이 연이어진다. 홍해의 아름다움은 어디에다 비교해 자랑해도 손색이 없다.

자연환경이 열악해 보이는 곳에도 볼거리는 가득하다. 아랍에미리트 등 걸프 연안의 돈 많은 아랍 국가들은 인공 섬을 만들고 디즈니랜드 비슷한 놀이동산을 만드는 등 사람이 만들 수 있는 각종 편의시설과 위락시설들을 열심히 만들어 낸다. 게다가 돈이 있기에 물이 부족

* 김동문, 『이슬람의 두 얼굴』, 예영커뮤니케이션, 2001, 126-131쪽의 내용을 수정 보완하였다.

_ 중동 곳곳은 해마다 겨울 우기에 폭설을 맛본다. 눈 덮인 예루살렘 풍경이다. (이스라엘의 예루살렘)

하다고 고생을 하지도 않는다. 물로 세차도 하고, 집 앞마당과 뒷마당을 열심히 청소하기도 한다. 도시 곳곳에 있는 공원과 빌딩 숲 사이에 있는 뜰의 정원수와 잔디에는 스프링클러로 물이 공급된다. 도시의 조경도 아주 깔끔하게 잘 정돈되어 있다.

일주일에 한 번 물 공급을 받는 요르단 주민 입장에서는 걸프 연안국의 풍성한 물이 이해가 되지 않는다. 강 하나 변변하게 없는 나라들이 이렇게 물을 맘대로 소비하다니 …. 그러나 문제는 '돈'이다. 돈이 있기에 바닷물을 담수화하여 이렇듯 풍부하게 물을 사용하는 것이다.

걸프 연안 국가의 밤 풍경은 그야말로 '불야성'이다. 밤에도 대낮처럼 온갖 종류의 조명이 거리를 온통 밝히고 있었다. 환한 가로등은 그 밝기가 길바닥에 떨어진 동전 한 푼도 찾아낼 수 있을 정도였다.

한적한 차도도 환하기는 마찬가지였다. 열사의 땅의 명물인 야자수들이 전구로 장식되어, 현대적으로 멋지게 잘 조성된 빌딩 숲과 어울려 독특한 이국적 분위기를 자아내고 있었다. 풍부한 석유 자원은 걸프 연안국들의 낮과 밤을 환하게 밝히고 있다. 거대한 빌딩 숲에서는 춥다 싶을 정도의 시원한 에어컨 바람이 한낮의 열기를 식히고, 거리에는 물이 가득히 넘쳐 나고, 밤이면 환한 조명이 또 다른 세상을 연출한다. 곳곳에 보이는 아랍어 간판만 아니라면 이곳을 우리가 익히 알던 중동으로 생각할 수 없을 것이다.

2) 열사의 땅에 내리는 눈

중동 지역에도 눈이 내린다고 하면 믿지 않을 이들이 많을 것이다. 열사의 땅에 무슨 눈이냐고. 그러나 눈발이 몰아치는 것이 엄연한 사실이다. 나 역시 처음 중동에 발걸음을 내딛던 시절 중동에 추위가 있겠나 생각하며 얇은 여름옷과 홑이불만 챙겨서 이집트에 간 적이 있다. 당시는 이라크가 쿠웨이트를 침공한 직후였는데, 11월 카이로의 낮 기온은 30도를 오르내리고 있었다. 당연히 따뜻했다. 아니 덥게 느껴지기까지 했다. 그런데 웬일인지 현지인들 가운데는 목도리를 하고 다니는 사람들도 있었고, 길고 두터운 통옷을 입고 다니는 이들도 많았다.

그 후로 3주가 지났다. 11월 하순에 몰아닥친 엄청난 추위—아마도 이땐 현지의 더운 기후에 이미 적응되었던 모양이다—로 겨우내 밤잠을 설치며 중동의 추위를 실감했다. 추위라는 것은 온도계의 온도와는 또 다른 것이다. 이른바 '체감온도'가 추위를 느끼게 한다. 일교차가 20도 안팎을 넘나드는데 체감상 이것은 분명한 추위이다. 추위라는 것이 영하에서만 느껴지는 것은 아니었다.

요르단 사람들, 특히 학생들은 눈 내리는 날을 좋아한다. 모든 관공

_ 중동에도 눈이 내린다. 심한 경우는 하룻밤에 1미터 가까이 쌓이기도 한다. (레바논의 바알벡)

서와 학교가 쉬기 때문이다. 해발 800-900미터 안팎의 산동네에 자리하고 있는 암만의 특성상 눈이 내린 빙판 언덕길은 잦은 사고의 무대가 되기도 한다. 정부에서는 안전을 위하여 눈이 많이 내리면 학교는 물론이고 회사조차도 나가지 못하게 한다.

매년 겨울, 요르단 중부 지역에 30-100센티미터가 넘는 폭설이 내려 교통이 마비된다. 이집트 시내 산에는 매년 겨울철 어김없이 눈보라가 몰아치고, 시리아, 레바논, 이스라엘, 요르단은 물론이고 이란과 사우디 일부 지역에도 눈발이 몰아친다. 적게는 30-50센티미터, 많게는 1미터씩 눈이 쌓인 열사의 땅이 연상이 되는가? 게다가 사막 지역에는 주먹만 한 우박도 쏟아진다.

2013년 12월 중순, 이스라엘, 이집트 등 중동 지역에 이례적으로 비를 동반한 기록적 폭설이 내려 피해가 속출하였다. 이스라엘에서는 45-60센티미터가 쌓여 70년 만의 폭설을 기록했다. AFP통신에 따르면, 이스라엘의 예루살렘에서만 약 9,000여 가구, 전국적으로 3만여

_ 눈이 내리면 차는 멈추고 동심은 움직인다. 눈싸움을 즐기는 젊은이들. (요르단의 암만)

가구에 전기가 끊겼다. 시내로 이어지는 주요 고속도로가 3일간 폐쇄됐으며 유대인의 최대 명절인 '속죄일'에 대중교통 운행이 중단됐다. 예루살렘과 서안 지역 학교에 15일간 휴교령이 내려졌다. 이집트에서는 폭설이, 수도 카이로에서는 물난리가 잇따랐고 북부 지중해 연안의 항구 도시 알렉산드리아와 포트사이드에서 항공편이 결항됐다. 요르단에는 최대 60센티미터 이상의 눈이 쌓이면서 전국 주요 도로가 막혔다. 차량 15만 대가 길 위에서 발이 묶였다. 단전과 항공편 운항 취소 피해도 발생했다.

2015년 1월 초순에도 이스라엘, 팔레스타인, 요르단, 레바논, 시리아를 포함한 중동 전역에 폭설이 내렸다. 평균 15-25센티미터 두께로 눈이 쌓였다. 기온도 영하로 내려갔다. 낮에는 영상 1-4도, 밤에는 영하 3도까지 떨어졌다. 온도계 온도가 영하로 내려가는 것은 이례적이다. 이 과정에, 요르단 정부는 1월 7일부터 관공서를 포함한 은행, 학교 등에 임시 강제 휴일을 선포했다. 요르단과 레바논 등에서는 한때 폭설로 인해 항공기 운항이 중단되었다. 2월 20일에는 이스라엘 팔레스타인 지역에 때 아닌 폭설이 내려 도로가 통제되었다. 예루살렘에서는 제설차들이 도로의 눈을 치우느라 바쁘게 움직였다. 폭설로 이스라엘에서는 학교와 관공서가 휴무하고 상점들이 이틀간 문을 닫아야 했다.

무엇보다 문제가 되는 장면은 이런 경우이다. 요르단 시내는 암만 국제공항에서 차로 20여 분 거리에 있다. 따라서 폭설로 인해 공항으로 접근하지도, 공항에서 시내로 접근하지도 못하고 서로 고립되는 경우가 발생한다. 이럴 경우 관광지에서 홍수나 폭설에 갇힌 관광객에게 구호품을 전달하는 등의 특별 구조활동에 차질이 빚어질 수 있다. 중동 지역에서 예상된 폭설이라면, 미리 생필품을 사재기해 두곤 한다. 그렇지만, 예기치 못한 폭설로 교통이 두절되고, 생필품 공급이 끊어지면, 일상생활이 불편해진다. 비상 대비 물품으로는 식료품 및 가스 등 난방제품이 대표적이다.

겨울철에 중동 지역을 여행할 사람들은 철저히 방한복을 준비해야 할 것이다. 언제 눈이 내릴지 모르고 눈보라에 도로가 통제될지 모른다.

3) 중동의 비 오는 날

아랍어에는 '우산'이라는 단어가 없다. 양산을 뜻하는 '샴시야'가 우산과 양산을 포괄할 뿐이다. 햇살이 강하다고 양산을 쓰고 다니는 현지인들도 물론 드물다. 생활용수의 근원이 되는 비는 이곳에서 귀하고 드물다. 그런 까닭에 비는 축복의 의미가 된다. 그렇지만, 외국인으로서 비 오는 날에 비를 맞으면서도 서두르지 않는 모습을 연출하기는 쉽지 않다. 그 풍경 속에 들어가 보자.

_비 오는 중동, 우산을 쓴 이들을 찾아보기 힘들다. 아랍어에는 우산이라는 단어가 없다. (요르단의 암만)

대부분의 아랍 국가에는 비가 많이 내리지도 자주 내리지도 않는다. 나의 경험에 따르면 이집트 카이로가 그랬다. 대략 25년 전의 일이다. 카이로 시내에 대낮에 뜬금없이 가랑비가 한 시간여 동안 내렸다. 공중에 떠 있던 매연이나 온갖 먼지가 가랑비에 땅으로 내려앉았다. 가뜩이나 묵은 먼지로 더욱 고풍스러운 정취를 안겨 주던 카이로였는데, 이제는 더 지저분해 보였다. 그런데 카이로 시내 이슬람 지역을 방문했을 때 신기한 풍경을 볼 수 있었다. 일부 지역이 침수되어 집안에서 물을 퍼내고 있었던 것이다. 침수는 강우량에 비례하지 않는다는 것을 배울 수 있었던 날이다.

가을부터 겨울철 사이에 제법 비가 내리곤 하는 요르단, 그곳에서도 우산은 보기 드물다. 멋있게 디자인된 삼단 우산 같은 것은 더더욱 낯설다. 비가 오는 날(비가 오기로 예보된 날)은 아예 우비용으로 조금 두터운 겉옷을 하나씩 더 걸쳐 입고들 나온다. 머리 덮개도 우비 대용으로 쓰고 나온다. 우비를 착용했으니 비가 내리는 거리도 그냥 평소처럼 걸어간다. 뛰어다니는 경우를 보기 힘들다. 이런 분위기에 화려한 우산을 펼쳐 들고 거리를 활보하면 그야말로 눈요깃거리가 된다. 아마도 현지인들은 부러움, 신기함, 낯섦이 뒤섞인 표정으로 바라볼 것이다.

문득 이 지역의 일교차에 대한 기억이 떠오른다. 사람이 추위를 느끼는 온도는 섭씨 몇 도부터일까? 개인마다, 지역마다 다를 것이다. 대중 사우나 냉탕의 온도가 18-20도 사이인 것을 보고 당황한 적이 있다. 20도인데 왜 물이 이렇게 얼음장처럼 차가울까 어리석은 고민을 해 보았다. 사우나 온탕의 온도는 40도 안팎. 결국은 온도차가 냉탕의 물을 차갑게 느끼게 한다는 것을 알았다. 이 지역의 겨울은 영하로 찾아오기보다 높은 일교차로 다가온다. 이집트 남부나 사막 지역은 영상 20도 이상의 온도에 모닥불 곁으로 사람들을 모으기도 한다. 그래서 종종 새벽에 살얼음을 볼 수 있다.

비가 거의 내리지 않는 사막도 있고, 종종 홍수가 나는 사막도 있다. 강우량이 적은 지역인데도 황량한 들판에 나름 풀들이 자라고 있다. 비도 안 내린다는 곳에 왜 풀이 자랄까 궁금했다. 비결은 이슬이었다. 일교차가 클수록, 즉 해 뜨고 해 질 무렵의 땅의 온도차가 클수록 이슬이 더 많이 맺힌다는 것을 알았다. 이슬이 맺히는 온도를 이슬점 또는 노점으로 부른다. 공기의 온도가 높으면 수증기의 양도 많다. 온도가 떨어져 공기가 냉각되면 공기가 간직하고 있는 수증기가 포화 상태인 이슬점에 이른다고 한다. 이슬점에서 냉각이 이뤄지면 이슬이나 서리가 땅에 깔리게 된다. 서리는 어는점인 0도가 될 때 깔린다. 대낮의 들판의 온도가 40-50도를 오르내리던 이집트 시나이 반도에 자리한 시내(sinai) 산에서는 종종 한여름에도 너무 추워 목장갑을 끼고 새벽 등

_“사해 진흙팩으로 몸과 마음을 건강하게!” 사해 해수욕을 즐기는 현지인들과 여행자들. 요단 강 수면이 낮아지고, 사해도 해마다 1미터 정도씩 낮아지고 있다. 물 부족의 심각성을 보여 준다. (요르단의 사해)

정을 하는 이들을 볼 수 있다. 해 뜨기 직전이면 왜 이렇게 추운지 온몸이 떨리는 소리를 들어야 한다. 낮과 밤의 일교차가 큰 사막 기후 덕분에, 식물과 땅은 더욱 풍성한 이슬을 흡수하고 있는 셈이다.

4) 열대야 비법

한여름 밤의 기온이 25도 이상인 경우를 열대야라 부른다. 그 기준이 만국 통상이라면 대부분의 아랍 국가는 한여름 내내 열대야인 셈이다. 아니 한겨울에도 열대야 속에 사는 아랍 국가들이 있다. 걸프 연안 국가의 경우는 겨울에도 하루 종일 에어컨을 가동하는 경우가 대부분이기 때문이다.

한여름 걸프 지역의 낮 기온은 50도 안팎을 오르내린다. 심리적 압박감을 가하지 않으려는 듯 공식적인 기온은 언제나 50도가 채 안 되는 온도이다. 불쾌지수를 결정하는 데는 사실 심리적인 영향이 한몫한다. 법으로 낮 기온이 50도 이상인 경우엔 모든 종류의 근무가 금지(?)

된다. 그런 이유 때문인지 기상청 공식 일기예보가 50도로 기록되는 경우는 거의 없다. 그러나 체감 온도는 50도를 자주 넘는다는 것이 정설이다.

아랍 지역 거주자들이 열대야와 뜨거운 여름을 피하는 방법에는 무엇이 있을까? 대낮의 뜨거운 날씨를 이기는 비법은 달리 없다. 하루 온종일 에어컨이 가동되는 공간에서 시간을 보내는 비결은 아주 상식적인 것이다. 집, 차 안, 건물 내부에서는 모두 빵빵한 냉방 장치가 가동중이다. 아랍에미리트 두바이에서는 실내 스키장이 피서객들을 맞이하고 있다.

암만 시내를 조금만 벗어나도 나무 밑에 주차하고 여름밤을 즐기는 피서객들을 쉽게 볼 수 있다. 별다른 놀이가 있는 것도 아니다. 나무 밑에 돗자리를 깔고 차와 음식을 나누면서 이야기꽃을 피우는 것이다. 아파트의 경우는 대개 발코니가 딸려 있다. 발코니에 의자와 탁자를 가져다 놓고 물담배를 피우거나 차를 마시면서 '이열치열' 나름 더위를 피하곤 한다. 아니면 아예 공원에 나가 돗자리를 깔고 밤을 지새우기도 한다. 물이 귀한 탓인지 시원한 물에 발을 담는다거나 하는 모습은 눈에 띄지 않는다.

5) 여름철 엑소더스(exodus)

50도 넘는 땡볕을 피해 긴 여름휴가 떠나는 걸프 지역 주민들 덕에 인근 아랍 국가들은 반짝 호황을 누린다. '불볕더위를 피해 탈출하라!' 해마다 여름철이면 걸프 연안 국가들은 '엑소더스' 중이다. 걸프 지역의 각 공항은 휴가를 떠나는 피서객들로 넘쳐 난다. 공항은 물론 국경까지 인산인해를 이룬다. 공항보다 더 번잡한 곳은 국경이다. 국경을 통해 엑소더스를 감행하는 이들은 전체 해외여행자 중 평균 85-90%에 이른다. 현지인들이 빠져나간 뒤 걸프 지역 국가들의 대도시 중심부는 한산해진다. 국민의 절반 정도가 해외로 빠져나가기 때문이다. 이와 관련한 이야기는 〈한겨레21〉(2007.07.13. 제668호)에 실었다. 그 내용을 다듬어 다시 옮겨 본다.

쿠웨이트에서는 80만여 명 정도가 휴가를 위해 해외로 나가고 있다. 사우디아라비아에서는 500만 명 이상이 해외로 나가곤 한다. 아랍에미리트 등에서도 비슷한 분위기가 연출된다. 걸프 지역에서 발생하는 엑소더스는 어제오늘의 일이 아니다. 일상 속의 진풍경이다. 피서를 위해 떠나는 엑소더스가 빚어내는 사회·경제적 분위기를 들여다보자.

일단 걸프 지역의 여름철은 무척 덥다. 더위에도 급수가 있는데, 불볕더위와 무더위로 나눌 수 있다. 습하지 않은 걸프 지역의 날씨는 그야말로 불가마, 불볕더위이다. 온도계는 50도 이하에 꽉 묶여 있지만, 실제 느끼는 온도는 이를 훌쩍 뛰어넘는다. 국내에서 딱히 할 일도 없다. 냉방이 완비된 쇼핑몰 나들이 정도를 즐길 수 있다. 그러나 그것도 하루 이틀이다. 그렇다고 국내에 있는 바닷가로 피서를 가는 것도 엄두를 낼 수 없다. 햇볕은 쨍쨍, 모래알은 반짝이는데 화상 입기 십상이다. 그래서 심심하다.

'탈출'을 감행한 걸프 지역 아랍인들의 목표는 생각하며 보는 관광보다는 레저이다. 날씨도 시원하고 볼거리도 많고 쉴 만한 곳도 가득한 요르단을 찾거나, 볼거리도 넉넉하고 무엇보다 즐길 거리가 많은 이집트 등이 1차 행선지다. 쿠웨이트인들은 요르단을, 사우디아라비

_ 여름철이면 늦은 시간까지 영업하는 카페와 식당이 성업을 이룬다. (요르단의 암만)

아인들은 이집트를 선호하는 경향이 있다. 아니면 동남아시아나 유럽으로 향한다. 여름 휴가철에 해외로 나가는 인원은 대략 500만 명이 넘는다.

사우디아라비아 정부의 통계 자료를 보면, 9·11 동시테러 이전까지 사우디아라비아인들의 최고의 피서지는 미국이었다. 여름 휴가철에 사우디아라비아를 떠난 사우디아라비아인들의 90%가 미국을 선택했다. 그러나 지금은 모든 것이 변했다. 9·11 이후 미국 비자 받기가 하늘의 별 따기가 되어 버린 탓이다. 최근엔 말레이시아 등 '유럽 분위기가 묻어나는' 동남아시아를 찾는 비율이 늘고 있다.

이 더운 계절에 요르단 암만은 걸프 지역에 비해 10-15도 정도 낮은 온도를 보여 준다. 이집트나 시리아, 레바논은 모두 문명과 문화유산으로 넘쳐 난다. 이 나라들은 걸프 지역 아랍인들에게 매력적인 피서지다. 언어장벽도 없고, 물가도 자국보다 싸다. 긴 여름밤 잠 못 이루는 계절에 시간을 보내기에 매우 좋은 조건을 갖추고 있다.

걸프 지역의 웬만한 기업체나 정부기관의 연평균 휴가 기간은 3개월 정도이다. 1년에 일주일 안팎의 휴가가 주어지는 우리나라에서는 상상도 못할 휴가 기간이다. 그 긴 기간 동안 공무원이 자리를 비우면 업무가 마비되는 게 아닌가 걱정이 된다. 그러나 "담당자가 자리에 없어도 일이 굴러갈 수 있도록 시스템이 구비돼 있다"는 게 정부 쪽 설명이다. 쿠웨이트의 경우, 공무원이나 종교계 등 주요 기관의 산업 분야에 종사하는 사람들의 60% 이상이 다른 아랍 국가 출신들이다. 이들은 쿠웨이트 국민들이 휴가를 떠나도 자리를 지키고 있다.

덕분에 여름철이면 걸프 연안 국가에선 조금 과장해서 '현지인들을 쉽게 볼 수 없을 지경'이다. 휴가가 끝나는 8월 말에 귀국 항공편 잡기도 하나의 전쟁이다. 비행기에 자리가 아예 없다. 도로 역시 우리의 귀성 차량 행렬이 빚어내는 혼잡 이상이다. 쿠웨이트에 살고 있는 한 교민은 "8월 말에 쿠웨이트로 출발하는 항공편을 잡으려고 했는데 자리가 없어요. 하늘의 별 따기지요"라고 말했다. 쿠웨이트에서 오랫동안 사업을 해 온 다른 교민도 "여름철에 쿠웨이트 사람 만나려면 요르단이나 이집트에 가야 한다"고 말했다. 이런 분위기는 사우디아라비아나 아랍에미리트의 경우에서도 비슷하다.

휴가철이면 암만의 거리에선 성인 남성 한 명 뒤에 검은 통옷으로 온몸을 감싼 여성들과 그 뒤를 따르는 아이들, 그 사이사이에 인도나 필리핀 등지에서 온 것으로 보이는 여성들의 모습을 볼 수 있다. 영락없이 사우디아라비아나 쿠웨이트 등에서 온 '돈 좀 있는' 걸프 아랍 출신 관광객의 나들이 풍경이다. 걸프 지역 아랍인들의 엑소더스로 인해 여름철이면 인근 아랍 국가들은 성수기를 맞이한다. 대목을 기대하는 분위기는 지역 신문 지면에서도 엿볼 수 있다. 먹는 광고와 여행 관련 상품 광고가 넘쳐 난다. 평소의 4-5배 이상이다.

특히 여행 상품 광고는 대부분의 주요 지역 신문에 매일 실린다. 전체 광고의 절반 이상이 여행 상품과 관련되어 있다. 긴 휴가 기간은 대부분 더운 여름철에 집중된다. 부동산 경기도 반짝 좋아진다. 집값이나 임대료는 상승하고 부동산 중개업소들도 호황이다. 가구상과 전자상가를 찾는 발걸음이 부쩍 늘어난다. 2-3개월 머무는 동안 사용할 가재도구를 챙기기 위해 걸프 지역 방문자들의 발걸음이 늘기 때문이다. 그렇잖아도 번잡하기 그지없는 번화가는 더욱 복잡해진다. 자가용을 직접 가져온 걸프 지역 방문자들의 서툰 운전도 도로 혼잡에 큰 '기여'를 한다.

"자국에서 하지 못하는 걸 다 즐기고 싶어 하는 것 같다." 관광객을 바라보는 현지인들의 시선이 곱지만은 않다. 위스키를 마시고, 나이트클럽을 아예 '일터'로 삼는 사람들도 적지 않은 탓이다. 주류 판매점들과 술집도 덩달아 호황이다. 여행사와 호텔, 임대 전문 숙박업소들도 환호성을 지른다. 여름철 한몫을 챙기려는 집주인들은 '싫으면 관두고' 식으로 2-3개월 아파트나 빌라 임대료를 높게 올려 받기도 한다. 그렇게 가격을 올려 불러도 찾아오는 걸프 아랍 방문자들이 줄을 선다. 바가지를 피하고 싶은 이들은 아예 집을 사두기도 한다. 적지 않은 걸프 지역 아랍인들이 요르단이나 다른 아랍 국가에 '별장'으로 쓰는 주택을 소유하고 있다.

'집 떠나면 고생'이라지만, 여름을 통째로 휴가로 불태우는 걸프 지역 아랍인들에게는 이 말도 통하지 않는다. "볼거리 대신 재밌는 것만 찾아다녀요." 매년 여름이면 요르단에선 200만 명의 걸프 지역 관광객을 기대하고 있다. 걸프 지역 아랍인들의 피서 비결은 '일단 집을 떠나는 것'이란 등식이 굳어지고 있다.

6) 사막에서 골프 치기

아랍인들도 골프를 즐긴다. 많지는 않아도 곳곳에 골프장이 있다. 그런데 골프장 분위기가 이상하다. 푸르른 그린은 없다. 그래도 골프 열기는 있다. 사막을 연상시키는 걸프 연안 국가는 물론이고 요르단이나 시리아 같은 나라들도 사막 골프장을 가지고 있다. 물론 이집트나 시리아, 두바이 같은 곳에는 여느 나라에서 보는 것 같은 제법 훌륭한 골프장이 있다. 그야말로 '그린' 그 자체다. 그래도 이 지역 골프의 맛은 사막 골프이다.

잔디 대신에 메마른 사막 모래와 먼지, 대추야자나무들과 싸리나무 같은 사막 기후에 적응된 식물들, 종종 만나게 되는 사막 거북이. 그리고 무엇보다 따뜻하기 그지없는 뜨거운 바람이 사막 골프의 정취를 돋워 준다. 골프장은 겉보기에 그야말로 허접스럽다. 그래도 홀 구분이 있고 캐디도 있다. 골프장이면 당연히 있어야 할 홀별 다양한 특성은 없다. 그래서 조건별로 약속 골프를 쳐야 한다. 사막 골프장에서 가장 중요한 것은 휴대용 인조 잔디 사용이다. 그린 대신에 이 휴대용 인조 잔디에서 공을 쳐야 한다.

꼭 필요한 것은 햇볕을 가릴 수 있는 모자와 뜨거운 직사광선으로부터 몸을 보호할 수 있는 크림, 그리고 넉넉한 물이다. 물론 골프장 안의 휴게실에서 오아시스보다 더 시원한 냉수도 팔고 있다. 사막에서

_사막도 필드가 된다. 잔디 골프장과는 전혀 다른 맛으로, 사막 골프를 즐기는 이들이 적지 않다. (오만의 무스카트)

도 골프 치는 맛이 날까 걱정할 것은 없다. 사막 골프에 맛들인 이들은 오히려 그린 골프보다 더 낫다고 입을 모으기도 한다. 아부다비 같은 곳은 세계 사막 골프대회도 열고 있다.

3. 문화유산의 오아시스

사막이 변하고 있다. 인간의 기술이 동원된 새로운 문명이 일어나고 있다. 또한 중동은 고대 문명의 자취가 가득한 곳이다. 곳곳에 수천 년 넘는 문화유산이 가득하다.

이집트에서는 2,000년 안팎 된 유물들은 귀하다는 생각도 못 하고, 요르단에서는 1,500년 전후한 비잔틴 교회터는 너무나 많아 희소성도 느끼지 못할 정도이다.

_ 중동 최대의 문화유산의 하나인 페트라. 요르단만 해도 고대 유적지가 30여 만 곳이 넘는다. (요르단의 페트라)

1) 성지순례자 환영하는 이슬람 국가

먼동이 터오면서 어렴풋하게 보이던 사람들의 얼굴 윤곽이 드러나기 시작한다. 머리에 히잡을 쓴 무슬림 여성과 전통 복장을 한 아랍인들, 유대인 남자들의 머리 덮개인 '키파' 차림의 유대인도 상당수 눈에 들어온다. 한쪽에서는 다양한 국가에서 온 기독교인들이 저마다 찬양을 하거나 기도하는 모습도 발견된다. 이집트의 수도 카이로에서 동남쪽으로 홍해를 끼고 사막을 지나 400킬로미터를 달리면 도착하는 시내 산. 모세가 하나님에게서 십계명을 받았다는 이곳 정상에서 일상적으로 볼 수 있는 풍경이다.

시내 산을 찾은 이들 대다수는 물론 기독교인이다. 하지만 이집트는 물론이고 인근 다른 이슬람 국가에서 온 무슬림들과 이스라엘에서 온 유대인들도 적지 않다. 한 장소를 찾은 다양한 이들은 동일한 목적을 가지고 있다. 그것은 성지순례다. 해발 2,243미터에 이르는 시내 산은 일찍이 성지로 여겨져 왔다. 구약성경 출애굽기를 보면, 모세가 이 산에 올라 불길에 휩싸여서도 타지 않는 떨기나무에서 하나님의 음성을 들었다. 모세는 유대교와 기독교, 이슬람 3대 종교에서 모두 선지자로 추앙받는 인물이다.

아랍 이슬람 지역에서 '성지'를 둘러싼 논쟁이 뜨겁다. 이스라엘과 이집트, 요르단은 물론이고 인근 시리아나 레바논, 멀리 터키까지 '성지'를 둘러싸고 치열한 경합을 벌이고 있다. 십자군 전쟁이나 유대인과 무슬림의 갈등 또는 유혈충돌 같은 갈등을 말하는 게 아니다. 예루살렘의 영유권 논쟁 때문도 아니다. 어느 곳이 '진짜 성지'인지를 둘러싼 논쟁과 힘겨루기가 벌어지고 있는 것이다. 성지는 당연히 이스라엘 그 자체고 이스라엘에 다 있다고 생각하는 이들도 있다. 이들은 "새삼 무슨 성지 논쟁이냐"고 반문할지도 모른다. 게다가 이슬람 국가에서 기독교 성지 개발에 관심을 기울인다는 것을 납득하지 못할 수도 있겠다.

전 세계 무슬림들에게 최고의 성지는 사우디아라비아의 메카와 메디나다. 이 두 곳은 해마다 전 세계에서 몰려온 수많은 순례자들로 홍역을 치른다. 이란의 시아파 무슬림들은 이라크의 카르발라나 나자프 등의 성지를 순례한다. 두 나라 사이에 긴장감이 높아지고, 이라크에서 전쟁 아닌 전쟁이 계속되는 와중에도 순례자의 발걸음은 끊이지 않고 있다. 이슬람의 성지는 이슬람의 예언자 무함마드(마호메트)의 사적과 연결됐거나, 이슬람 제국의 확장 역사와 궤를 같이하고 있다. 이런 이슬람 세계의 중심인 아랍 각국이 국책사업으로 성지 개발에 힘을 쏟고 있는 이유는 물론 기독교 성지와 이슬람 성지가 겹치는 경우가 많은 탓도 있지만, 무엇보다 전 세계에서 성지순례에 나서는 관광객을 유치하기 위해서다.

_ 이집트 시내 산 정상에 아침이 열린다. 기독교인은 물론 유대인, 무슬림들도 모세의 발걸음을 따라 이곳까지 오르곤 한다. (이집트의 시내 산)

기독교 성지 개발사업에 정성을 쏟고 있는 대표적인 이슬람 국가는 이스라엘과 국경을 맞대고 있는 요르단이다. 요르단에는 모세가 죽은 느보 산과 선지자 엘리야가 승천한 광야 언덕, 세례 요한의 주 활동 무대였던 요단 강변과 그가 죽임을 당한 마케루스 요새, 예수가 세례를 받은 장소와 그가 피난했던 지역 등 기독교인들을 유혹할 만한 장소들이 즐비하다. 팔레스타인이나 이집트·시리아·레바논 등도 기독교 성지 개발에 박차를 가하고 있다. 이들 무슬림 나라에도 기독교 성지는 널려 있다. 이라크에도 기독교 성지가 있다. 이라크에 파병됐던 한국군 서희·제마 부대의 주둔지 나시리야 지역은 '갈대아 우르'로 불린다. 이곳에는 바벨탑의 원형이 남아 있는데, 성서에 따르면 이곳은 '믿음의 조상' 아브라함의 땅이다. 아랍 이슬람 국가들의 성지 개발 경쟁에서 최대 라이벌은 당연히 이스라엘이다. 이스라엘은 그들의 나라 자체가 성지라고 주장한다. 실제로 세계의 수많은 기독교인들이 이스라엘을 성지로 받아들이는 데 주저하지 않는다. 그러나 아랍 각지에 흩어져 있는 성지는, 그것이 이스라엘의 전유물이 아님을 증명한다. 이 때문에 이스라엘과 이슬람 국가들 사이에서 "우리나라 성지가 진짜다", "이 유적지가 더 낫다"고 주장하는 '성지 우월성 논쟁'이 뜨거워지고 있다.

지난 2000년 봄, 교황 요한 바오로 2세의 아랍 성지순례를 전후하여 표출됐던 각국의 교황 유치 경쟁은 이런 상황을 단적으로 보여 줬다. 당시 이집트·요르단·팔레스타인·시리아 등 아랍 각국은 교황의 성지순례 일정에 자국 성지를 유치하고 홍보하기 위해 무던히도 애를 썼다. 전 세계 가톨릭 인구를 의식한 면도 있지만, 이를 계기로 자국 내에 있는 기독교 성지와 관광 상품을 홍보할 수 있다는 계산이었다. 이 때문에 당시 교황의 아랍 순방을 앞두고 바티칸 교황청은 각국의 주요 성지에 대한 인준과 평가 작업을 벌이기까지 했다. 바티칸 공식 인증 성지가 생긴 셈이다. 이 무렵 가장 첨예한 대립과 경쟁의 초점이 됐던 곳은 예수가 세례를 받은 장소였다. 교황은 애초 예수 세례터로 알려진 요르단의 알-마그타스 지역만 순례할 예정이었다. 하지만 이스라엘과 팔레스타인의 읍소가 이어지면서 방문 일정 중에 포함되지 않았던 요단 강 서쪽 지역을 교황이 헬기로 방문하는 이벤트를 벌이기도 했다. 2015년 5월 24일 교황 프란치스코가 다시금 요르단과 이스라엘, 팔레스타인을 찾았다.

성지 우월성 논쟁과 더불어 소극적으로는 "우리나라도 성지"라고 주장하며 '이스라엘 성지 기득권에 묻어가기' 작전도 병행되고 있다. 이스라엘을 오가는 길에 "우리나라에도 들르라"는 식이다. 시리아 다마스쿠스 박물관의 아흐마드 과장은 시리아는 문명의 땅이요 성지라

_ 유대인들은 다른 누구보다 모세에 관심이 많다. 모세의 행적을 따라 시내 산을 찾은 유대인들이 아침을 맞이하고 있다. (이집트의 시내 산)

고 주장하기를 주저하지 않았다. 시리아는 공식적으로 이스라엘을 인정하지 않는다. 그런 이유로 이스라엘을 거론하며 성지 논쟁을 자극하지도 않는다. 그러나 요르단은 이스라엘과 가장 치열하게 성지 우월성 논쟁을 진행하고 있는 나라이다. '성지 요르단', '선지자들의 땅'이라는 이미지도 홍보 전략의 주요한 화두이다. 요르단 관광공사는 지금 한창 새로운 관광 홍보물을 제작하고 있다. 그중 주력하고 있는 분야가 기독교 성지 소개이다. 지금까지 나온 관광 안내 홍보 자료 중에도 A4 용지 크기 34쪽 분량의 넉넉한 자료집이 '한눈에 보는 기독교 성지'였다. 지금 새로 제작 중인 자료들 중에도 기독교 성지 안내 책자의 비중이 가장 크다.

"기독교인이세요? 무함마드라는 이름이 무슬림으로 보이는데 성경에 해박하시네요?" 수년 전 요르단 고고학청 소속의 무함마드 와힙 박사와 대화를 나누며 던진 질문이다. 그는 요르단의 최대 기독교 성지인 예수 세례터 알-마그타스의 발굴 책임자였다. 와힙 박사를 비롯한 무슬림 고고학자들도 성경을 읽는다. 그러나 고고학 발굴과 성지 개발에 성경은 기독교인들에게 그곳이 기독교 성지임을 강조하는 중요한 근거 자료로 사용될 뿐이다. 성지의 근거가 되는, 아니 성지임을 주장하기 위한 반증 자료일 뿐인 것이다. 성경의 기록의 신뢰성이나 신앙, 기독교 자체에는 관심이 없다. 무슬림으로서, 다만 관광객이 더 많이 오면 좋을 뿐이니 그 장소가 기독교 성지로 부각되고 말고는 그들에게 중요한 일이 아니다.

이스라엘과 팔레스타인 지역을 방문하기 위하여 육로 국경을 넘을 때면 종종 익숙하고도 낯선 경험을 하곤 한다. 이스라엘 입국 수속 중에 보안요원은 개인 입국자에게 방문 목적을 묻곤 한다. 필자의 경우엔 기독교 성지(Biblical Sites) 방문이라고 답하자, 보안요원이 다시 반문했다. '무엇이 기독교 성지'냐는 것이다. 성경의 땅, 즉 'Bible Land'라고 답해도 그것을 쉽게 이해하지 못하는 경우가 많다. 이른바 성지 이스라엘에 살지만 성경도 기독교도 모르는 경우가 많다. 기독교 학자들은 시리아의 가장 대표적인 유적지인 동부 사막 한가운데 자리한 팔미라 유적지가 고대 솔로몬 왕이 세웠다는 성경상의 도시 '타드모르'라고 주장한다. 그러나 이곳에서 만난 현지 무슬림 안내인 이브라힘은 이런 주장에 "그것은 날조된 이야기이다. 솔로몬이 세웠다는 도시는 이곳에 아예 처음부터 존재하지도 않았다"고 강하게 부정했다.

아랍 지역의 많은 현지 무슬림들에게 기독교 성지는 그저 하나의 '상품'일 뿐이다. 현재 진행형으로 이뤄지는 성지 논쟁도 다른 종교를 이해하기 위한 노력과는 무관하다. 관광객 유치를 위해 치열한 경쟁을 벌이고, 다른 종교와 국가의 성지를 인정하지 않으려는 것도 이 때문

_ 요르단 곳곳에서 발견되는 고인돌. 강이나 시냇물에서 가까운 지역에 밀집되어 나타난다. (요르단 중부)

이다. 관광 상품을 더 많이 팔기 위한 이미지 부각 경쟁만 난무하지 서로의 역사와 문화를 이해하려는 노력은 찾아보기 어렵다. 성지는 아랍인과 유대인 간의 평화 공존을 위한 발판이 될 수도 있고, 갈등의 촉매제가 될 수도 있다. 인류 공동의 자산인 성지 공동 개발과 보존, 이에 대한 연구 과정에서 상호 이해와 협력의 틀이 마련되기를 기대하는 것은 무리일까?

2) 인기 직종 관광 가이드

관광 가이드는 아랍 국가에서 잘나가는 직업 중 하나이다. 이집트나 시리아, 요르단에서 관광 가이드는 다른 직종보다 수입도 짭짤한 편이다. 요르단의 경우 직장인의 평균 월수입이 300-350달러 정도인데 관광 가이드의 경우는 하루에 팁을 포함하여 100-150달러 안팎을 벌 수 있다. 이집트도 그와 비슷하다. 게다가 이집트의 경우는 관광객을 상대하는 기념품 상점을 통해 받는 쇼핑 수수료(커미션)가 만만치 않다.

_ 로마 제국의 마차 경주장 문화 체험 프로그램이 제공되고 있다. (요르단의 제라쉬)

기독교인들의 주요 성지순례 대상 국가인 이집트나 요르단·시리아·레바논 등지에서 관광 가이드로 일하는 현지인 대부분은 무슬림이다. 무슬림으로서 기독교 성지를 방문하면서 받는 이상한 느낌은 없느냐고 질문을 던져 보면, 현장에서 일하는 무슬림 가이드들은 이구동성으로 이렇게 말한다. "이곳은 기독교인들만의 성지가 아니다. 우리나라 역사의 한 부분이자 사적지다. 더욱이 예수나 모세, 세례 요한 등은 무슬림의 중요한 예언자들이기도 하다. 당연히 무슬림들에게도 중요한 성지다." 이슬람 성지인 동시에 기독교 성지이지만, 주요 고객인 기독교인들을 대상으로 기독교 성지라는 면을 부각시키고 있을 뿐이라는 것이다.

그러나 그렇다고 하여 무슬림 절대 다수 국가의 현지 무슬림들이나 유대인들이 기독교를 알거나 성경을 이해하는 것도 아니다. 기독교인들이 성경의 땅 또는 거룩한 땅으로서 찾는 이스라엘 외의 유적지나 방문지가 관광지를 안내하는 수준으로 채워진다는 점은 아쉬움으로 남는다. 이집트나 요르단 등 정부 차원에서 주요 고객인 기독교인들의 관심사나 기대에 대한 연구를 통해 대책을 마련하는 일이 필요하다.

3) 넘쳐 나는 문화유산

뜨거운 사막의 도시, 석유가 넘쳐 나는 땅. 그곳에도 우리보다 앞선 문명과 문화가 있었다. 그런데 고대사 관련 서적은 아랍어판이 아닌 서구에서 출판되고, 고대 유물은 수없이 유출되고 있다.

나는 역사에 나름 관심이 많은 편이다. 그래서 아랍 이슬람 지역을 방문할 때면 책방 나들이를 즐긴다. 현지의 대표적인 책방 나들이를 통해 방문 국가의 역사를 더 깊게 이해할 수 있는 책 사냥에 나서곤 한다. 그렇지만 이런 식의 책 사냥 과정은 결코 단순하지 않다. 현지어로 된, 현지에서 펴낸 전리품 얻기가 쉽지 않다. 물론 책방에 역사서 코너가 운영되기는 하지만 그 종류가 많지 않다. 잠시 방향을 틀어 보자. 우리나라의 역사는 영어판보다 한국어판이 더 많다. 당연한 이야기를 하는 이유가 있다. 아랍 각국, 특히 문명의 중심지였던 이집트나 이라크 등의 역사를 알려면 당연히 아랍어판을 참고하여야 할 것이다. 그렇지만 그것은 이상일 뿐이다. 현지 책방에서 현지인들이 펴낸 역사 관련 서적, 그것도 고대사를 다룬 책들은 많지 않다. 물론 현대사나 현대 인물을 다룬 전기물 등의 아랍어판은 적지 않게 찾아볼 수 있다.

아랍 이슬람 지역 주민들이 자신들의 역사나 뿌리 찾기에 무관심하다는 말인가? 그것은 아니다. 아랍어판 아랍 역사서에 비해 영어판 역사서가 더 다양하고 상세한 경우가 많을 뿐이다. 현지 학자들이 아랍어판보다 영어판 역사서 저술에 열성적이기 때문도 물론 아니다. 이곳의 고대사 문화유산 중 상당수가 이미 서구 열강의 세력 다툼 와중에 그들의 손으로 넘어간 것이 한몫한다. 예를 들어 이집트 고대사 연구 분야에서는 이집트보다 영국이 더 앞서고 있고, 관련 서적도 많이 나와 있다. 프랑스 파리의 루브르 박물관, 영국 런던의 대영 박물관은 물론 유럽 대부분의 박물관에는 이집트나 이라크 등지에서 통째로 옮겨다 놓은 문화유산들이 즐비하다. 빼앗긴 역사, 강탈당한 문화유산인 셈이다. 그런 까닭에 지금도 현지 역사를 이해하기 위해서는 영서를 참고하여야 한다.

아랍어판 서적의 경우 관련 사진 자료의 활용이 부족하고 서툴다. 반면 영서는 화려한 편집과 깔끔한 화면 구성, 사진 자료의 적절한 활용 등이 뛰어나다. 중동 역사물은 현지의 수입 서적 코너나 아예 외국에서 책을 구하는 것이 더 손쉬울 정도이다. 카이로의 카이로 아메리칸 대학이나 베이루트의 아메리칸 대학은 물론 고고학 박물관과 외국계 고고학센터의 도서관에서는 나름 알찬 역사, 고고학 관련 책자들을 어렵지 않게 접할 수 있다.

"이곳은 2,300여 년 전의 헬라 문명 유적이고, 이곳은 2,000여 년 전의 로마 문명 유적입니다." 한 유적지 안에 다양한 시대의 유적이 공존한다. 이집트는 물론이고, 요르단, 시리아, 레바논, 이라크도 이런 특징을 보여 준다. 그런데 역사 유적지 관련 자료를 대하다 보면, '아니, 이것들은 다 식민 지배 역사 아닌가?' 싶을 때가 많다. 사실이 그렇다. 그러나 이방세력에 의해 지배당한 자신들의 과거사를 바라보는 시선이 우리와 다르다. 한국은 과거사, 특히 이민족의 침략의 흔적을 극도로 꺼리는 경향이 있다. 일제의 총독부 건물이었다는 이유로 중앙청

_ 중동의 고대 유적지는 넘쳐 나고, 관리나 보호에 크게 힘을 쏟지 않는다. 흔하기에 유물의 가치도 높지 않다. (레바논의 바알벡)

청사를 해체하고, 창경원을 없애고 창경궁을 복원하는 등의 '문화유산 바로잡기' 운동을 벌인 것이 한국이다. 그런데 이 지역의 태도는 우리와 많이 다르다.

이곳의 역사 유적지는 나이가 많다. 기본이 2,000년이다. 중근동 대부분의 지역에서 찾아볼 수 있는 로마 제국 문명의 흔적은 기본이다. 요르단의 제라쉬나 페트라는 물론이고 레바논 바알벡과 시리아 팔미라가 대표적이다. 심지어 이 지역에는 기원전 3000년 전후한 시기의 청동기 시대 문화유산도 넘쳐 난다. 기독교인들에게는 출애굽 전후한 시대와 연결된다. 나일 문명의 이집트에는 3,300여 년 전의 람세스 2세 유적이나 4,000-5,000년 전의 역사 유물이 가득하다. 그런 탓에 2,000년 안팎의 문화유산은 고대사 축에도 못 낄 판이다. 이집트 박물관에서는 3,000년 이전의 역사 흔적만 둘러보기에도 다리가 아플 지경이다.

한 장소에 시대가 겹겹이 쌓여 있다. 이것을 역사 지층 '텔'로 부른다. 석기, 청동기, 철기 시대 유적이 뒤엉켜 있고, 그 뒤를 헬라 제국과

로마 제국, 비잔틴 제국이 이어 간다. 고대사 지층을 발굴하려면 그 후대 문명을 다 들어내야 한다. 그러나 그것은 가능하지도 않고 그럴 필요도 없다. 특정 시대만 소중한 것이 아니기 때문이다. 그래서 유적지의 한 층을 두부 자르듯이 잘라서 시대별 지층을 보여 주는 기법이 사용되곤 한다. 팔레스타인 지역의 여리고(Jericho, 한국 언론에 예리코로 나오지만 그것은 영어도 아니고 현지 지명도 아닌 국적 불명의 표기이다) 언덕(텔-엣술탄)이나 이스라엘의 므깃도(하르-메깃도 또는 아마겟돈) 언덕은 시대별 지층을 잘 드러내 주고 있다.

역사 단절보다 계승이나 재활용이 빛난다. 그리스 신전터를 재활용하여 로마 신전터가 세워졌고, 그 터를 활용하여 비잔틴 교회가 세워지곤 했다. 이방 신상이 자리했던 공간을 큰 부담 없이 자신들의 종교적 성소로 활용할 수 있었던 것은 이상스럽다. 불교사찰이 교회로 재활용되거나 유교 사당이 교회로 재활용되는 경우를 연상할 수 없는 것이 우리 역사이기 때문이다. 이 지역의 선조들은 가치중립적인 건물을 어떤 용도로, 어떤 시선으로 활용하는가를 더 중요하게 생각한 듯하다. 유적지 안팎에 살고 있는 주민들도 고대 건축물에서 잘 다듬어진 돌을 옮겨다가 자신들의 생활공간에서 재활용하고 있다. 로마 시대의 동굴무덤은 창고로, 성벽이나 고대 건물 벽돌은 집을 짓는 벽돌이나 담장용으로 재활용하고 있다.

식민 지배 흔적조차도 감추기보다 당당한 문화유산으로 받아들인다. 이민족 지배의 흔적에 대해 스스럼이 없다. 이곳 사람들이 자신들이 가지고 있던 과거의 부끄러운 역사(피지배 역사)를 감추고 부끄러워할 것이라는 당연(?)한 생각이 무너지는 데는 그리 오랜 시간이 걸리지 않았다. 이들은 누가 형성했든지 자신들의 땅에서 펼쳐진 역사라면 자신들의 역사이며, 그 조상들이 다른 지역에서 일군 역사도 그들의 역사로 받아들인다. 로마 제국, 헬라 제국이 이 땅에서 빚어냈던 통치의 흔적들은 이제 이들의 자랑스러운 문화유산으로 자리 잡은 지 오래이다. 레바논 북부의 바알벡 신전, 시리아의 동부 팔미라도 이 지역을 지배한 로마 제국의 지배 흔적들이다. 그나마 지역 토착 문명 유적이 세계적으로 인정받고 있는 곳은 요르단의 페트라, 이집트의 피라미드와 고대 신전터들이다.

4) 더딘 발굴에 넘치는 도굴

"아직도 여러 날 작업을 해야만 일의 성과를 볼 수 있을 것 같습니다. 벌써 6미터나 파고 들어왔으니 뭔가 나올 것 같습니다." 해가 진 직후 아부 무함마드(가명)는 2명의 일행과 더불어 암만 외곽의 한 고대 유적지를 찾았다. 비포장도로, 자갈길, 또다시 비포장도로를 이어 한 시간여를 달려왔다. "이번처럼 기본 작업이 오래 걸리는 이유는 이 지대가 석회암이 기본을 이룬 암반층이기 때문입니다. 요단 강 주변의 비옥한 평야 지대나 광야 유적은 도굴이 어렵지 않지요." 아부 무함마드는 일주일에 3-4회 정도 야간 시간대를 이용하여 문화재 도굴을 진행 중이다. 그의 도굴 작업은 자정 무렵까지 계속된다. 사람들의 이동이 적은 시각, 사람들의 눈길이 미치지 않는 곳, 정부에서 지명한 유적지 관리인이 없는 곳, 예비 탐사에서 가능성이 보였던 곳 등이 도굴하기 좋은 터가 된다. 아부 무함마드에게 역사는 밤에 이뤄지고 있다.

아랍 곳곳에서 고대 유물이 쏟아진다. 이것은, 엄청난 비용이 투입되는 발굴 작업 때문이 아니다. 민간에서 이뤄지는 비공식적인 유적지 사냥 덕분이다. "1,900년 된 요르단 토착 문명 나바트 왕국의 은화 하나를 200만 원에 팔았지요. 금화나 은화는 구매자가 많은 편입니다." 요르단 남부 주민 하싼 무함마드(가명)는 종종 이런 횡재를 하곤 한다. "수년 전 청동기 시대의 고대 비문을 찾았지요. 고대 아랍어로 된 비문이었는데, 돈천 이상을 받을 수 있었지요. 물론 해외에서는 그것의 수십 배에 해당하는 거래 가격이 형성되는 진품이었지요." 요르단 중부 전직 공무원 출신 아부 케라키(가명)는 유물 거래 비화를 들려준다. 종종 시리아나 이라크, 이집트 등지에서 유입된 골동품도 그를 찾아온다.

"저 스핑크스는 3,000년도 넘는 것들 아닌가요? 그런데 저렇게 쓰레기 더미에 묻혀 동네 개들의 쉼터로 방치될 수 있는 것인가요?" 이집트 남부의 천년 고도 룩소 지방 풍경이다. 요르단이나 시리아, 레바논 할 것 없이 고대 문명 현장에는 공통된 풍경이 있다. 주민들이 고대 유적지에서 옮겨 온 돌과 기둥을 이용해 집을 짓거나 집안 장식에 재활용하곤 한다는 점이다. 레바논의 바알벡이나 시리아의 팔미라나 보스라, 요르단, 이집트 가릴 것 없다. 동네 공터에 그대로 방치된 1,500-2,000년 안팎의 옛 유적지도 부지기수이다. 유적지 자체를 개인이 소유한 경우도 많다. 국유화된 유적지 한복판에 어엿하게 집을 짓고 살아가는 이들도 있다.

암만에서 한 시간여 떨어진 곳에 1,500년 전의 가장 대표적인 비잔틴 시대 유적 도시 니틸(Nitl)이 있다. 고고학청에서 주목하는 장소의 하나이다. 그런데 수년 전 이곳을 찾았을 때 주요 유적이 아예 통째로 사라져 있었다. 마을 한복판에 있던 고대 모자이크 바닥은 물론 십

_ 도굴은 때로 전문가들의 손과 기술로 이뤄지기도 하고, 투박한 손길을 통해 벌어지기도 한다. (요르단 남부)

자가 장식이 뚜렷했던 돌기둥과 벽장식들도 사라졌다. 이집트 곳곳에서는 3,000년도 넘는 피라미드나 무덤 발굴과 도굴이 이어지고 있다. 이라크, 시리아에서는 유물을 놓고 그것이 진짜 유물인지도 모를 정도로 그 수가 넘쳐 난다. 국내 수요가 없기에 해외로 엄청나게 빠져나가기도 한다. 2003년 이라크 전쟁 직후에는 4,000-5,000년 된 고대 점토판들이 개당 1,000원도 안 되게 팔려 나갔다. 팔레스타인 지역도 예외가 아니다. 아예 포클레인까지 동원하여 고대 유적을 파헤치기도 한다.

이집트의 나일 강 문명과 이라크의 메소포타미아 문명은 물론 지역 토착 문명들의 흔적도 수천 년을 이어 오고 있다. 이집트 남부 룩소의 경우에는 대대로 도굴 작업에 참여하고 있는 주민들도 적지 않다. 요르단 곳곳에도 지역 주민이라면 다 아는 수천 년 묵은 고대 유적지가 넘쳐 난다. 요르단 전역에 70만 곳이 넘는 고대 유적지가 흩어져 있다. 그러나 요르단 정부 당국에서 등록한 유적지는 고작 12만 곳 정도

밖에 안 된다. 이 가운데서도 철책을 두르거나 관리가 조금이라도 되는 곳은 100여 곳 정도에 불과하다. 대부분의 유적지는 그냥 방치된 상태이다. 유적지를 관리할 인력이나 재정은 턱없이 부족하다. 정부나 민간 차원의 의지만으로 해결될 일도 아니다.

레바논 북부 해안 유적 도시 비블로스에 사는 와하드의 이야기도 재밌다. “우리 마을 바닷가에서 모래를 퍼서 키질을 하다가 동전을 발견했다.” 고대 도시의 유적지가 빗물에 씻기면서 바다로 고대 유물들이 흘러들어 간 덕분이다. 고대 유물이 빗물에 휩쓸려 골짜기에 매몰된 경우들이 많다. 목자들로부터 이런 물품들을 모아서 다시 파는 유목민들도 있다. 이들에게 고대 동전들은 값나가는 쇳덩어리에 불과한 셈이다. “비가 온 다음 고대 유적지 주변에 양떼를 몰고 가다 보면 흙틈으로 고대 토기들이 눈에 띌 때가 많아요.” 요르단 북부 골란 고원 가까운 곳에 고향을 둔 압달라는 자기가 살던 집에서 로마 시대 등잔과 토기를 찾아냈다. “동네 사람들도 우연스럽게 고대 유물들을 발견하곤 합니다.” 압달라는 담담하게 말을 잇는다. 그의 사무실 책장에도 고향에서 찾아낸 로마 시대 토기들이 가지런히 놓여 있다.

아랍 지역에서 고대 문화재를 찾아냈다고 하면 최소한 2,000-3,000년은 묵은 것이다. 청동 조각상은 물론 채색 토기, 고대 비문과 벽화 등 비공식 거래 고대 문화유산은 종류도 많고 출처도 다양하다. 요르단 사해 근처에 자리한 4,000여 년 전의 고대 문명 유적지 ‘밥 엣드라’ 주변은 물론 그 외의 방치된 유적지에서 오늘도 자신들만이 아는 노하우에 따라 땅을 파는 이들을 볼 수 있다. 이들의 손을 통해 4,000년도 더 묵은 고대 토기들과 문화재들이 햇빛을 보고 있다.

"4,000년 안팎의 채색 토기의 경우 워낙 물량이 넉넉한지라 거래 가격은 십만 원 안팎에 불과합니다." 유물 거래에 참여하고 있는 아부 케라키의 말이다. 해외 경매가보다는 현지의 수요와 공급에 의해 가격이 형성되는 모양이다.

시리아 다마스쿠스의 하미디예 시장 골목의 몇몇 골동품 가게에는 고대 동전과 토기들이 전시 판매되고 있다. 그러나 대도시보다 관계 기관의 통제가 덜 미치는 지방 유적지에서 거래가 더 빈번하다. 기념품 상점 안에는 여기저기서 모인 고대 동전들과 일부 토기들을 쉽게 발견할 수 있다. 물론 진짜와 가짜가 섞여 있다. "레바논에서는 고대 유물 거래가 합법입니다. 아랍에서 유일하지요." 레바논의 바알벡에서 만난 한 레바논 관광 가이드의 말이다. 이스라엘 역시 합법적으로 문화재 거래가 이뤄지는 국가다. 예루살렘 구시가지 주변에는 문화재 판매상들이 몰려 있다. 고대 청동 검은 물론 석상과 토기, 주화들이 가득하다. 웬만한 박물관 전시품을 능가한다. "사실 이 유물들 중 상당수는 요르단에서 유입된 것입니다. 서안 점령 지역에서도 새로 발견한 유물을 가지고 이곳을 찾고 있고요." 요르단 남부 지역에 거주하는 아부 무함마드 마흐무드(가명)는 금속 탐지기까지 동원하여 고대 동전과 유물 찾는 일을 거의 주업으로 하고 있다.

"내일 오후에 사우디 국경을 넘어 고대 히브리어 토판을 가지고 그곳으로 가겠습니다." "고대 히브리어 토판이라고요?" "예, 그렇습니다. 어디 팔 만한 곳을 알아봐 주시지요." "기다리겠습니다." 요르단 남부 페트라 인근 도시에 살고 있는 아부 알리(가명)는 한 사우디아라비아인으로부터 전화를 받았다. 종종 외지에서도 고대 유물 거래를 원하는

_ 이스라엘에서는 허가받은 골동품점에서 골동품 거래가 이뤄진다. 그러나 많은 유물은 도굴 또는 우연한 발견의 결과물이다. (이스라엘의 예루살렘)

이들이 그를 찾는다.

"다른 유적지에서 고대 동전이나 유물들이 지금도 많이 출토되는 것은 정부 차원의 공식적인 발굴 작업이 없어서 그런 것이지요." 암만 근교 2,300여 년 전의 고대 궁궐 유적지 관리인은 정부가 전혀 손을 쓰지 못하는 수많은 유적지가 있음을 강변해 준다. 정부는 보호나 관리에 인력을 투입할 여력이나 관심이 없다. 그 덕분에 지역 주민들에게는 짭짤한 부수입원이 제공된다. 박물관이나 발굴 보고서에도 등장하지 않는 수많은 유물들이 주민들의 손을 거쳐 헐값에 거래된다.

아랍의 고대 문명은 아직도 해석을 필요로 하는 것이 많다. 현장에서 그대로 발견이 되면 쉽게 해결될 수 있는 많은 궁금증의 열쇠는 역시 현장에 묻혀 있던 문화재들이다. 그러나 그 문화재들이 해석의 열쇠를 쥔 채로 다른 곳으로 팔려 사라지고 있다. 그것이 은밀한 문화재 거래의 부작용이다. 문화유산이 너무 많아도 문제인 듯하다. 유물 사냥 노하우는 단순하다. "비가 온 직후가 가장 좋은 때이다. 높은 언덕

_ 고대 유적 발굴 현장에서는 속도감을 기대할 수 없다. 유적지는 넘쳐 나고, 비용은 많이 들고, 관리는 되지 못한다. (요르단 중부)

보다 고대 도시 주변의 골짜기를 탐험하라. 금속 탐지기까지 갖추면 더할 나위 없다." 넘치는 문화유산 곳곳에서 오늘도 고대 유물 사냥은 계속되고 있다.

이라크 북부 모술에는 시내 한복판에 방치된 고대 아시리아 제국의 수도 유적지는 물론 조금 한적한 마을의 유적들도 방치되어 있었다. 시리아 최대의 사막 도시 팔미라 유적지 주변에도 땅에서 찾아낸 고대 유물들을 파는 손길이 있었다. 고대 문화재는 국경을 넘어 또 다른 주인을 찾아 나서고 있다. "상태가 좋고 값나가는 문화재는 유럽이나 미주 지역으로 빠져나가고 있다. 해외에서의 문화재 구입 요구가 아직도 높다." 요르단의 문화재 민간 거래 현장의 목소리다.

유적지 주변에서도 고대 동전이나 유물이 팔리고 있다. 그러나 거의 대개가 가짜들이다. 가짜를 진짜에 준하는 요금으로 팔곤 한다. 기념품으로 구입하려는 경우가 아니라면 진짜인 줄 속아서 구입할 필요가 없다. 품 안에서 몰래 꺼내는 동작으로 손님을 유혹하고 "경찰의 단속을 피해야 …" 이런 식으로 분위기를 몰고 가는 상인들 대개가 가짜를 파는 이들이다. 특히 고대 은전으로 위장된 기념품에 속지 말아야 한다. 가짜 유물들은 현지에서 만들어진 것과 인근 국가, 심지어 터키나 중국제 가짜들도 유입되어 유통되고 있다. 진짜보다 더 진짜 같은 가짜들도 늘고 있다. 그리고 호객 중이다.

5) 나라마다 다른 보안 대책

"거기 안전한가요? 여행해도 되나요?" 이 질문은 아랍 지역에 살기 시작한 이래로 늘 듣는 질문이다. 이런 질문을 하는 속마음을 모를 리 없다. 뉴스에서 매번 이 지역에서 일어나는 사건 사고만 보도되기에 불안감이 가시지 않을 것이다. 만약 누가 한국의 사건 사고에 대해서만 듣는다면 한국을 방문할 엄두가 나지 않을 것이다. 여성들을 대상으로 하는 연쇄 살인 사건이나 성폭행 사건이 발생한다는 것만 본다면 한국을 방문할 외국인 여성들이 없을 것이다. 이처럼 아랍에도 사건 사고만 있는 것이 아니다. 그 사건 사고는 이곳에서도 일상적이지 않은 사건 사고일 뿐이다.

종종 테러가 발생하는 아랍. 그 분위기는 웬만한 호텔에 설치되어 있는 보완 장치들을 통해서도 엿볼 수 있다. 시리아나 레바논 같은 경우는 호텔에 보안요원이나 경찰이 보이지 않는다. 그러나 이스라엘이나 이집트, 요르단에서는 경찰이나 보안요원들을 쉽게 볼 수 있다. 그러나 그 방식이나 내용에 있어서는 차이가 상당하다.

이집트에서는 3성급 호텔 이상에 경찰력이 상주하면서 보안활동을 하고 있다. 경찰력이 직접 출입자들의 안전 확보를 위하여 검색에 참

_ 긴장감이 가득한 곳, 이스라엘의 일상적인 풍경이다. 중무장한 이스라엘 보안 병력이 금요기도 중인 팔레스타인인들을 감시하고 있다. (이스라엘의 예루살렘)

여하는 것이 상례이다. 주요 유적지에도 경찰 병력이 주둔하고 경계 근무에 열심이다. 그래서 이집트 북동부 지역 방문은 조금 복잡하다. 산 엘-하가르나 부바스티스 같은 주요 관광지 이외의 유적지를 방문하려면 사전에 관광부와 보안 당국 등 관계 당국의 서면 허가를 받아야 한다. 그러나 이런 분위기는 이집트만의 것이다.

요르단의 경우는 4성급 호텔 이상에서만 보안 점검이 이뤄진다. 그러나 경찰력이 직접 보안 검색에 참여하지 않는다. 호텔에서 고용된 민간 보안요원들이 그 역할을 담당하는 정도이다. 이스라엘의 경우도 요르단과 비슷한 형식으로 보안 점검이 이뤄진다. 종종 요인들이 특급 호텔에 투숙할 경우엔 군 병력이 주변 경계활동은 물론 호텔 출입자들에 대한 직접적인 통제에 들어가기도 한다. 그러나 그런 활동은 한시적이고 제한적으로 이뤄진다. 유적지에 대한 경계활동이 벌어지지도 않는다.

교황 베네딕토 16세가 2009년 5월 8일 요르단 방문 중에 미사를 집전하고 있다.

2
이슬람을 오해하다

아랍인의 언론은 무엇을 담고 있나? 우리와 다른가? 아니다. 우리와 같은 고민과 논쟁이 그대로다. 우리보다 못한 점과 나은 점이 있을 뿐이다.

그러나 한국의 언론과 우리들은 천편일률적이다. 그 세계를 종교 이슬람으로 판단하고 연결하려 애쓰는 모습이 가득하다. 중동을 바라보는 한국 언론의 고정관념 못지않게, 우리들의 편견도 견고하기만 하다.

1장

한국 뉴스 속의 중동 이슬람

한국의 아랍 관련 뉴스는 무엇을 담고 있나?
한국 언론에는 의도된, 혹은 부주의에 의한 왜곡 보도가 자리한다. 외신에 등장하는 아랍 관련 뉴스는 억지스러운 해석이 가득한 일회용 소모품인 경우가 많다.
아래의 인용문은 모두 제목에 명시된 시점을 기준으로 작성되었다.

1. 한국 언론의 아랍 이슈

한국 언론 속 중동 이슈는 어떻게 다뤄지고 있을까? 많은 경우 한국과 중동 사이의 경제 관련 이슈에 집착하는 경향이 있다. 경제 관련 뉴스가 아닌 경우는, 이미 국제 이슈화된 중동 관련 기사가 자리하고 있다. 이 경우 한국 내의 관심사가 아니라 국제 사회의 관심도를 뒤따라가는 경향이 있다. 또한 중동 지역 뉴스를 한국 또는 미국이나 유럽 지역에서 작성하는 경우가 많다. 현지에서 자체 생산되고 발굴된 우리만의 중동 뉴스가 거의 존재하지 않는다. 심지어 해외에서 발생된 한국 관련 뉴스도 무늬만 '현지발'(현장 보도)인 경우가 많다.

1) 차별성 없는 중동 보도

언론은 나름대로 자기만의 색깔을 지니고 있다. 그 색깔을 이념으로 볼 수도 있고 세계관으로 말할 수도 있다. 어떤 주제를 어떻게 다루고 있느냐 하는 것은 이른바 그 언론의 색깔을 반영하는 것이다. 동일한 시각에 다양한 지역에서 벌어지고 있는 사건들 중 무엇을 보도하느냐 하는 것은 물론, 관련 뉴스에 어떻게 접근하느냐 하는 것이 다 언론의 색깔을 반영하는 것이다. 기사의 논조는 물론이고 사진 한 장의 선택과 배치, 캡션(사진 설명)을 다는 세밀한 면에 이르기까지 차이가 날 때가 많다. 한국 언론들의 다양한 색깔에도 불구하고 중동 관련 뉴스를 다루는 형태나 내용은 똑같아 보인다.

한국 언론의 태생적인 한계처럼 다가오는 것이 있다. 그것은 한국 언론과 아랍 언론 사이의 가장 큰 차이점일 것 같다. 한국 언론은 이슈를 찾아서 가고 중동 언론은 현실을 찾아가는 경향이 그것이다. 오보는 사실이 왜곡되거나 과장된 보도이다. 이 오보는 다소 의도적인 정보 가공을 통해 이뤄지기도 하고, 취재진과 언론의 무의식이나 부주의함에서 비롯되기도 한다.

국제 뉴스의 대부분은 외신 인용 또는 외신 전재, 현장 취재와 외신 부분 인용 등 다양한 형식으로 만들어진다. 한국 언론의 국제 뉴스 생산과 보도 과정에 〈연합뉴스〉나 〈뉴시스〉 같은 통신사의 기사를 전재하거나 부분 가공하여 사용하는 경우가 많다. 자사 특파원이나 통신원, 취재원들의 기사가 보도되는 것은 국제 뉴스 영역에서 그 비중이 절대적이지는 않다. 즉 우리가 접하고 있는 중동 관련 국제 뉴스의 대부분은 한국에서 만들어지고 있는 것이다.

_"사담 후세인을 지지한다. 미국을 반대한다." 이라크 전쟁 시기에, 미국 자체가 아닌 미국 부시 행정부의 침략적 대중동 정책에 대한 비판이 이어졌다. (요르단의 암만)

중동은 분쟁의 활화산과도 같다. 곳곳에서 분쟁은 이어지고 있다. 대표적으로 이라크 전쟁과 시리아 내전, 이스라엘-팔레스타인 사이의 유혈충돌을 들 수 있다. 요즘, 아니 최근 수개월간 한국 언론의 국제 면에 빠지지 않는 소재는 IS이다. IS 이슈는 국제 면 머리기사는 물론 신문 1면을 장식할 때가 많다. 그러나 아랍 언론 지면에는 꾸준하게 팔레스타인 이슈가 자리한다. 시리아 내전이 한창인 지금 이 순간에도 팔레스타인 관련 기사는 아랍 언론의 1면, 국제 면 머리기사, 기획 기사 등에 할애됨으로써 그 중요성이 소멸되지 않고 있다. 그러나 한국은 다르다. 검색 사이트 등을 통해서나 개별 언론의 국제 면 뉴스를 얼핏 보기만 해도 팔레스타인 이슈는 별달리 주목을 받지 못하고 있음을 알 수 있다. 아랍 문제에 관심 있는 사람들이라면 너나 할 것 없이 팔레스타인 이슈가 그 핵심에 자리하고 있음을 알고 있는데도 말이다.

이 같은 차이점은 어디에서 비롯되는 것일까? 우선 쉽게 제기할 수 있는 것은 '국익'과 관련된 문제일 것 같다. "팔레스타인 이슈는 한국

_"아랍계 이스라엘 무슬림을 경계하라." 무슬림의 정치적 표현은, 대개 금요일 낮 예배 직후에 벌어지곤 한다. 성전 접근이 통제된 무슬림들이 근처 거리에서 기도하고 있다. (이스라엘의 예루살렘)

에 떨어질 이익이 별로 없기 때문 아니냐"는 것이다. 이 평가는 단순 명쾌하다. 그러나 그것만으로 한국 언론의 아랍 이슈 접근에 있어서의 편향성을 다 설명할 수는 없어 보인다. 돈이 안 되는 많은 이슈들에 관해서도 한국 언론들은 읽을거리를 찾아 쉼 없이, 때로는 엄청난 돈을 들여 해외를 헤집고 다니기 때문이다.

보다 근본적인 원인은 한국 언론이 지니는 태생적인 한계에서 찾을 수 있을 것으로 보인다. 한국 언론은 오랜 기간 동안 미국이나 서방 언론에 길들여져 있다. 미국 언론 따라잡기에 익숙해져 있는 것이 아랍 언론과의 차이를 만들어 낸 것 같다. 상대적으로 아랍 언론은 서구 언론 베끼기에서 자유로운 편이다. 오히려 최근에는 미국을 비롯한 서구 언론이 아랍 언론 베끼기 경쟁을 하고 있는 상황이다. 다른 하나는 한국 언론이 다분히 이념 지향적인 것에 반하여 아랍 언론은 현실적인 접근을 한다는 점을 들 수 있다. 보도 태도에 있어서도 팔레스타인인들의 삶의 정황을 꾸준히 다루고 있다. 한국 언론이 '이슈'로서가 아닌

'삶'에의 동참으로서의 아랍 뉴스를 다루는 것은 언제쯤 가능해질까? 그나마 아랍에서의 생활을 경험한 한국 언론인들의 노력으로, 아랍 관련 뉴스의 비중과 해석이 이전에 비한다면 나아지고 있다는 것이 다소간에 위안이 된다.

2) 종교 이슈에만 주목하는 언론

이슬람 알기와 이슬람 세계 알기는 다르다. 사실 다수의 무슬림이 '종교'가 아닌 '삶'에 더 많은 관심을 기울이고 있다. 무슬림들이 사는 세계는 단지 무슬림 인구가 다수를 차지하고 있는 이슬람 세계만을 의미하지 않는다. 그들이 소수이든 다수이든 무슬림들이 사는 세계를 뜻한다. 살아 있는 생명체는 변한다. 무슬림들도 한 인격체이다. 그러기에 그들도 변하고 있다. 그들이 속한 이슬람 세계도 변하고 있다. 그러나 무슬림을 바라보는 우리의 시각은 고정되어 있는 경우가 많다. 살아 있고 변하는 존재를 이해하는 틀이 굳어져 있음은 편견이나 선입견을 강화할 뿐이다.

무슬림을 대하는 한국 언론의 시각은 다분히 종교적이다. 이른바 "무슬림이니 이렇다, 저렇다"는 식이다. 우리와 같은 시대를 사는 우리의 이웃이라는 인정이 일상에서 잘 주어지지 않는다. 또한 한국 언론의 무슬림 바라보기는 교과서적이다. 무슨 일이 터지면 으레 등장하는 분석과 해석은 1,400년 전 이슬람으로 돌아가 뿌리가 어떠하며 그래서 지금 이런 일이 생겼다는 식이다. 꾸란(코란)에 이렇게 나와 있다거나 순니(수니)와 시아(쉬아)의 갈등 때문이라는 것이다.

이런 한국 언론의 시각은 이른바 일부 이슬람 전문가들의 영향을 받은 탓이다. 그들의 시선은 지나간 역사 속에 멈춰 있고, 그 안에 한 연구 대상으로서의 분석 가능한 개체로 무슬림이 자리하곤 한다. 그들은, 꾸란에 어떤 문제에 대해 언급하는 내용이 없으니 현실에도 없다는 식의 억지를 부리기도 한다. 예를 들어, 꾸란에 성매매 이야기가 없으니, 아랍 이슬람 지역에는 성매매가 없다는 식이다. 현장 연구를 계속하고 있는 이슬람 전문가보다 대중 강연에 분주한 전문가들의 얕은 소견이 문제이다.

이라크에서 이른바 순니파와 시아파 간의 종파 분쟁이 끊이지 않는다고 보도된다. 그렇다면 순니파와 시아파 간의 정권 다툼에 각자 자기들의 교리를 전파하기 위한 열정은 존재하지 않는 듯이 보인다. 그러나 사실 그보다는 미국과의 관계 설정에 얽힌 이념 분쟁으로 보아야 한다.

팔레스타인 지역에서 파타 진영과 하마스 진영 간의 갈등이 여전하다. 파타와 하마스 지지자들 사이의 무력충돌까지 발생하고 있다. 종교적으로는 모두가 순니파에 해당하니 종파 분쟁으로 몰고 갈 수 없다. 이스라엘을 상대로 하는 투쟁 노선 갈등과 정파 분쟁으로 보는 것이 적절하다.

무슬림 개인 혹은 특정 소수의 입장이나 가치관, 생각과 행동을 그가 속한 집단 전체의 것으로 규정하는 것은 조심스러운 일이다. 그러나 그런 일들이 자주 벌어진다. 아랍 관련 뉴스를 '종교'나 '분쟁'이라는 소재를 빼고 볼 수는 없을까?

결과적으로 이러한 보도는 우리에게 '중동은 석유와 분쟁'이라는 식의 고정된 이미지가 자리하게 만들고 있다. 이 지역 주민들의 일상을 비춰 주는 기사는 거의 보기 드물다. 결국 여전히 중동 국가가 이웃나라로 자리매김하지 못하고 있고, 중동 사람들은 여전히 이상한 나라의 앨리스 같은 존재로 자리하고 있을 뿐이다.

3) 우리식의 '아랍 현지 언론의 한국군 파병 보도' 읽기

'아랍 현지 언론의 한국군 파병 보도' 읽기는 간단하지 않았다. 현지에서 한일 월드컵 이후 한국 관련 보도들이 이전보다 빈번한 편이었다. 그러나 아랍 언론에 비친 한국의 뉴스는 파병이 아니었다. 아랍 언론에서 한국군의 이라크 파병 관련 뉴스를 찾는 작업은 '건초더미에서 바늘 찾기'마냥 쉽지 않은 일이었다. "어, 그럴 리가 없는데 …. 이런 중요한 뉴스거리에 관계자들이 무관심하다는 것이 말이 되나?" 그렇지만 사실인 것을 어찌할까. 아랍의 주요 언론들을 중심으로 살펴보고 내릴 수 있었던 작은 결론은, 한국군의 이라크 파병 이슈는 한국인만의 뉴스거리였다는 것이다. 그렇다면 왜 아랍 언론에서는 한국군 파병에 이렇게 주목하지 않은 것일까?

아랍 언론에서 당시 한국과 관련하여 초점을 맞춘 뉴스는 국회에서의 대통령 탄핵이었다. 얼굴을 들고 다니지 못할 정도로 상세한 보도와 사진까지 곁들여졌다. 범아랍 위성 채널방송인 알-자지라와 알-아라비야는 물론이고, 각 나라의 TV들도 관련 뉴스를 비교적 상세하게 다루었다. 국회의 탄핵소추안 통과와 열린우리당 의원들의 망연자실한 표정과 항의 농성, 탄핵 반대를 지지하는 시민들의 표정 등이 이어졌다. 그것은 한국의 TV 뉴스 화면에서 보던 것과 다르지 않은, 한 편의 코미디였다.

그러나, 2004년 3월 19일 파병지 변경 합의가 한국 언론에 발표된

_ 한국에서는 이라크 전쟁 직후 이라크 남부 안-나시리아에 서희 · 제마 부대를 파병했다. (이라크의 안-나시리아)

이후, 일부 서방 언론들이 서울발로 보도한 것과는 달리 아랍 언론들은 크게 반응을 보이지 않았다. 한국군 파병 기사를 다루는 빈도도 극히 낮을뿐더러, 보도 방식도 AP나 AFP 등 외신 인용 보도나 간략한 사실 보도였다. 한국군의 이라크 파병은 아랍인들에게 관심거리가 되지 않았다.

쉴레이마니에 주의 주도 쉴레이마니예 시 중심가. 바그다드 함락 이후 이라크에는 100여 개가 넘는 신문들이 넘쳐 난다. 그러나 쿠르드 지역에는 몇몇 군소 언론과 특정 정파에서 만드는 언론이 고작이다.

한국 정부는 나름대로 한국군의 이라크 파병과 관련하여 중동 민심과 여론 주도층을 상대해 왔고, 성과를 올렸다고 자신하는 듯했다. 대통령, 장관이 나서서 아랍 지역의 대통령과 왕, 장관을 만나고, 현지 언론인에게 우리의 입장을 상세하게 소개하기 위한 노력도 기울였다고 자평하기도 했다. 그러나 관계자들의 생각과는 달리, 현지 아랍 여론은 냉담하기만 했다.

노무현 대통령은 2004년 2월 11일 오전 청와대에서 중동 지역 5개 언론사 특파원들을 만났다. 카타르의 아랍계 알-자지라 방송, 이집트 일간지인 〈알-아흐람〉, 이집트 관영 메나(MENA) 통신, 요르단 관영 페트라 통신, 이란의 IRNA 통신 등이었다. 당시 노 대통령은 이들 아랍 언론 특파원들과의 회견에서 이라크의 평화 정착과 재건 지원을 위한 한국 정부의 3,000명 규모 독자적 지역 담당 추가 파병 방침과 활동 계획을 설명하고 아랍권의 이해를 구했다. 그러나 그것으로 전부였던 모양이다. 이날 노 대통령을 만난 언론사들조차 이후 한국군 파병에 관한 뉴스 보도에 별다른 성의(?) 표시가 없었다. 아예 노 대통령과의 만남 자체를 언급도 하지 않은 언론들이 대부분이었다.

한국의 이라크 파병에 대한 아랍 지역 민심과 언론의 반응은 어떠할까? 하나의 사례를 보자. 비가 내리던 2004년 2월 19일 오후 요르단 암만의 외무부청사 기자회견장을 찾았다. 한국의 장관이나 정부 고위 관계자가 거의 찾지 않던 은둔의 땅 요르단에서, 지난 1962년 한국과 요르단 수교 이후 최초로 양국 외무장관 공동기자회견이 열렸기 때문이다. 오후 1시경이었다.

한국 정부는 당시 반기문 외교통상부 장관의 취임 직후인 2월 18-22일에 이뤄진 최초의 해외 순방, 그리고 외교부 장관 최초의 요르단 방문이라는 점에 많은 의미를 둔 것 같다. 반 장관의 요르단 등 관계국 순방은 이라크 파병 배경과 당위성을 설명하고 이해를 구하기 위해서였다. 그러나 회견장은 의외로 썰렁한 분위기였다. 별다른 관심을 끌지 못했는지 얼마 안 되는 취재진이 자리를 잡고 있었다. 전날 요르단 언론사무소에서 일일이 내외신 기자들에게 이날의 합동 기자회

_사담 후세인 치하에서 죽임당한 희생자 추모판을 지나고 있는 이라크인. 이라크의 시아파 주민들은, 사담 후세인 치하에서 많은 희생을 당했다. (이라크의 사담시티)

견을 주지시켰음에도 불구하고 BBC와 다른 한 명의 외신 기자, 방송사 스태프를 비롯하여 20여 명 안팎의 요르단 취재진이 자리를 지키고 있었을 뿐이다.

요르단 외무장관 마르완 무아쉐르가 환영의 말과 함께 반 장관의 요르단 방문의 의미를 설명했다. 이어 반기문 장관의 차례. "한국은 국제 사회의 책임 있는 일원으로서 이라크 재건과 민주 국가 건설을 지원하기 위해 이라크 추가 파병을 결정했다. 향후 대 중동 외교를 강화하겠다. 요르단의 발전 및 중동 지역 안정 차원에서 금년 중에 요르단과 팔레스타인에 각각 500만 달러를 무상 지원할 것이다. 이 지원금의 사용처 협의를 위해 한국 정부는 이른 시일 내에 외무부 산하의 국제협력단(KOICA) 팀을 두 나라에 파견할 방침이다."

그러나 아랍 언론의 한국군 파병 불감증은 그 직후 확인되었다. 기자회견이 본격적으로 시작되자 모든 질문은 요르단 외무장관에게 쏠렸다. "이스라엘 샤론 정부의 분리장벽 건설행위는 국제법과 인도주

_"각종 탄피나 총 사세요!" 이라크 전쟁 과정에 사용된 무기의 잔해와 실제 무기들은 시장에서 공공연하게 거래되었다. (이라크의 사담시티)

의에 어긋난 것이다. 요르단 정부의 공식 입장은 무엇인가? 23일 유엔 국제사법재판소(ICJ)가 요르단 강 서안에 설치된 이스라엘 분리장벽의 적법성 여부를 가리기 위한 청문회가 열리는데 외무장관의 견해를 밝혀 달라" 등 요르단 외무장관 무아쉐르의 단독 기자회견장에 반 장관이 참관인으로 참여한 것 같았다. 질문도 한국과 요르단 관련 이슈가 아닌 팔레스타인 이슈였다. 10여 차례의 질의응답이 이어지는 순간에도 외국 언론인들은 무례하게(?) 그 누구도 한국의 장관을 주목하지 않았다. 기자회견 중에 딱 한 번의 질의가 반 장관에게 주어졌다. 그것도 한국말로. 한국에서 수행 기자단으로 온 기자의 질문이었다. 이 한국어 질문에 대해 반 장관은 다시금 질문을 영어로 설명하고 영어로 답변을 이어갔다.

요르단 압둘라 국왕, 이집트의 무바라크 대통령, 사우디아라비아의 푸아드 국왕을 만나는 등 반 장관의 중동 순방 결과는 긍정적이었다고 한국 언론은 보도했다. 이들 각국 지도자들이 한국군의 이라크 파병을 지지했다고도 했다. 게다가 요르단 국왕이 한국의 파병에 따르는 병참과 군수 지원뿐 아니라 필요할 경우 의료와 후송 분야에서도 지원을 약속했다고 한국에 알려졌다. 그러나 요르단 언론은 물론 아랍 언론은 이 같은 내용을 전혀 보도하지 않았다. 그나마 있어도 '만났다' 정도의 사실 보도만 있었다. 3개국 지도자의 기본 입장은 제3국의 문제에 간여하지 않는다는 기본원칙을 밝힌 것이다. 한 현지 전문가는 이해와 지지, 덕담 차원의 대화들을 한국 언론에서 너무 고무적으로 해석한 것이 아니냐고 평가했다. 한국이 군을 파견하겠다면 하라. 우리가 간섭할 일이 아니다. 그 입장을 이해한다. 잘 하기를 바란다. 이런 의미들이 아니었을까?

2. 이슬람 세계 = 이슬람이 지배하는 땅, 무슬림 = 이슬람만을 생각하는 사람?

한국 언론에는, '이슬람 세계 = 이슬람이 지배하는 땅, 무슬림 = 이슬람만을 생각하는 사람'이라는 고정된 시선이 자주 노출되는 것 같다. 물론 모든 무슬림이 테러리스트는 아니지만, 테러리스트는 무슬림이라는 시각도 드러난다. 이것도 앞서서 언급했듯이 중동 뉴스를 '이슬람'이라는 종교로 풀려고 하는 억지에서 비롯되는 것이다.

1) IS 용병, 돈을 벌기 위한 방편?

IS는 미디어를 통하여 자신들의 존재감을 드러내는 것에, 다른 이슬람 저항조직이나 테러조직과 다른 면모를 보이고 있다. 공포감을 전달

_ 이라크 전쟁이 벌어지고 바그다드가 함락된 2003년 4월 9일 이후 이라크 국경 지역은 미군이 관할했다. (이라크의 케라메 국경)

하기 위한 고도의 미디어 제작 기법을 동원하고 있다는 것이다. IS가 이런 짓을 저질러 왔다는 것은, 이미 오래전에 뉴스화된 것이다. 할리우드 영화 기법으로 살해 장면을 촬영하고, 편집 기술까지 최대로 활용해 왔다거나 하는 이야기이다.

IS 홍보대원들 전투원보다 월급 7배나 더 받는다 (〈포스트쉐어〉 2015.11. 22.)
IS 대원, 급여 수준은 어느정도? … '외국인 대원' 2배 높아 (〈노컷뉴스〉 2015.02.25.)
IS 전략 핵심은 '홍보' … 미디어팀 특급대우 (〈동아일보〉 2015.11.23.)

미국 워싱턴포스트(WP)는 21일 IS의 심리홍보팀에서 일하다 전향해 모로코 교도소에 수감된 10여 명과의 인터뷰를 토대로 IS 미디어팀의 실체를 보도했다. 인터뷰는 모로코 정부의 허락하에 진행됐다. 이들은 "IS는 서구사회에 공포심을 심고 전 세계 신병을 유혹하는 홍보팀을 전력

(戰力)의 핵심으로 여겨 각별히 대우한다"고 털어놓았다.

이들의 말에 따르면 IS의 미디어본부는 시리아 알레포 인근 2층짜리 건물에 있다. 본부엔 촬영·전자장비로 가득한 방 8개가 있고 24시간 경호원이 대기하며 일반대원은 출입을 금지할 정도로 보안이 철저하다. 카메라, 컴퓨터 등 각종 장비와 인터넷망은 터키에서 구하고 철저한 검증을 거쳐 선발한 촬영, 기술, 해킹 기술자 100여 명이 미디어팀에서 일한다. 상당수는 미디어나 정보기술(IT) 업계에서 일하던 화이트칼라 외국인으로, 미국인도 한 명 이상인 것으로 알려졌다.

1년간 IS 카메라맨으로 일한 아부 하자르 알 마그리비는 2003년부터 이슬람 전사로서 웹사이트를 운영한 공로를 인정받아 2013년 IS에 합류했다. 그는 "석 달에 걸쳐 기초 군사훈련과 미디어 기술교육을 받은 뒤 미디어팀 출입증, 캐논 카메라, 삼성 갤럭시 스마트폰을 지급받았다"며 "팀장급들은 군사적 전략 파트너로 대우받으며 수백 명의 프로듀서, 편집자를 거느려 부러움의 대상으로 꼽힌다"고 했다. 홍보대원의 월급은 전투대원의 7배에 이르는 700달러(약 80만 9000원) 안팎인 것으로 추정됐다. (〈동아일보〉 2015.11.23.)

그런데 이런 기사 내용에서 내 눈길을 끈 것은, 이들 IS 미디어 작업자들이 특별하게 받았다는, IS 대원들의 7배나 된다는 액수의 월급이었다. 월 700달러, 약 80만원. 그렇다면 일반 IS 대원이 받는 월급은 100달러 수준에 불과할 것이다.

그렇다면, 외국인 IS 대원들의 월급은 얼마나 될까? 특별한 지위를 보장받은 IS 미디어 담당자들의 우월한(?) 월급을 생각하면, 돈을 벌기 위하여 IS에 빠져들고 있다는 추정은 재고되어야 한다. 외국인 IS 대원들의 유입 동기는 다르게 봐야 한다.

> IS는 이처럼 새롭게 충원된 대원(신병)들에게 생활비와 급여를 주는데, 최근 매달 500달러(55만 2천 원)에서 350달러(38만 6천 원)로 삭감됐다. 장교들과 지휘관들은 급여 수준이 더 높다. 인디펜던트는 익명을 요구한 지역 소식통을 인용해 "2만 명으로 추정되는 외국인 대원들은 더욱 많은 급여를 받는데, 800달러(88만 3천 원)에서 시작된다"고 밝혔다. 인디펜던트는 막대한 비용을 충당하기 위해 IS가 인근 걸프 산유국들로부터 '오일 머니'를 지원받고 있다고 밝혔다. (〈노컷뉴스〉 2015.02.25.)

이 기사는 아래의 기사를 인용한 것으로 보인다. IS 대원들의 월급 관련하여, infowars 사이트(infowars.com)에서는 이렇게 소개하고 있다. "IS 병사들의 월급이 500달러에서 350달러로 떨어졌고, 장교와 사령관들은 이보다 더 받는다. 외국인 대원들은 800달러 이상의 더 많은 월급을 받는다"는 것이다.

> IS는 '역사상 가장 부유한 테러조직'이라 불릴 정도로 돈이 많다. 수십 곳의 유전에서 나오는 원유 판매 수입으로 월급을 지급하고 집도 줄 정도라고 한다. 압둘라 2세 요르단 국왕은 지난해 9월 미국에서 열린 콘퍼런스에서 "IS는 대원들에게 1000달러(약 108만 원) 수준의 월급을 준다"며 "요르단 중산층 소득과 비슷하거나 더 높은 수준"이라고 밝혔다. (〈동아일보〉 2015.01.19.)

이런 주장들과 이전의 기사에서 언급되는 IS 대원들의 월급에는 100달러에서 1,000달러까지 많은 차이가 있어 보인다. IS에 참여하고 있는 조직원들 중 60-70%는 IS의 이념에 동조하지 않는다는 평가도 있다. 엄청난 월급(?)도 IS의 포장된 이슬람주의 이념도 아닌 것에 의해, IS에 가담 또는 참여(자발적이거나 강제적으로)하고 있는 이들이 절대적으로 많다는 추론이 가능하다.

IS에 관련한, 제한된 정보 또는 추정일 뿐인 어떤 것을 바탕으로, 너무 많은 것을 해석하지 말아야 했다.

2) 미국 샌버나디노 총기 사건을 보는 시선들

2015년 12월 2일 오전(현지 시각, 한국 시각으로는 3일 오후) 미국 캘리포니아 주, LA 동부 지역에 자리한 샌버나디노 카운티에서 무차별 총격 사건이 발생했다. 14명이 사망하고 17명이 부상을 입었으며, 범인 2명은 경찰과의 총격전에서 사망했다. 이 사건은 2015년 들어 미국에서 벌어진 352번째 총기 난사 사건이다.

이 사건을 대하는 언론과 한국 시민사회의 태도에서 두 가지 점에 눈길이 갔다. 적지 않은 한국인들은 이번 사건을 대하면서, "거 봐, 무슬림이 테러를 일으켰잖아. 이슬람은 위험한 종교라니까 …" 하는 식의 반응을 보여 준다. 이런 반응에 얽힌 두 가지 태도를 살펴본다.

하나는, 총기 난사 사건의 범인인 파키스탄계 이민자 2세인 사이드 리즈완 파룩(Sayeed Rizwan Farouk)과 파키스탄계 이민자 타쉬퓐 말릭(Tashfeen Malik)이 무슬림으로 보이자, 이것을 곧장 '무슬림 테러' 또는 '이슬람 테러' 사건으로 연결하려는 태도다. 사건 이후, 연방수사국

_ "팔레스타인의 독립을 지지합니다." 팔레스타인 지지 시위를 벌이고 있는 아랍계 미국 시민들. (미국의 캘리포니아)

(FBI) 등 미국 수사 당국에서는 이 사건을 테러로 규정하였다. 하지만 사이드 파룩이 다니던 직장에서 있었던 갈등으로 촉발된 범죄인지, 전형적인 종교적 극단주의 영향을 받은 테러 사건인지는 아직 풀어야 할 문제로 남아 있다. 사이드 파룩이 샌버나디노 카운티 보건국에서 환경보건 전문가로 일했고, 총격 사건이 일어난 현장이 보건국 직원들이 모여 연말 파티를 하고 있던 곳이었기 때문이다. 또 사이드 파룩이 총기를 난사하기 전에 현장에서 동료 직원들과 언쟁을 하고 돌아갔다는 보도도 있었다. 이번 테러 사건 피해자들 다수도 보건국 직원들이었다.

이 사건을 보도하는 일부 매체와 이 사건을 대하는 온라인공간에서 드러나는 기독교인들의 무슬림에 대한 차별적 시선은 조심스럽다. "모든 무슬림이 테러리스트는 아니다. 그렇지만 테러 사건 대부분이 무슬림에 의해 자행되고 있다"는 편견도 한몫하고 있다. 어떤 무슬림이 종교적 신념을 갖고 총기 난사 사건에 연루되면 곧장 '테러'가 된다. 그렇지만 비무슬림, 다른 종교인은 자신의 종교적 가치관에 의해 사건을

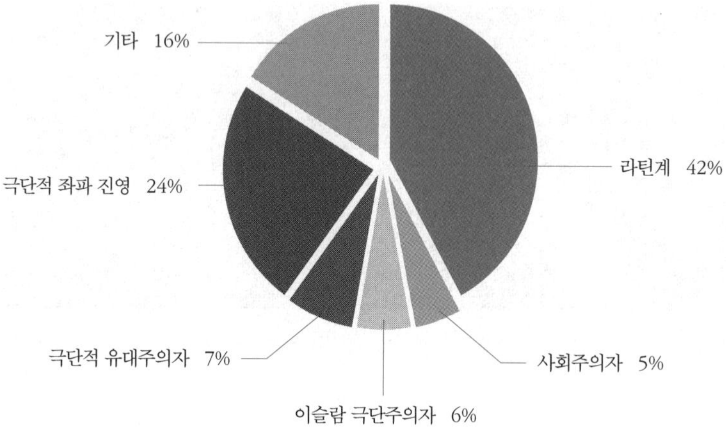

_ 1980-2005년 사이에 미국 내에 일어난 테러 사건 중 이슬람 극단주의자에 의해 발생한 사건은 6%에 불과했다. 출처: www.loonwatch.com

일으켜도 일반 총기 난사 사건으로 간주된다.

과연 테러 사건 대부분이 무슬림에 의해 일어나고 있는 것일까? 그렇지 않다. 최근 자료는 아니지만, 미국 안에서 벌어진 다양한 수준의 테러 사건 중 6% 정도가 이슬람 극단주의자에 의한 것이었다. CNN은 2010년 1월 이 같은 기사를 내보냈다. 미국 동부 뉴저지 주 소재 프린스턴 대학교의 〈Loon Watch〉에서 미국연방수사국(FBI)의 1980년부터 2005년 사이에 미국 안에서 벌어진 318건의 테러 사건 기록을 분석한 결과다.

FBI는, "테러리즘은 '정치적·사회적 목적을 위하여, 불법적인 폭력과 힘을 사용하여 정부, 시민 혹은 어떠한 집단을 위협하거나 강압하는 행위'이다"라고 정의한다. 테러 사건 분석 내용을 보면 5%는 사회

• 종교적 영향을 받은 테러주의자의 공격

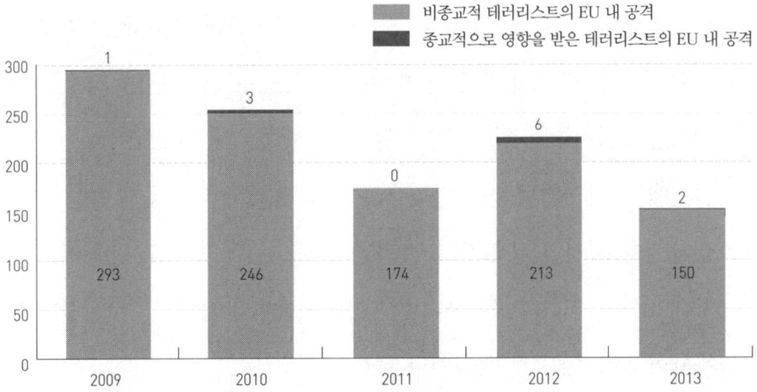

_ 유럽연합의 2009-2013년 통계를 보면 종교적 극단주의자가 일으킨 테러는 2% 정도다. (〈싱크프로그레스〉 기사 갈무리)

주의자, 7%는 극단적인 유대주의자, 24%는 극단적인 좌파 진영 사람들에 의해 벌어졌다고 밝히고 있다. 물론 이 자료는 미국 안에서 벌어진 테러 사건에 대한 분석 자료다.

테러에 대한 정의는 유럽연합에서도 거의 동일하다. 유럽연합에서 지난 2009-2013년 사이에 일어난 사건의 2% 정도가 종교적 극단주의자들에 의한 테러로 드러난다. 물론 이들 종교적 극단주의자 대다수가 '무슬림'이다. 미국 이슬람 극단주의자의 테러 비율(6%)이 유럽보다 조금 높은 수치다. 유럽이나 미국 내에서 극단주의 이슬람의 영향을 받은 무슬림에 의한 테러 사건의 발생 비율은, 많은 이들의 '대부분의 테러가 무슬림에 의해 일어나고 있다는 주장'과는 상당히 차이가 있다.

다른 하나는, 테러와 총기 난사 사건 사이의 구별점이다. 많은 이들이 무슬림과 연관한 총기 난사 등은 테러로 생각하고, 일반 테러 사건은 총기 난사나 인질 사건 정도로 기억하고는 한다. 언론은 일반 테러 사건 용의자는 학생이나 주민 등으로 묘사하고, 무슬림인 경우는 그 종교를 앞세워서 보도한다. '무슬림은 잠재적인 테러리스트'라는 고정된 편견을 드러내거나 직간접적으로 그렇게 생각하도록 영향을 준다. 테러 사건을 저지른 용의자나 범인들이 무슬림이라 해도 그들이 무슬림의 대표성을 띠는 것은 아니다. 다른 무슬림들이 위임한 어떤 권한을 행사한 것도 아니기 때문이다.

더욱이 그들이 이슬람의 가치를 구현했다고 주장한다 해도 그들이 이슬람 세계를 위하여 그 일을 했다고 받아들일 이유는 없다. 같은 논리를 따른다면, "자신의 이념에 근거하여 콜로라도 스프링에 위치한 가족계획(Planned Parenthood)진료소에서 총기 난사로 3명을 죽이고 9명에게 부상을 입힌 노스캐롤라이나 주 출신의 침례교인 로버트 루이스 디어는 '기독교 테러리스트'라고 불려야 할 것이다." 인터넷 매체 〈파테오스〉는 이같이 지적했다.

나는 이슬람 세계 안팎을 오랫동안 마주하면서, 이른바 테러범이 무슬림인 테러 사건이 발생할 때면 주눅 들던 무슬림들이 적지 않았음을 기억한다. 어느 나라에서 테러 사건이 일어났다고 하면, 테러범의 국적이 어디인지, 인종이나 종교는 무엇인지 물어보던 얼굴들이 낯설지 않다. 소수자로서 이슬람 세계 밖에 사는 무슬림 이주자들이 느끼는 공포감은 사실 남다르다. 이들은 무슬림 테러 사건이 보도될 때, 무슬림 공동체나 무슬림(으로 보이는 사람 포함)에 대한 직간접적인 폭행이나 혐오 범죄, 주변의 따가운 눈총 등을 두려워한다. 어느 지역에서 무슬림을 일반화하여 무슬림 개인이나 공동체 전체에 대한 권리 제한이나 차단의 필요성을 역설하는 목소리가 커지거나, 실제로 차별행위가 벌어지는 상황에 대해 두려움을 느낀다. 게다가 잔뜩 움츠러든 무슬림 가운데, 자신들의 공동체 안팎에 대해 보이는 주변인들의 불편함을 또 다른 증오나 혐오로 표현하려는 이들이 생길 수 있다.

내가 누군가의 눈에 공포감을 안겨 주는 일을 줄여야 한다. 머리에 히잡을 썼다고, 무슬림처럼 수염을 길렀다고, 우리 눈에 무슬림처럼 보인다는 이유로 그들에게 압박감과 불편함을 준다면, 우리는 누군가에게 공포의 대상이 되는 것이다. 테러와의 싸움은 내 안에 있는 두려움과 혐오감을 넘어서는 것이다. 다른 이들을 향한 혐오감을 줄이거나 없애는 과정이 필요하다. 특정 인종·종파·민족·국민이 증오 또는 혐오의 대상이 되는 것, 공포·배제의 대상이 되는 것을 막아야 한다. 이것이 테러에 저항하는, 다민족 시대를 살아가는 한국인의 삶의 태도가 아닐까 싶다.

3) IS vs 다에쉬 명칭 논란

어느 날 뜬금없는 SBS 보도(2015년 11월 20일 카드뉴스)를 접했다. 아래와 같은 내용이다. "IS, 아니죠. 다에쉬, 맞습니다."

> 파리에서 테러를 저지르고, 인질들을 무자비하게 참수하고, 인류 전체의 재산인 고대 유적을 파괴하는 잔인한 테러 집단 IS. 그런데, IS는 무슨 뜻일까요? 바로 Islamic State, 이슬람 국가의 줄임말입니다. 단순한 테러 조직이 아니라 국가라고 주장하고 있는 겁니다. 그런데 파리 테러 이

후 IS를 IS라고 부르지 않는 사람들이 있습니다. 바로 세계 각국의 정상들입니다. 프랑스 대통령 프랑수아 올랑드도, 미국 대통령 버락 오바마도, IS를 IS라고 부르지 않습니다. 그렇다면 그들은 IS를 뭐라고 부를까요? 바로 '다에쉬'(DAESH)입니다.

이렇게 시작하는 보도는, 버락 오마바 미국 대통령과 프랑수아 올랑드 프랑스 대통령의 발언을 인용한다. 그 취지는, 테러집단 IS를 다에쉬라고 말하여야 한다는 것이다.

[버락 오바마, 미국 대통령] "동맹국들과 함께 시리아의 평화적 정권 교체와 다에쉬를 제거하기 위한 노력을 배가하겠습니다."
[프랑수아 올랑드, 프랑스 대통령] "이번 테러는 시리아에서 계획됐으며 벨기에에서 조직돼 프랑스에서 실행에 옮겨졌습니다. 우리의 적은 다에쉬입니다."

이제는 다에쉬가 무엇인지 알려 주겠다며 글을 이어 간다.

생소한 이름, '다에쉬'. 무슨 뜻일까요? 다에쉬는 IS의 전신인 ISIS의 전체 명칭을 아랍어로 옮긴 말 '다울라 이슬라미야 이라크 샴'(al-Dawlah al-Islamiyah fi al-Iraq wa al-Sham)의 앞글자(da-i-i-sh)를 따 순서대로 배열한 겁니다. 단순히 이름만 바꿔서 부르는 걸까요? 아닙니다. IS를 '다에쉬'라고 부르는 데에는 이유가 있습니다. 일단 절대 국가로 인정하지 않겠다는 의미입니다. 국가라는 뜻의 영어 단어 State라는 말을 쓰지 않음으로써 IS가 주장하는 국가로서의 정통성을 부정하는 것이죠.

그런데, '다에쉬'라는 단어에도 '국가'라는 표현이 들어가 있다. 이것을 영어로 Islamic State라고 말하면 이 조직을 국가로 인정하는 것이고, 다에쉬로 부르면 국가라는 의미가 사라진다는 해석은 이상하다. 우선 Da'ish 또는 Daesh(داعش)는, 소리 나는 대로 적는다면, 다이시나 다에시가 아닌 '다에쉬'가 맞는 것 같다.

그러나 결정적인 오류들이 보인다. 공중파 방송에서 이런 철자의 오류가 보이는 것은 우리 언론의 수준을 실감하게 한다. '다울라 이슬라미야 이라크 샴'은 잘못된 표기이다. 굳이 한국어로 적는다면, '다울라툴 이슬라미야 필 이라크 왓샴' 정도로 적어야 한다. 영어로 표기하면 다음과 같다. 'Islamic State of Iraq and the Levant'(Dawlat al'Islāmiyya fi al'Iraq walSham).

ISIS 또는 ISIL의 마지막 철자가 S 또는 L인 것은, 앞의 것은 아랍어 지역 명칭인 'as-Sham'의 S에서, 영어 명칭인 Levant의 L을 적은 것이다. SBS는 자신들의 주장을 이어 간다.

비하의 뜻도 담겨 있습니다. '짓밟다'는 뜻의 아랍어, '다샤'(daasha)와 비슷하기 때문입니다. 그래서 IS는 '다에쉬'라고 불리는 걸 싫어합니다. 자신들에 대한 모독과 경멸로 받아들이며, 이 명칭을 쓰면 보복하겠다는 협박을 하고 했죠. 그러나 IS의 만행이 점점 극악해지면서 IS 대신 '다에쉬'라는 말을 쓰자는 주장이 점점 힘을 얻고 있습니다. 다에쉬(=IS)를 제압하기 위한 국제사회의 발걸음이 빨라지고 있는 가운데, 다에쉬(=IS)

가 어떤 식으로 대응할지 지켜봐야겠습니다.

그런데, 이 주장은 이상하다. IS가 다에쉬라는 단어를 쓰면 싫어하고, 보복 협박을 한다는 것도 이상하다. 같은 단어의 영어 표현과 아랍어 표현인데, 영어로 말하면 괜찮고, 아랍어로 표현하면 거부한다는 해석은 앞뒤가 맞지 않는다. 또한, IS 대신에 '다에쉬'라는 단어를 쓰는 것이, IS를 경멸하는 표현이라고 풀이하는 것은 더욱 부자연스럽다.

이 보도에서는 맞는 듯 틀린 내용과 관점, 해석이 보인다. '다에쉬'를 소개하는 내용에 오타와 오역, 부자연스러운 해석도 보인다. 소개 화면의 첫 장면에 활용하였던 깃발(로고)도 IS를 상징하는 것이 아니다. 'Tanzim Qaedat al-Jihad'는 동남아시아 말레이시아 지역의 이슬람주의자 집단 이름이다.

이것은 표절에 가깝다. SBS가 보도한 내용은, 어딘가에서 본 내용과 크게 다르지 않았다. 2014년 10월 7일 자 〈조선일보〉 노석조 기자의 글에서였다.

[깨알지식] 이슬람 테러단체 'IS'를 UINS·다에쉬로 바꿔 부르자는 이유는 …

이슬람 극단주의 무장단체인 '이슬람국가(IS·Islamic State)'의 이름을 이들이 원하는 대로 IS라고 불러줘선 안 된다는 움직임이 세계적으로 일어나고 있다고 뉴욕타임스(NYT)가 최근 보도했다. IS라는 명칭이 '테러=이슬람'이라는 잘못된 인식과 함께, 이 테러 집단을 진짜 '국가'로 오해하게 할 수 있다는 것이다.

버락 오바마 미 대통령은 지난달 '테러와의 전쟁'을 선포할 때 "IS는 이슬람도 아니고 국가도 아니다"고 말했다. 반기문 유엔 사무총장도 '비(非)이슬람의 비(非)국가집단'이란 뜻인 'Un-Islamic Non-State(UINS)'라고 불러야 한다는 의견을 내놓았다.

아랍인들이 IS를 경멸의 뜻으로 부르는 '다에쉬'로 부르자는 의견도 있다. 이는 IS의 기존 이름인 '이라크·시리아의 이슬람 국가(ISIS)'의 첫 글자를 딴 아랍어식 줄임말로, '짓밟다'란 뜻의 '다에시'와 발음이 비슷하다. IS는 "다에쉬라고 하는 자의 혀는 잘라버리겠다"고 엄포를 놨을 정도로 이 단어를 싫어한다.

이렇게 보면, SBS의 2015년 11월 20일 자 카드뉴스는, 2014년 10월 7일 자 〈조선일보〉 노석조 기자의 기사를 그대로 재활용한 것이다.

IS 출현 이후부터 한국의 중동학 전문가들 사이에서는 IS를 어떤 단어로 적어야 할지 논의들이 있었다. 그런데 언론이 서구 언론의 표기를 따라 IS라고 적는 것을 대체할 힘(?)이 학자들에게는 없었던 것 같다. 뜬금없는 SBS의 카드뉴스를 보면서, 우리 언론의 중동 이해가 참 천박하다는 인상을 지울 수 없었다.

중동 언론에서 IS는 어떤 존재로 묘사되고 있을까? 아랍 세계의 대표적인 뉴스 방송 알-아라비야와 알-자지라를 살펴보았다. 알-아라비야와 알-자지라의 IS 표기는 달랐다. 알-아라비야가 ISIS를 선호하고, 알-자지라는 ISIL 또는 다에쉬를 선택했다. 그러나 알-아라비야나 알-자지라 방송 모두 아랍어로는 다에쉬로 표기하였다. 아랍에미리트의 영자 매체들은 ISIL을 선호하고 때때로 다에쉬를 병기하는 식이었다.

사우디아라비아의 매체의 경우, 영자 신문 〈아랍 뉴스〉(Arab News)를 비롯하여 아랍어판 미디어도 다에쉬를 사용하고 있다. 요르단의 영자 신문 〈요르단 타임스〉(Jordan Times)도 동일하게 다에쉬로 표기했다. IS 무장조직원에 대한 표기도 '테러리스트'로 거의 동일했다. 알-카에다나 헤즈볼라, 하마스 무장조직원을 표기할 때는 매체마다 조금씩 다른 경향을 보이는 것과는 구별된다. 또한 관련 보도의 대부분은 외신 인용보도이다. 흥미로운 것은 외신을 인용할 때, 외신 기사에 IS로 표기된 것도, 다에쉬로 바꿔서 보도하는 점이다.

4) 서유럽에서 자폭한 '최초의 여성 무슬림 테러범' 오보

> 18일(현지시간) 프랑스 파리 북부 생드니에서 경찰이 벌인 파리 테러 용의자 검거작전에서 숨진 여성은 서유럽에서 자폭한 첫 여성 테러범이라고 현지 언론이 보도했다. (〈연합뉴스〉 2015.11.19.)

IS의 파리 테러 사건 직후 이어진, 용의자 체포작전 관련 보도가 나왔다. 그런데, 언론에 유럽 첫 여성 자폭 테러범으로 보도된 여성이 있었다. "자폭 女테러범, 술담배 즐기던 파티광", "파리 테러 자폭범 죽기 전 KFC서 '치킨 만찬'" 식의 가십성 제목도 등장했다. 게다가 자세한 신상 소개까지 곁들여져 보도된 이 여성은, 실제 자폭 테러범이 아니었다.

> 몸에 착용한 자살폭탄을 터뜨린 이 여성은 이번 테러 총책인 압델하미드 아바우드의 사촌인 하스나 아이트불라첸(26)으로 전해지고 있다. 아

파트 내부에서 경찰을 향해 "도와주세요"라고 외치던 이 여성은 오전 6시께 신원을 밝히라는 경찰의 요구에 창가로 다가왔다. 손은 들었지만 얼굴을 가린 채였던 이 여성은 경찰이 "당신 남자친구, 그는 어디에 있느냐"고 묻자 "내 남자친구 아니다"라고 답했다. 이후 큰 폭발음이 들렸고 목격자들은 이때 이 여성이 자살폭탄을 터뜨린 것 같다고 전했다.

관련 보도 직후, 나는 이 여성이 "테러범들에 의해, 그의 몸에 강제로 폭탄 조끼가 입혀진 채, 죽임당한 것은 아닐까?"라고 문제를 제기했었다. 그런데 이 보도 직후인, 2015년 11월 21일 자에, "'파리 테러' 서유럽 최초 여성 자폭테러라더니 … 다른 사람이 자폭"이라는 제하의 〈연합뉴스〉 기사가 떴다.

지난 18일(현지시간) 파리 테러 용의자 검거작전 중 자폭한 것으로 알려진 여성 용의자가 실제로는 자폭을 시도한 적이 없었던 것으로 밝혀졌다. 따라서 외신들이 그에게 붙인 '서유럽 최초의 여성 자살폭탄 테러범'이라는 오명도 벗게 될 전망이다. 20일(현지시간) 영국 일간 가디언 등에 따르면 프랑스 수사 당국은 폭발 당시 아이트불라센이 폭탄 장치를 몸에 착용하지 않았으며 옆에 있는 누군가가 폭탄 조끼를 터뜨렸다고 밝혔다.

그러던 중에, 이 여성의 무고한 오명이 벗겨지는 중요한 단서가 또 나왔다. 2016년 1월 20일 자 〈연합뉴스〉에는, IS 영문 선전지에 "'파리 테러' 가담 9명 얼굴·이름 공개"라는 제하의 아래와 같은 기사가 떴다.

수니파 무장조직 이슬람국가(IS)가 지난해 11월 발생한 '파리 테러' 가담자 9명의 얼굴 사진과 이름을 영문 선전 잡지에 공개했다. IS가 19일자(현지시간)로 발행한 선전지 '다비크' 13호 마지막 장을 보면 '저스트 테러'(JUST TERROR)라는 제목 아래 총과 칼 등으로 무장한 9명의 무장 대원의 얼굴 사진이 실려 있다.

그런데 사진 속 등장인물 9명 어디에도 파리 테러범 아바우드의 사촌인 하스나 아이트불라첸의 모습은 없었다.

외신 보도를 '정당한 의심' 없이 그대로 인용하다 보면, 이런 오류를 수동적으로 따르게 된다. 그럼에도, 사람들의 머릿속에는 하스나가 최초의 유럽 무슬림 여성 자폭 테러범으로 남아 있을 것이 안타깝다. 결과적으로 오보를 낸 언론사는, 아무런 반성 없이, 또다시 외신 인용 보도로 하스나 관련 보도를 이어 갔다는 점은 더욱 무책임한 장면이다.

3. 한국, IS, 테러

어느새 한국 사회에서도 IS와 연결된 이야기들이 일상에서 화두가 되고 있다. 아무래도 2015년 1월 터키를 통해 시리아 IS에 가담했다는 김군 사건이 전환점이 된 것으로 보인다. 심지어 정치권에서 "IS 같다"는 말이 나올 정도였다.

1) 한국 언론의 IS 관련 보도는 단순 베끼기

한국 언론의 IS 관련 보도는 사실 확인이나 추가 취재 없이 보도되

_"이번 한 주도 잘 지냈습니다." 무슬림 금요예배를 맞이하여, 다양한 무슬림이 함께 모여 기도를 드리고 있다. (경기도 파주)

는 것 같다. 정보가 넘쳐 난다. 사실 확인이 되지 않은 괴담들도 번져 간다. 언론 보도를 대하는 독자로서, 수많은 정보와 지식을 마주하는 시민으로서, 늘 합리적이고 평등한 의심을 제기해 봐야 할 것 같다. 거짓은 갈등과 반목을 유발하고, 진실은 화해와 회복을 자극하기 때문이다.

글을 쓰고 보도하는 기자 자신이 스스로 사실 확인을 거치지 않고 단순한 보도 자료 짜깁기, 남의 기사 베껴 쓰기, 제목으로 낚시하기 등을 자행한다면, 정보 제공자의 들러리가 될 수 있다. 그런 기사를 그냥 믿는 것 또한 정보의 '종'이 되는 길이다. 이렇게 합리적 의심과 실체적 진실을 추구하고 알리는 기자 정신이 사라진 보도를 종종 대한다. "합리적 의심의 목적은 실체적 진실이다. 그것을 벗어나는 순간 합리적 의심도 폭력이 된다"는 오래전 〈한겨레〉 신문(2010.10.05.) 함석진 기자의 글이 눈길을 끌었다.

진 의원은 "국가의 의심은 결코 평등하지 않다. 의심은 늘 권력을 가진 자들이 소외된 사람을 향해서 하는 것" "의심받는 사람은 늘 빈민이고, 여성이고, 탈북자이고, 가난한 나라 출신의 외국인이다. 의심은 늘 정권의 반대편에 있는 사람과 지금과는 다른 세상을 만들고자 하는 사람들" "그렇기 때문에 의심은 늘 합리적이어야 하고 평등해야 한다. 정부를 관리하는 행정부는 국민에게 통제돼야 한다"고 설명했다. (〈한겨레〉 신문 2016.02.28.)

더불어민주당 진선미 의원의 고통스러운 외침이 다가온다. IS 지지 한국인에 관한 이야기는, 2015년 11월 18일 처음 언론에 보도되었다. 그러다가 지난 2016년 1월 21일 언론에 업그레이드 버전으로 재등장했다.

'파리 테러'를 일으킨 이슬람국가(IS)를 향해 인터넷에서 공개적으로 지지를 표명한 한국인이 10명에 이른다 … 이슬람국가를 공개 지지한 10명의 인적 사항을 두고는 "관계법령 문제로 신원 파악에 어려움을 겪고 있다."고 말했다 …. (〈한겨레〉 신문 2015.11.18.)

이슬람 무장단체인 IS를 공개 지지하는 국민이 10명에 이른다 … 관계법령 미비로 인적사항은 파악하지 못했다 … 국내에서도 외로운 늑대 형태로 테러 인프라가 구축될 가능성에 철저히 대비할 것 … 지난 1월 터키 시리아 접경지역에서 사라져 IS에 가담한 김모군 외에 시리아 접경에서 IS 합류를 시도한 한국인 2명을 추가로 적발해 여권을 무효 조치했다 …. (〈한국일보〉 2015.11.18.)

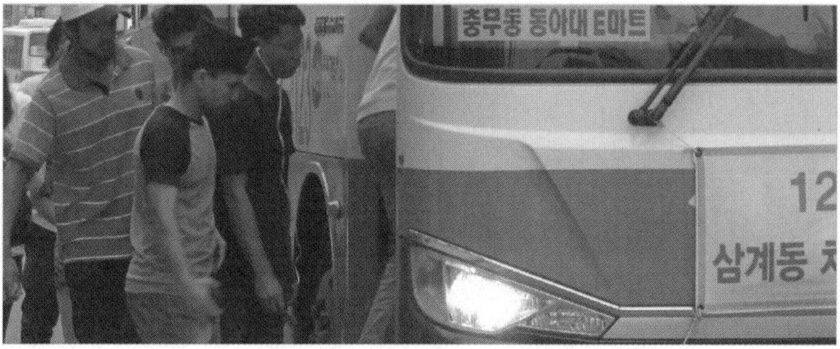

_“대중교통으로 어디든 갈 수 있어요.” 주말을 맞이하여 타 지역을 오가는 이주 노동자들. 친지와 지인을 만나러 장거리 방문에도 부담을 느끼지 않는 듯하다. (경상남도 김해)

국가정보원은 18일 “IS(이슬람국가) 지지 의사를 공개적으로 표명한 우리 국민이 10명”이라며 “현재 이들의 신원을 추적, 확인 중”이라고 밝혔다. 국정원은 이날 프랑스 파리 테러 관련 국회 정보위 현안 보고를 통해 이같이 밝혔다. 국정원은 이 10명은 단순히 IS 지지 의사를 표명한 것을 넘어 온라인 등을 통해 적극적으로 IS와 연계하려 한 정황도 파악한 것으로 알려졌다. 또 이들이 IS 가담을 시도할 것에 대비해 출국 금지 조치 등을 검토 중인 것으로 전해졌다. 국정원은 최근 IS에 가담하기 위해 출국하려던 손모씨 등 2명을 적발하기도 했다. 이와 함께 국정원은 국내에 체류 중인 외국인 가운데서도 IS 추종자 4명을 확인한 것으로 알려졌다. (〈조선일보〉 2015.11.19.)

2016년 1월 21일 한국 언론 보도에는 다음과 같은 내용이 있었다.

국회 정보위원회 여당 간사인 이철우 새누리당 의원이 21일 “작년에 ‘이슬람국가'(IS)에 가담하려고 했던 우리나라 국민 2명 중 한 명이 20대 여성이라고 밝혀졌다"고 말했다. 지난해* 1월 IS 가입으로 논란이 됐던 김 모 군 이외에도 추가 적발 사실이 알려진 것이다. (〈뉴스1〉)

그런데, 이 기사를 작성하고 보도한 매체들은, 아래와 같은 궁금증이 없었는지 모르겠다. ① IS에 가담하기 위하여 출국하려다가 적발(〈조선일보〉)된 것인지, 아니면 터키로 출국해서 시리아 접경에서 IS에 합류하려다 적발(〈한국일보〉)된 것인지 언론은 보도하지 않았다. ② 시리아 접경에서 IS에 합류하려다 적발된 경우라면, 어떻게 그곳에서 적발된 것인지? 터키 당국에 의해 적발되어 주 터키 한국대사관에 신병이 인도된 것인지 언론은 관심을 보이지 않았다. ③ 적발되었다는 두 명이 같은 날 적발된 것인지, 다른 날 따로따로 적발된 것인지 분명하게 드러내지 않았다. ④ 국정원에서 늘 인터넷이나 SNS 등을 점검하고 있다는 말이 정말 사실인지에 대한 사실 확인이 아쉬웠다.

- 한국 체류 외국인 노동자 출신 인도네시아인 IS 대원의 죽음

아울러 지난 2010년 이후 국제테러 조직과 연계됐거나 테러 위험인물로 지목된 국내 체류 외국인 48명을 적발, 강제 출국 조치했다고 보고했다. 특히 이 가운데 인도네시아 노동자 1명은 출국 후 IS에 가입해 활동하다 사망했다고 국정원은 보고했다. 이 인도네시아인은 출국 전 2년간 대구 성서공단에서 근무한 것으로 파악됐다. (〈연합뉴스〉 2015.11.18.)

* 기사 작성 시점을 기준으로 재작년이 맞을 듯. 〈뉴스1〉 기사의 착각 또는 오타로 생각됨.

_“한국에 머무는 시간 동안의 안전과 가족들의 평화를 허락하시기를!” 인도네시아 무슬림 노동자들이 함께 기도하고 있다. (경기도 화성)

지난 2010년부터 국내에서 근로자로 일했던 외국인 7명이 출국 후 수니파 원리주의 무장단체인 IS에 가담한 것으로 집계됐다고 보고됐다. 국회 정보위원회 소속 새누리당 간사인 이철우 의원은 이같은 보고 내용을 소개하고, 같은 기간 IS를 포함한 국제 테러 조직과 관련된 것으로 파악된 외국인 51명을 추방했다고 했다. (〈노컷뉴스〉 2016.01.20.)

우리나라에서 일했던 외국인근로자 중 IS 가담자가 7명이라는 것도 터키를 통해서 IS에 간 것이 파악된 것만 그렇다는 것 … 이상 징후가 있는 사람들을 대상으로 계속 추적 중이니 더 있는지도 모른다 … IS 가담 외국인 근로자들 7명은 부산, 광주 등 지역마다 다 다르게 있었다 … 접촉했던 사람들이 어떤 사람들이고, 무슨 일을 했는지 조사 중이지만 사실상 파악이 잘 안되고 있다 … 국정원이 통신 관련 감청이나 자금추적 등을 해봐야 하는데, 그런 것이 안되고 있는 현실 … 국정원에게 테러 관련 정보를 수집하는 도구로 통신 감청과 자금추적을 부여하는 것이 필요하다 …. (〈뉴스1〉 2016.01.20.)

국내 공단에 취업했던 인도네시아인이 출국 뒤 이슬람국가에서 활동하다 사망했다 … 이슬람국가에서 활동하던 인도네시아인이 지난 2월 사망했는데 (해외 정보기관에서) 그곳을 보니 한글로 돼 있는 명함 같은 게 있어서, 대구 성서공단에서 2년간 근무한 사람이라는 게 파악됐다 …. (〈한겨레〉 신문 2015.11.18.)

이 보도에서도 사실 확인이 아쉬운 부분들이 많다. ① 이 인도네시아 IS 가담자는 어디서 사망했는지 불분명하다. 특정 '이슬람 국가'? 아니면 IS가 장악하고 있는 이라크나 시리아 지역인가? 특정 국가나 지역이면, 그가 사망한 도시나 지역은 어디였는지 언론은 무관심하다. ② 해외 정보기관이 왜 한국 정보기관에 신원조회를 하여야 했는지, 그 배경이 모호하다. ③ 한국 정보기관에 그 인도네시아인의 신원조회를 요청한 해외 정보기관은 인도네시아 정보기관인지도 불분명하다.

- 테러단체 추종한 혐의를 받는 인도네시아 노동자

작년 12월 출입국관리법 위반 등의 혐의로 기소된 인도네시아 국적 불법체류자 A(33)씨가 수니파 극단주의 무장세력 '이슬람국가'(IS)에서 발원한 '알누스라 전선'에 깊숙이 가담한 정황이 드러났다. 서울중앙지검 관계자는 4일 "A씨가 2014년 7월부터 작년 11월까지 총 11차례 알누스라 전선의 지하드(성전·聖戰) 자금 모집책으로 추정되는 인물에게 인도네시아 화폐로 200여만원 상당의 자금을 송금했다"고 밝혔다. 이 돈은 시리아에 있는 인도네시아인 사업가를 거쳐 시리아 내전에 가담하는 지하드 전사에게 전달된 것으로 보인다고 이 관계자는 전했다. (〈연합뉴스〉 2016.02.04.)

그런데, 이 기사에도 언론 보도가 무성의해 보이는 지점이 많다. ① 알누스라 전선의 지하드(성전) 자금 모집책으로 추정되는 인물은 누구인가? ② 왜 무장조직원에게 송금할 것인데, 인도네시아 화폐로 송금하여야 했는지 불분명하다. ③ 시리아 내전에 참전하는 지하드 전사에게 전달하기 위한 것이라면, 그곳에서는 인도네시아 화폐가 필요 없을 텐데, 왜 한화를 인도네시아 화폐인 루피아로 환전하고, 인도네시아 루피아를 다시 달러나 시리아 리라로 환전해서 시리아로 송금했다는 것인지 보도는 무관심하다. ④ 자금 전달자는, 시리아에 있는 인도네시아 사업가를 지칭하는 것인지 모호하다. ⑤ 시리아 내전에 가담하는 지하드 전사는 어느 조직을 말하는 것인지 모르겠다. 시리아 안에 존재하는 무장조직은 모두 800여 개에 이른다고 한다(이집트의 영자 주간 〈알-아흐람〉지 2015년 11월 19일 자 기사에 따름). ⑥ 시리아 내전에 가담하는 지하드 전사는 어느 저항조직에 참여하고 있는 전사인지에 대한 언론 보도가 불분명하다.

이것 외에도 보도가 무관심하게 다루는 부분은 더 있다. 외국인에 대한 계좌추적의 범위와 한계는 어디까지일까? A씨는 국내 어떤 은행이나 어떤 경로를 통해, 어떤 계좌를 통해 해외로 송금했을까? 아니면 A씨의 1차 송금처는 인도네시아라는 것인가? 외국 정부의 협조를 받지 않는 이상 계좌추적이 어렵다는 것을 감안할 때, 이 계좌추적이 어디까지 이뤄진 것일까 궁금하다. 시리아에 있다는 인도네시아 사업가는 정확히 어디에 있다는 것일까? 시리아 정부군 지역? 시리아 반정부군 지역? 시리아 반정부군 지역이라면 어느 조직이 장악하고 있는 지역을 말하는 것인가? 그런 곳에서 은행업무가 정상적으로 작동하고 있는 것인가?

이보다 앞서서 아래와 같은 기사를 읽은 적이 있다.

> 한편 경찰청은 이날 알카에다와 연계된 '알누스라 전선'(승리전선)을 추종한 것으로 파악된 인도네시아 국적의 불법체류자 A(32)씨를 검거했다고 밝혔다. 경찰은 A씨를 사문서 위조 및 출입국관리법과 총포·도검 및 화약류 관리법 위반 등의 혐의로 충남 아산 자택에서 검거해 조사 중인 것으로 알려졌다. 경찰에 따르면 2007년 위조여권으로 국내에 입국한 A씨는 최근 수개월간 자신의 사회관계망서비스(SNS)를 통해 알누스라를 지지하는 활동을 한 혐의로 지난 9월부터 경찰의 내사를 받아 왔다. 조사결과 A씨는 올해 4월 북한산 산행을 하던 중 알누스라의 깃발을 흔들며 이 단체를 지지하는 영상을 촬영해 SNS에 올린 것으로 조사됐다. 경찰은 A씨의 자택에서 '람보 칼'로 불리는 보위 나이프 1점과 M16 모형 소총 1점, 이슬람원리주의 서적 10여권을 발견해 압수했다. (〈한국일보〉 2015.11.18.)

이 기사처럼 한국 언론 보도에는 모호한 면이 있다. 이 기사에 등장하는 A씨는 사회관계망서비스에서 인도네시아어로 소통했을 텐데, 수사 당국에 인도네시아어 전문가가 존재하는 것인가? 어떤 경로로 이런 사안을 적발했는지 모호하게 다가온다.

이번 사건은 새누리당이 파리 테러와 민중총궐기를 비교하면서 국정원이 컨트롤타워를 맡는 테러방지법이 필요하다고 주장하는 가운데 터졌다. 누구나 의심할 법한 얘기가 나온다. 수사 당국이 테러방지법 제정에 쐐기를 박기 위해 테러 관련 사건을 '무리하게' 만들고 있다는 의혹이 제기될 수도 있는 것이었다.

> "테러 단체를 추종한다 흠모한다 그 혐의만으로 사실상 (처벌이) 어렵다" … "그렇다고 해서 이걸 간과할 수 없고, 이런 부분이 어느 쪽으로 튈 수 있기 때문에 최소한의 안전을 위해 경찰이 확인해야 하고 그 이상이 있는 부분에 대해서는 조치하는 것이 경찰의 의무"라고 전했다. … 경찰에 따르면 올해 상반기 A씨의 '테러추종 행위'를 인지했고 9월 내사로 전환해 수사를 시작했다. 그리고 지난 11월 13일 민중총궐기 하루 전 영장을 신청했고 16일 체포영장이 발부됐다. … 경찰이 하고 싶은 말은 정작 따로 있었다. "현실적으로 국제 테러단체와 관련해 처벌법 조항이 미비하다", "테러는 아시겠지만 우리나라는 규정할 만한 법들이 없다. 개별 형법이라든지 이런 걸 끄집어내서 찾아야 하는 상황이다. 그 부분에 있어서 여야 관계당국도 고민하고 있다. 이번 기회를 통해 고민을 한 단계 승화시켜야 한다" (〈미디어오늘〉 2015.11.20.)

이런 일련의 언론 보도는, 사실상 정부 당국과 집권 여당이 추진하는 테러방지법이 필요하다고 결론을 내린다. 검거된 A씨가 테러방지법이 필요한 이유라고 주장하는 정부 관계자의 입장을, 추가적인 사실 확인의 과정을 거치지 않고, 그대로 반영한 것으로 보인다. 게다가 압수했다는 이슬람 원리주의 서적 10여 권 안에는 이슬람의 경전인 꾸란이 들어 있었다.

• 시리아 난민 현황 왜곡

언론 보도(〈오마이뉴스〉 2015.11.23.)에 따르면, 2015년 11월 18일 오전, 이병호 국가정보원장은 다음과 같이 밝혔다. "시리아 난민 200명이 항공편으로 국내에 들어왔고, 135명이 인도적 체류 지위를 얻어 국내 체류하고 있으며, 65명이 공항에 대기 중이고 철저히 감시하고 있다. 국민 10명이 이슬람국가(IS)를 지지한 사례를 적발했으나 관계 법령 미비로 인적사항을 파악하지 못했다."

이 발표는, 시리아 난민을 잠정적인 테러범으로 간주하게 하는 기사 생산의 근거가 되었다. '시리아 난민'이 검색어 1위로 등장하고, "난민을 더 받으면 안 된다", "테러위험을 어떻게 막나"와 같은 취지의 여론이 강하게 발생하였다. 이에 난민인권센터를 비롯한 여러 단체는 이에 대한 우려를 담아, "난민 혐오와 테러에 대한 두려움을 양산해 국민들을 호도하려는 시도"라며 "정부가 테러를 피해 온 난민들을 잠정적 테러리스트로 간주, 정략적 목적을 위해 매도·이용하고 부정확한 정보를 의도적으로 유포해 테러방지의 필요성을 운운하고 있다"고 비판했다.

법무부가 뒤늦게 구체적인 사실관계와 차이가 있다는 해명 자료를 냈지만 묻혔다. 공교롭게도 그 이후에 시리아 알레포에서 난민 신청 의사를 갖고 입국을 시도한 시리아인 28명이 입국을 금지당했다. 이들은 7개월 안팎을 인천공항 송환자 대기실에 갇혀 지냈다. 법원의 입

_“그래도 행복합니다.” 집과 가족, 나라를 떠나온 난민 처지이지만, 손주들의 재롱은 한시름을 놓게 한다. (레바논의 비카)

국 금지 취소 결정에 따라 2016년 7월 초에 입국한 바 있다.

• 테러방지법 제정 촉구 의도 의심

한국 언론 보도에 따르면, 박근혜 대통령은 2016년 1월 13일 대국민 담화에서, 아래와 같이 밝혔다.

… 우선 우리는 동맹국인 미국과 협조하여 국가 방위에 한 치의 오차도 없도록 철저한 군사대비 태세를 갖추고 있습니다. … 이처럼 우리의 안보 위기상황이 심각한데도, 우리나라는 아직까지 대내외 테러와 도발을 막기 위한 제대로 된 법적 장치를 갖추지 못하고 있습니다. … 앞으로도 북한은 남북간의 고조된 긴장상황을 악용하여 사회적 혼란을 야기하는 도발이나 사이버 테러를 언제든지 감행할 우려가 있습니다. … ISIL(아이슬·이슬람 국가를 지칭하는 미국 정부 용어) 같은 국제 테러단체도 이러한 혼란을 틈타 국내외에서 언제든지 우리 국민들을 공격할 가능성이 있습니

다. … (〈한겨레〉 신문 2016.01.13.)

한편 황교안 국무총리는 같은 날 오후, 정부서울청사에서 주재한 공항테러·보안대책 관련 장관회의 모두발언에서 다음과 같이 밝혔다고, 한국 언론은 보도했다.

경찰은 지난달 29일 인천국제공항 여객터미널 남자화장실에서 발견된 폭발물 의심 물체에서 아랍어로 된, 테러를 암시하는 협박성 메모지를 발견해 수사를 벌이고 있다. … 황교안 국무총리는 최근 인천국제공항을 통한 밀입국이 잇따르자 31일 '공항 테러·보안대책' 관계 장관 회의에서 "최근 인천국제공항에서 연이은 밀입국 사고가 있었는데 이들이 테러범이었다면 큰 불행이 생길 수도 있었다"며 보안 강화를 지시했다. 이어 "테러에 효과적으로 대응하기 위해서는 긴밀한 국제 공조와 함께 국가 전체의 컨트롤타워를 확립하는 게 중요하다"며 "정치적 이해관계를 떠나 대승적 차원에서 테러방지법을 최대한 빨리 통과시켜 달라"고 국회에 요청했다. (〈동아일보〉 2016.02.01.)

또한, 박근혜 대통령은 2016년 2월 2일 오전, 청와대에서 주재한 국무회의 모두발언에서 다음과 같이 언급했다.

"테러 위협이 커지는 상황에서 여러 가지로 인천공항의 보안체계에 대한 우려가 제기되고 있는데 다시는 그런 사례가 발생하지 않도록 국토부 등 관계부처는 확실한 보안 강화 대책을 마련해서 철저하게 시행하

_"빈틈을 주지 말고 강경 대응하라." 이스라엘은 테러와의 전쟁 대신, 팔레스타인인들에 대한 통제를 강화하고 있다. (이스라엘의 예루살렘)

> 길 바란다 … 최근 대내외 경제여건이 매우 엄중한 상황에서 북한의 핵 실험과 미사일 발사 위협 등 안보여건도 심각하다. 또한 인천공항에서 발생한 아랍어 협박 메모 등 우려한 일들이 현실로 나타날 수 있어서 걱정스럽다"…. (〈연합뉴스〉 2016.02.02.)

이런 일련의 보도는, 취재원의 주장에 대해 사실 확인이나 검증 없이, 그 주장을 단순히 베낀 허술한 보도의 전형으로 보인다. 2015년 11월 프랑스 파리 동시다발 테러 이후로, '이슬람국가(IS) 테러 위협 → 북한 테러 위협 → 테러방지법 필요'라는 논리가, 2016년 2월 이후 '북한 테러 위협 → 이슬람국가(IS) 테러 위협 → 테러방지법 필요'라는 논리로 바뀌었다. 이 과정에 '국회정보위원회 국정원 보고 → 정보위원 언론 브리핑' 과정 등이 관계기관의 언론플레이 창구가 됐다는 비판이 일고 있다. 한편 난민 문제 전문가인 공익법센터 '어필'(APIL)의 이일 변호사는, "테러방지법을 통과시키려고 바람 넣는 것 … 정부

_ "현장을 바로 담고자 합니다." 이슬람 이슈 관련하여 제대로 보도가 되지 않는 것은, 현장 취재의 부족이기도 하고, 언론 데스크의 경향과 무관하지 않다. (대한민국의 서울)

가 공식적으로 아무런 사법적 판단을 받은 사실이 없음에도 마치 모든 것이 기정사실화된 것처럼 외국인들을 테러리스트로 낙인찍고 있다 … 정략적 의도로 불안감과 두려움을 조장하는 것"이라고 주장하였다. "국내에 무슬림 15만 5천 명" 발언에 대해서는 "무슬림 전반을 잠재적 테러리스트로 묶어 버리는 종교적 차별, 인종적 차별을 내포한 심각한 발언"이라며 "그러한 내용을 공식적으로 얘기하는 것 자체가 대단히 위험하다"고 말했다.

새누리당은 국회에서 12개 부처가 참석한 당정협의회에서 '테러방지 종합대책'을 마련한 바 있다. 당정은 '테러 사전예방'을 위해 출입국관리법을 개정해 한국으로 입국하거나 경유·출국하는 외국인에게 탑승권을 발급하기 전 항공사가 승객들의 인적 정보를 법무부 출입국관리소에 제출하는 방안을 추진하기로 했다. 외국 국적의 재외동포가 입국할 때도 지문·얼굴 정보를 수집할 수 있도록 법을 개정하기로 했다는 것이다.

• 무슬림은 잠재적 위험인물

사실 확인 없이 단순 보도한 기사들은 더 있다. IS의 보복 대상국에 대한민국이 들어 있다는 것도 대표적이다. 이 보도의 경우도 취재원에 의존한 기사였다. 2015년 11월 18일의 보도였다.

> 또 이 의원은 "우리나라는 (IS가 보복을 선언한) 십자군동맹에 포함돼 있고 해외에서 여러 번 테러로 6명이 사망하고 32명이 부상당했다"면서 "또 16개국에 1천100명 정도를 파병하고 있기 때문에 우리나라도 테러 안전지대가 아니다"라고 강조했다. IS는 미국 주도의 동맹군 참여국들을 '십자군동맹'으로 분류하고 보복을 선언했으며 여기에는 우리나라도 포함된 것으로 알려졌다. 이 의원은 "그래서 우리나라의 테러 대비 태세를 강화해야 한다"면서 "테러방지법을 만들고, 또 사이버테러방지법, 통신비밀보호법, 특정금융거래정보법(FIU법) 등도 반드시 처리돼야 한다"고 강조했다. (〈연합뉴스〉)

아울러, 국내 거주 무슬림을 잠재적인 위험인물로 간주하는 듯한 주장도 보도되었다. 2016년 1월 20일 한국 언론 보도에는 다음과 같은 내용이 담겨 있었다.

> 국가정보원 출신으로, 국회 정보위원회 여당 간사인 새누리당 이철우 의원은, 1월 20일, 테러대처 당정협의 직후, "무슬림 나라 57개국 출신 15만 5천 명이 국내에 들어와 있다. 여러 모든 정황을 볼 때 우리나라도 테러 안전지대가 아니다"고 밝혔다.

여기에, IS와 북한 연계설을 슬며시 보도하는 경우(〈국민일보〉 2015. 11.18.)도 있었다. IS와 북한의 연계 가능성은 상존하다고 보지만 뚜렷한 증거는 찾지 못한 상태라고 친절하게 덧붙이는 글도 담았다.

이런 보도 관행은 선정적이다. 2015년 2월 하순 IS에 가담한 김군이 군사 훈련을 받고 있다는 보도부터 사망 추정 기사에 이르기까지 한국 언론은 정밀한 보도를 하지 않았다.

2) 수쿠크법 도입, 아직은 때가 아니다

한국인들은 종종 전문 아랍어 용어에 노출되고 있다. 그중 하나가 '수쿠크'이다. 이슬람 채권법도 이슈이다. 이미 논쟁이 뜨겁게 전개되었다.

> 정부는 2009년 정기국회에서 이슬람 채권에 면세 혜택을 주는 조세특례제한법 개정안을 제출했다. 수쿠크법 논란이 수면에 다시 떠오른 것은 기획재정위원회가 이달 중 다시 논의할 것으로 알려졌기 때문이다. 이에 기독교는 "수쿠크 자금은 이슬람 율법에 따른 것으로 종교적 색채에서 자유로울 수 없다"며 수쿠크법 개정을 반대하고 있다. 기획재정위원회 소속 국회의원들에게는 협박문자 등이 오고 있는 것으로 알려졌다. (〈경향신문〉 2011.02.18.)

개신교계 일부에서는 이 법을 적극적으로 반대하고 있다. 일부 목회자는 대통령의 하야를 추진하겠다는 목소리까지 냈다. 이슬람 전문가들은 "유대인, 기독교인, 힌두교인, 불교인 등 무슬림이 아닌 비무슬림

_"내가 산 주식이 상승하기를 …" 이슬람 세계에도 이윤추구가 기본이다. 은행도 예외가 없다. '이슬람 금융'은 그야말로 이자를 받지 않고, 자본을 확충하려는 독특한 방식의 금융 상품이다. (쿠웨이트의 쿠웨이트)

들은 모조리 죽이도록 되어 있는 이슬람 율법 '샤리아'가 수쿠크를 통하여 합법적으로 이 땅에 상륙하게 되면, 영국과 프랑스, 네덜란드, 독일, 나이지리아의 국민들처럼 테러의 두려움 속에 떨게 될 것은 시간문제"라고 주장한다. 여기서 영단어 '체크'(수표)의 어근이 된 수쿠크는 이슬람 채권이고, 이슬람 채권법(일명 수쿠크법)은 '조세특례제한법 일부개정법률안'을 말한다.

개신교 일부에서 이슬람 채권법의 도입을 반대하는 이유는 단순해 보인다. 이슬람 채권법이 통과되면 샤리아위원회가 만들어지고, 이슬람법인 샤리아법이 유입되고, 그 결과 한국 사회는 위기에 빠지게 된다고 우려를 표시하고 있다. 2.5%의 자금이 자카트(세금) 명목으로 빠져나가 테러 자금으로 악용당할 수도 있다는 식이다. 이런 반대 논지에 대해 하나하나 지적하는 것은 큰 의미가 없어 보인다. 대부분 근거가 없는 괴담에 가깝다. 그래도 한두 가지는 짚어 봐야 할 것 같다.

샤리아위원회는 이슬람 채권 등을 발행한 이슬람 은행이나 이슬람 국가의 금융 당국 산하에만 설치되고 있다. 강제 기구가 아닌 자문 기구에 해당한다. 우리나라의 법무 법인이나 신용 평가 회사와 비슷한 기관일 수 있다. 수쿠크가 이슬람 금융의 원리에 부합하는지에 대해 원칙적인 자문을 하는 기구인 셈이다. 아울러 전 세계 이슬람 은행을 총괄하는 조직으로서의 샤리아위원회가 있는 것이 아니다. 그러므로 샤리아위원회를 샤리아법 집행 기구 또는 전 세계 이슬람 원리주의를 주관하는 원리주의 조직이라 생각할 수 없다. 샤리아위원회는 각국의 국법에 적용을 받고 있다. 그래서 이슬람 금융이 '자카트'라는 명목으로 수익금의 2.5%를 가지고 이슬람 국제 테러조직의 자금 세탁이나 테러 자금을 조달하는 음성적 수단으로 계속 이용하고 있다고 생각할 수 없다.

중요한 것은 이슬람 국가의 모든 은행이 이자를 받지 않는 이슬람 은행인 것이 아니다. 대개의 경우는 예금 이자는 최소로, 대출 이자는 많이 받는 식으로 운영되기도 하고, 일반 은행 구조와 이슬람 은행 구조가 공존하거나 일반 은행 구조가 대부분을 차지하고 있다. 따라서 이슬람 채권을 발행하는 이슬람 금융은 모든 이슬람 국가의 몫이 아니다. 이슬람 금융의 허브가 되고 있는 나라는 사우디아라비아 같은 이슬람 종주국이 아닌 말레이시아이다.

말레이시아는 이슬람 채권(수쿠크)의 거의 2/3를 발행하고 있다. 그곳에선 대출에 대한 이자를 엄격히 금지하는 등의 까다로운 이슬람 금융 구조를 이미 갖춰 놓았다. 지난 1980년 이래로 이슬람 금융 노하우가 축적되어 있으며 잘 훈련된 이슬람 금융 전문가를 확보하고 있다. 이슬람 금융 전문가 육성을 위하여 여전히 정부와 민간 차원의 노력이 계속되고 있다. 말레이시아의 경우는 이슬람 은행 설립의 필요성이 제기된 1980년 이후 거의 40년 이상 이슬람 금융 상품을 개발하고 그것을 담을 수 있는 법적·제도적·인적 인프라를 구축해 온 셈이다.

이슬람 금융은 이슬람 국가에서도 뜨거운 감자이다. 이슬람 금융시장의 잠재력이 있기에 참여를 하고 싶어도 인적·제도적 인프라가 마련되지 않아 곤혹스러워하는 형편이다. 말레이시아에 이어 이슬람 금융시장을 주도하고 있는 사우디아라비아나 아랍에미리트도 인력 개발 등 다양한 노력을 경주하고 있다. 그만큼 이슬람 금융시장은 블루오션, 즉 미개척 분야인 셈이다. 수쿠크를 발행하는 나라는 전 세계에서 20여 개국 정도에 불과하다.

이런 와중에 한국 정부는 이슬람 채권법을 도입하려고 했다. 나는 이슬람 채권법의 한국 도입을 반대한다. 물론 기독교계 일부에서 제기하는 식의 문제에 동의하지 않는다. 그러나 다른 몇 가지 이유를 들어 이슬람 채권법의 국내 도입을 반대한다.

먼저는, 한국은 이슬람 채권법을 운영할 만한 어떤 인프라나 구조를 갖추고 있지 못하기에 수쿠크법 도입은 시기상조로 생각한다. 이른바 이슬람 국가들 가운데서도 수쿠크법을 시행하고 운영하는 나라나 금융기관은 아주 제한적이다. 왜냐하면 꾸란에서 말하는 이슬람법에 따른 이자 금지 조항을 지키면서도 현대식으로 운영하는 것이 쉽지 않기 때문이다. 이슬람 금융법은 이슬람 세계에서든 비이슬람 세계에서든 그야말로 미개척 분야이다. 이에 대해서는 앞에서 언급한 말레이시아 등의 예를 통해 알 수 있다. 사우디아라비아나 아랍에미리트 같은 나라들도 이슬람 금융을 감당할 인력이 부족하여 어려움을 겪고 있다.

그만큼 이슬람 금융법, 채권법은 독특한 영역이라는 것이다.

그런데 우리나라에는 이슬람 금융법 전문가가 전무하다. 우리는 아직도 이슬람 세계도 모르고 이슬람법도 모른다. 더욱이 이슬람 경제나 이슬람 금융에 대해 거의 알지 못한다. 정부는 물론 민간 차원에서도 이와 관련한 인적 인프라를 구축하지 않은 가운데 의욕만 보인다면 잠재된 문제가 터질 가능성이 있다. 이슬람 채권법을 도입했거나 그 원리를 받아들이려고 준비하는 나라들의 경우는 우리보다 더 오래전부터 이슬람 세계를 연구하고 있고, 나름 인재 개발에 노력해 왔다. 그럼에도 신중을 기하고 있다. 그런데 우리는 너무 서두른다.

두 번째는, 이명박 정부 측의 관련 법안 통과 노력에 다른 의중이 담겨 있다는 의구심이 들었기 때문이다. 이슬람 채권법 도입을 위해 필요한, 우리 현실(경제 상황과 법과 제도의 운용 등에 얽힌)에 대한 평가와 대안, 제도와 구조를 만들기 위한 노력도 없이 이슬람 채권법을 통과시키고자 하는 것은 걱정스럽다. 의심도 든다. 오비이락인지, 정부 차원에서 거품 많은 아랍에미리트 원전 수주 관련 비용을 만들어 내야만 하는 필요에서 급하게 이 법안을 통과시키려는 것 같은 인상이 짙었다. 법안 자체의 글귀가 아무리 아름다워도, 다른 나라가 시행하든 안하든, 우리 형편에 맞지 않고 우리가 그것을 운영할 능력을 갖추지 못했다면, 기계적으로 도입하는 것은 문제가 있다. 심지어 우리 쪽에서는 이슬람 채권법 도입과 운영에 인적·물적·법적 인프라를 구축하는 것에 거의 무관심했다.

다른 어떤 곳에서도 마찬가지겠지만 특히 금융시장은 물고 물리는 관계, 즉 먹이사슬 구조가 더 치열한 공간이 아닌가 싶다. 모르면 당할

_"기도하기 전에 몸과 마음을 깨끗하게 합니다." 정결 의식을 치르고 있는 무슬림들. 그러나 무슬림의 일상도 우리와 다르지 않다는 것에 주목하여야 한다. (요르단의 암만)

수밖에 없다. 알고서도 당할 수 있다. 이슬람 채권법 금융시장에서 우리가 얼마만큼의 생존력과 경쟁력을 갖고 있는지 모르겠다. 좋은 제도도 그 숙성 과정에 대한 깊이 있는 이해와 내공을 쌓는 과정을 통해서 구현되어야 한다. 그러나 우리에게는 내공을 쌓으려는 수고조차 없어 보인다. 숙성 과정보다 속성 과정에 주목하는 이중적인 태도를 느끼게 하는 정부 당국을 둔 우리 현실이 부담스럽다.

그렇지만 전문적인 관점과 안목이 빠진 듯한, 이슬람에 대한 종교적 거부감에 바탕을 둔 억지스러워 보이는 개신교계의 반대도 힘겹기만 하다. 수쿠크법의 도입과 운영을 위해 필요한 인적·제도적 인프라와 같은 전제 조건에 대한 보다 차분한 연구, 수쿠크법 도입을 둘러싼 장단점에 대한 냉정한 판단, 한국에 적용하게 되었을 경우 발생할 수 있는 다양한 이슈 등을 하나하나 따져 보는 논쟁의 여유가 필요하다.

3) 할랄단지 반대운동은 대부분 사실 왜곡

2015년 3월 초 '할랄'이라는 단어가 급작스럽게 정치권과 언론에 유행어처럼 번져 갔다. 이런 기사들이 당시에 보도되었다.

> 한-UAE 정상, 할랄식품 수출협력 통해 16억 무슬림시장 도전 (〈뉴스1〉 2015.03.05.)
>
> UAE와 양해각서 … 할랄식품 초대형 시장 열린다 (〈한국일보〉 2015. 03.06.)
>
> 할랄식품 MOU 체결 … 18억 무슬림 시장 선점 '기회' (〈경향신문〉 2015. 03.06.)
>
> '할랄'이 뭐길래? … 식품업계, 때 아닌 '이슬람 율법' 열공 (〈한겨레〉 신문 2015.04.12.)

그러나 '할랄식품 열풍', '1조弗 할랄시장', '18억 이슬람시장이 뜬다'는 등의 구호는 아직 실현도 되지 않은 정부의 업적을 과대포장한 구호였다.

2015년 12월 하순부터 아래와 같은 이야기가 SNS를 통해 빠르게 공유되었다. 보수 개신교계를 중심으로 할랄단지 반대 서명운동도 활발히 전개되었다. 야외 집회도 병행(2016년 3월 19일 서울역 집회)하였다. 그러나 그곳에서 이 이슈를 다루는 일반 매체는 잘 보이지 않았다. 나중에서야 일부 언론에서 이 이슈를 다루는 기사들을 볼 수 있었다.

할랄 반대 이슈에 대한 한국 언론의 기사화가 늦어진 것은, 할랄 이슈에 대한 언론의 이해가 부족했거나, 기독교계 보수진영에서 제기하

_ "할랄 음식을 취급합니다." 할랄 음식점이 늘고 있다. 할랄 음식을 단순하게 표현한다면, 돼지고기와 기름 종류를 사용하지 않은 음식이다. (경기도 수원)

는 할랄 반대운동에 크게 의미를 두지 않았던 것 때문으로 보인다. 그러나 할랄 반대 이슈는 제20대 총선에서도 기독당, 기독자유당 등의 주요 정책에 포함되기도 했고 일부 국회의원 입후보자가 공약으로 내세우기도 했다. "이슬람 특혜 철폐", "할랄단지 조성 반대" 등의 구호를 내세운 국민의당 전북 익산을 조배숙 의원과 새누리당 서울 서초갑 이혜훈 의원 등이 대표적이다. 조배숙 의원은, "경제논리만 앞세워 사회 안전을 위협할 수 있는 이슬람을 옹호·조장하는 문화가 퍼지지 않도록 하겠다"고 한 매체와의 인터뷰에서 당선 소감을 밝히기도 했다.

'5천억 들여 할랄 식품 단지 설립' 소문 확인해보니… (〈한겨레〉 신문 2016.01.11.)

[팩트체크] 전북 익산 '할랄 단지' IS 괴담, 확인해보니… (JTBC 2016.01.14.)

익산에 할랄식품 전용단지 조성 계획 백지화 (〈경향신문〉 2016.01.24.)

할랄단지 반대운동을 전개하는 이들의 주장은 무엇이고, 그 근거는 적절한 것인지를 살펴보는 것은 중요하다. 할랄단지 반대운동을 전개하는 이들은 아래와 같이 주장하고 있다.

할랄단지 반대서명 바랍니다. 다문화 빗장을 너무나 열어 놓았습니다.
인천공항 외국인 입국 시 지문 확인도 안 하고 장기 체류자 대책 없습니다.
5천5백억 원 들여서 익산시에 할랄 식품 공장을 짓고
50만 평을 50년 동안 무상 임대해 줍니다.
매월 1인 기준 정착금 전북도청 1백만 원, 익산시청 5십만 원, 기타 주택 보조금까지
세금 1원도 안 내는 사람들에게 세금 퍼 주기입니다.

익산시 현장 공사는 2016년까지 끝납니다.
완공 후 3년 안에 이맘(종교지도자) 1백만 명이 들어오는데
숙련 기능사 인력(도축원) 7,103명 1차 동시 입국 예정인데 우리나라 앉아서 먹힙니다.

— 할랄 식품 반대 —

이슬람 할랄 식품 공장을 건설 중입니다.
건립반대를 위한 서명운동입니다.
기독교인 모두 서명해야 합니다.

이 서명운동은, 전북지역장로회연합회, 기독당-국가와 교회수호위원회 등에서 주도하는 것으로 보인다. 그러나 위 내용은 잘못된 정보가 가득한 주장일 뿐이다. 또한 몇 사람의 글과 주장이 하나로 모인, 이제까지의 할랄 반대 입장에 선 이들의 확대된 버전으로 보인다. 위에서 주장하는 내용은 얼마만큼 사실에 부합한 주장인지 확인이 필요하다. 하나씩 살펴본다.

- "인천공항 외국인 입국 시 지문 확인도 안 하고 장기 체류자 대책 없습니다."

"인천공항 외국인 입국 시 지문 확인도 안" 한다는 주장은 사실이 아니다. 관계 당국에서는 의심되는 외국인과 무슬림에 대한 정보 수집활동을 강화하고 있기 때문이다.

또한 '장기 체류자'가 장기 체류 신분을 갖는 과정에 지문 채취와 지문 확인 등 신원 확인은 기본적으로 엄격하게 진행되고 있다. 외국인 지문날인 제도는 인권침해 논란을 거치면서, 2004년 노무현 정부의 강금실 전 법무장관 시절 폐지되었다가 이명박 정부 때인 2012년 다시 시행되고 있는 제도이다. 실제로 2012년 1월 1일부터, 17세 이상의 모든 외국인 입국자를 대상으로 지문 및 얼굴 정보를 확인하는 제도를 시행하고 있다. 이에 앞서 2011년 9월부터 국제테러분자 등으로 의심되는 입국 외국인에 대해, 2011년 7월부터 법무부 등 관련 기관은, 장기체류외국인(등록외국인)들의 지문 및 얼굴 정보를 확보하기 시작했다.

_ 지인들과 같이 모여 TV 삼매경에 빠져 있는 인도네시아 노동자들. 이들을 바라보는 한국인의 시선은 왠지 곱지만은 않다. (경기도 남양주)

- "5천5백억 원 들여서 익산시에 할랄 식품 공장을 짓고 50만 평을 50년 동안 무상 임대해 줍니다."

이것은 사실이 아니다. 일부 사실이 섞여 있지만, 전체적으로는 왜곡된 주장이다. 첫째는, 위 내용이 할랄 식품 공장 관련한 이야기가 아닌, 익산 식품클러스터에 관한 것이기 때문이다. 익산 식품클러스터 전체 규모에 대한 내용을 할랄 식품 단지에 관련된 내용으로 둔갑시켰다. 할랄단지는 소규모일 뿐이다. 게다가 아직 규모도 확정이 안 된 것으로 알려졌다. 또한 익산 할랄단지 관련 이야기에는, 정부의 과장된 홍보가 담겨 있다.

'5천5백억 원'의 비용은, 익산 식품클러스터 건설사업비의 총액일 뿐이다. 할랄단지에 관한 비용이 아니다. 정부는 국내 식품산업의 연구·개발, 생산, 유통, 가공 등을 총망라한 단지를 조성한다는 명목으로, 익산에 총사업비 5535억 원을 투입해 공사를 진행하고 있을 뿐이다.

'50만 평'도 익산 식품클러스터 전체 규모에 해당하는 것이다. 농림수산식품부의 익산 식품클러스터 투자 설명회에서, 다음과 같이 밝힌 것이 있다. ① 국내 입주 기업의 경우에는 취득세와 등록세를 100% 면제하고, 재산세는 5년간 100% 면제하는 등 조세 감면의 혜택을 부여할 것이다. ② 공장 이전 및 신축 시에는 최고 100억 원을, 투자금액이 1000억 원을 넘는 대규모 투자 시에는 최고 200억 원의 투자보조금을 지원할 것이다. ③ 이 외에도 고용보조금, 교육훈련보조금, 물류센터건립지원 등 혜택을 제공할 것이다. ④ 외국인 투자의 경우, 취득세, 등록세, 재산세를 15년간 100% 면제해 주고 50년간 토지를 무상임대하는 등 전폭적인 재정 지원 혜택을 제공할 것이다.

'50년 동안 무상 임대'는, 할랄단지에 해당하는 것이 아니다. 할랄단지 조성 계획도 없던 2012년도에, 익산 식품클러스터 입주 외국인 투자자에게 제안했던 내용이다. 그 혜택을 받는 대상도 할랄단지 입주기업에만 국한되는 것이 아니다. 또한 50년간 무상이 아니다. 조건은 외국인 투자 지역에 입주하는 외국 기업에, 50년간 부지 임대료를 감면(75-100%)해 준다는 규정이다.

- "매월 1인 기준 정착금 전북도청 1백만 원, 익산시청 5십만 원 기타 주택 보조금까지 세금 1원도 안 내는 사람들에게 세금 퍼 주기입니다."

이것은 사실 왜곡이다. 이 같은 주장의 1차 출처는 정확하지 않다. 다만, 이 같은 주장을 담은 것으로 확인된 최초의 게시글은 2015년 10월 6일에 한 카페에 올라 있었다. ○○비전성결교회의 안○○ 목사

_ "무슬림이 한국에 계속 들어오면 나라 망한다." 이런 식의 괴담은, 무슬림을 문명도 문화도 지성과 상식도 없는 맹신도로 단정하는 것이다. (요르단의 암만)

의 글이었다. 그 글이 이런 주장을 처음 제기한 원출처인지는 모르겠다. 안 목사의 주장은 관련 정보를 재가공한 것으로 보인다.

일단 정부 자료를 살펴보자. 정부 자료에서 그 수혜 대상과 원칙은 위 주장과 달랐다. 익산 식품클러스터에 입주한 국내 기업 중 고용인원 20명 초과 시 6개월 범위 안에서, 전라북도에서 초과인원 1인당 월 100만원과 기업당 10억 원의 고용보조금을, 익산시에서 20명 초과 시 6개월 범위 안에서 초과인원 1인당 월 50만 원을 지원하고, 기업당 2억 원의 고용보조금을 지급한다는 내용이다. 물론 무조건적으로 이 지원을 해 주는 것도 아니다. ① 기업과 지자체 간의 MOU 체결 등 투자유치 노력이 선행되어야 하고, ② 국내에서 3년 이상 사업을 영위한 기업 등 심사를 통과한 기업이어야 한다. 또한 이것은 '정착금'이 아니라 '고용보조금'이며, '기타 주택 보조금' 지원에 대한 규정은 없다.

_"흥겹게, 기쁘게." 전통 춤을 추고 있는 요르단 예능인들. 이들에게도 한국인들이 주목하지 않는 오래된 전통과 문화, 문명이 있다. (대한민국의 서울)

• "익산시 현장 공사는 2016년까지 끝납니다."

그러나 "익산시 현장 공사는 2016년까지" 끝나지 않을 것으로 보인다. 공사가 2016년 말까지 끝난다고 하여도, 할랄단지 조성은 2016년에 끝나지 않는다. 그것은 현재 단계에서 2018년 조성을 목표로 하고 있기 때문이다. 익산 식품클러스터의 완공 예정일도 당초 기획단계였던 2012년에는 2015년으로 발표했다. 그러나 2017년, 2018년으로 미뤄지고 있다. 게다가 할랄단지는 2015년 봄에 끼어들어 온 것으로, 우선사업 대상이 아니다.

• "완공 후 3년 안에 이맘(종교지도자) 1백만 명이 들어오는데 숙련 기능사 인력(도축원) 7,103명 1차 동시 입국 예정인데 우리나라 앉아서 먹힙니다."

너무 상세한 주장을 담고 있지만, 이것은 더욱 허위로 가득 찬 주장

_"매력적이에요." 사진 속에 담긴 아랍 여성, 그들에게서 종교 이념보다는 전통미가 먼저 느껴진다. (대한민국의 서울)

이다. "완공 후 3년 안에 이맘(종교지도자) 1백만 명"이 입국? 이런 주장의 근거가 무엇인지 궁금하다. 전 세계의 이맘의 수가 '1백만 명'이 되지 않을 것이다. 전라남도에서 인구 밀도가 높은 도시로는 광주광역시, 전주시, 익산시 정도가 있다. 전주시 전체 인구는 62만 7443명, 군산시는 27만 8576명, 익산시는 30만 6539여 명에 불과하다.

한편, 광주광역시의 인구는 152만 명 정도이다. 100만의 외국인 이맘을 수용할 공간이 어디 있다는 이야기일까? 수십만 개의 이슬람 사원이라도 이곳에 세워진다는 주장인가? 광주광역시 다음가는 거대한 도시 하나가 익산 지역에 생긴다는 주장은 이상스럽다.

"숙련 기능사 인력(도축원) 7,103명" 입국 주장은 더욱 터무니없다. 7103이란 숫자는 외국인출입국관리국에서 사증발급인정서 발급 대상 중 할랄 도축사들에게 비자를 발급할 때 부여한, 직종 분류 코드일 뿐이다. 정부가 현재 할랄 도축장 1개소, 할랄 도계장 1개소를 설립할 계획으로 입지를 타진하는 중이지만, 그 건설 가능성마저도 불확실하다. 설사 세운다고 하여도 그 완공 시점은 2017년 이후이다. 아직까지 도축시설의 규모도 불분명하다. 별도의 할랄용 도축시설을 이곳에 세워야 하는지, 그 효용성에 대해서도 부정적이다. 현재까지도 아직 어느 위치에 어느 정도 규모로 할랄단지가 조성될지 확정되지 않았다. 또한 이 단지가 산업단지의 성격이기 때문에 할랄육류 도축시설이 들어오는 것도 아니다.

이렇게 왜곡된 주장의 출처는 확인할 수 없었다. 아마도 오프라인에서 이뤄진 어떤 이들의 주장을 글로 옮긴 것이 아닌가 추론할 뿐이다. 이와 같이, 할랄단지 반대운동에서 제기하는 할랄 반대 논리(주장)를 살펴보았다. 할랄 반대를 제기하는, 위에서 언급한 주장은, 대부분 왜곡된 사실을 근거로 하고 있다. 다소 의도적이고 악의적인 정보 가공이 있지 않았나 의심스러운 면도 적지 않다. 사실 관계 확인은 없이, 신념에 가까운 태도로 이슬람 이슈를 다루고, 특히 할랄 반대 이슈를 정치적으로 활용하려는 이들이 그 배후에 있지 않나, 조심스럽다.

2장

자유언론, 공정언론을 향하여

중동 언론은 종교 이슬람만을 주목하고, 이슬람을 전파하고, 전 세계를 이슬람화하기 위한 전략과 정보를 가득 담고 있다고 생각할 사람들은 아마 없을 것이다. 중동 언론도 자유언론을 향한 싸움을 계속하고 있고, 공정 보도 시비는 물론, 선정성 시비, 편파 보도 등의 논쟁도 끊이지 않고 있다.

1. 중동 미디어에 담긴 이슬람

중동미디어도 이슬람 종교 미디어가 아닌, 일반 미디어이다. 한국의 언론이 중동 세계를 종교에 집착하여 보고 있는데, 중동의 미디어는 그들의 세계를 어떤 시선과 태도로 마주하고 있는 것일까? 그들의 고민과 현실을 살짝 엿본다.

1) 검열과 탄압을 넘어

아랍 언론이 자유언론이거나 그 안에 정론만 있는 것은 아니다. 언론의 자유도는, 프리덤하우스(www.freedomhouse.org), 국경 없는 기자회(www.rsf.org) 등의 언론 자유도 측정에 따르면, 중간 정도의 성적을

_ 중동 언론은 때때로, 자국 뉴스도 외신의 이름으로 인용 보도하는 경우가 있다. 언론 통제를 받고 있다는 상징적인 사례이다. (레바논의 베이루트)

보이는 몇몇 나라의 몇몇 언론이 있을 뿐이다. 대부분의 경우는 언론의 자유나 정론직필이 불가능하거나 아예 그것을 포기한 것으로 보인다. 아울러 아랍 언론에도 친정부, 반정부 등 경향의 차이가 있다. 더욱이, 보수적인 성향의 언론이 있는가 하면 진보적이고 개방적인 시각의 언론도 존재한다. 너무나 당연한 말을 길게 하는 것 같지만 사실이 그렇다.

자체 언론 검열과 '알아서 기는' 등의 행태도 쉽게 볼 수 있다. 보도지침도 종종 관련 당국에 의해 언론기관에 주어지곤 한다. 자국 주재 외국 언론기관에 대한 통제는 물론이고 자국 언론인들에 대한 검열과 통제도 이뤄진다. 예멘의 언론인 3명은 2004년 5월 자국 법원으로부터 동성애를 옹호하는 듯한 분위기의 기사를 보도했다는 이유만으로 3-5개월의 징역형을 선고받았다. 요즘에는 온라인에 대한 통제도 진행 중이다.

특정한 이슈에 대한 적극적인 통제가 이뤄지기도 한다. 그중 대표적인 것이 반이스라엘 이슈이다. 민감한 이슈를 다룰 때는 자사 취재진의 기사보다 외신을 인용하여 보도하는 우회 방법을 쓰기도 한다. 요르단의 경우 팔레스타인 이슈 같은 것을 외신 인용으로 처리할 때가 많다. 그나마 요르단의 〈앗-사빌〉 같이 재야에서 만드는 언론이나 반이스라엘, 반전, 반미 입장을 가진 언론들이 공공연하게 자신들의 주장을 담아 보도할 수 있다. 그렇다고 무한대의 언론 자유가 부여된 것은 아니다. 성역이나 금기는 존재한다.

아랍 언론도 외신을 인용하거나 전재하는 경우가 많다. 자국 내 이슈조차 외신을 인용하여 보도하는 묘한 풍경이 펼쳐진다. 이 보도를 외신이 재인용하고 그것을 다시 한국 언론이 인용 보도하는 경우도 종종 보인다. 지역 이슈를 외신 인용으로 보도하는 것에는 또 다른 사연이 있다. 그것은 외신들이 자체 인력을 중동 지역에 파견한 경우도 있지만, 대부분의 뉴스 생산은 지역 언론인을 통해 이뤄지고 있다는 점에 있다. 주요 외신들은 지역 언론인을 자사의 특파원으로 활용하고 있다. 막강한 인적·물적 토대를 갖춘 외신의 보도가 열악한 상황의 지역 언론보다 한 수 위라는 슬픈 현실을 보여 주는 것이다. 결국 그것은 외신의 옷을 입은 지역 언론 보도인 셈이다.

우리에게도 이런 예가 있다. 고 김선일 씨가 종교적인 이유로 살해당했다는 기사는 그 대표적인 예이다.

> 김선일씨를 납치, 살해한 이라크 무장단체 '알 타우히드와 알 지하드(유일신과 성전)'가 14일 자신들의 홈페이지에 올린 글이다. "이라크에서 기독교를 전파하려는 이교도를 우리는 죽였다"고 김씨 살해 동기도

직접적으로 언급했다. 무장단체의 이같은 주장은 한국군의 이라크 추가 파병을 저지하겠다는 기존의 메시지와는 달라 주목된다. (〈세계일보〉 2004.07.15.)

고 김선일 씨가 기독교 선교활동을 한 것이 아닌가 하는 한국발 추측 기사를 외신이 인용하고, 그 외신을 무장조직이 인용하여 자신들의 행위에 의미를 부여하는 식이었다. 2007년 7월 하순에 벌어진 아프가니스탄에서의 한국인 인질 사태 때도 비슷한 일이 빚어졌다. 이런 여러 가지 현실은 아랍 언론 보도 내용을 액면 그대로 인용하거나 맹목적으로 신뢰하는 것에 주의를 요해야 함을 증명한다.

2) 아랍의 이스라엘 방송

요르단 암만을 벗어나 요단 강변에 자리한 요르단 골짜기로 들어서기도 전에 FM 라디오에는 여러 개의 이스라엘 방송이 쉽게 잡힌다. 암만은 물론이고 다른 도시에서도 그리 어렵지 않게 이스라엘 방송을 듣거나 볼 수 있다. 아랍 지역에서 공개적으로 이스라엘 방송이나 신문을 볼 수 있을까? 아랍인이 이스라엘의 신문이나 방송 등을 접하면 이른바 '국가보안법'으로 처벌을 받는 것은 아닐까?

아랍 국가에 국가보안법 같은 보안법이 존재하는 것은 사실이다. 법규정으로만 본다면 이스라엘은 지도에 표기되지 않거나 적성 국가로 간주되고 있다. 사전에 당국의 허가 없이 적성 국가를 방문하는 것은 보안법 위반에 해당한다. 그러나 법이 존재한다고 하여도 지금은 사문화되어 가는 나라들이 대부분이다. 공식적으로 이스라엘과 관계를 맺

_가자 전쟁 반대 이스라엘 규탄 시위에서 이스라엘 깃발을 불태우고 있는 요르단 시위대. (요르단의 암만)

고 있는 아랍 국가들이 많은 것도 그 속내를 보여 준다. 과거에는 이스라엘을 방문했다는 이유로 출입이 통제되던 아랍 국가들이 많았지만, 지금은 별달리 제한을 두지 않는다. 물론 아직도 공식적으로는 이스라엘 여권 소지자의 아랍 국가 출입에는 제한이 있다. 그러나 이스라엘을 방문했다는 이유만으로 출입이 금지되는 경우는 줄어드는 추세다.

아직도 법으로 이스라엘 출입 사실이 있는 외국인의 자국 내 출입을 금지하고 있는 나라는 시리아나 레바논, 사우디아라비아 정도일 것이다. 요르단과 이집트 등 이스라엘과 국교 정상화를 맺은 나라들은 공식적으로 이스라엘을 오갈 수 있는 나라들이다.

국가보안법이 강력하게 집행된다고 하여도 일반적인 의미에서 이스라엘 언론이나 방송을 접한다고 하여 법에 저촉되는 것은 아니다. 이스라엘과 국경을 맞대고 있는 시리아, 레바논, 요르단 지역에서 이스라엘 방송을 접하는 것은 그리 어렵지 않다. 주파수를 애써 맞추지 않아도 방송이 잡히기 때문이다. 요르단 수도 암만은 물론이고 웬만한 지역에서 이스라엘 방송 듣기는 식은 죽 먹기이다. 이스라엘 방송을 듣는다고 하여 규제를 받지도 않는다. 시리아나 레바논 같은 경우도 접경 지역 주변에서는 자국 방송보다 더 강력하게 이스라엘 방송 신호가 잡히곤 한다. 라디오만이 아니다. 이스라엘 국경 TV가 버젓이 안방에서 잡히기도 한다.

오히려 반이스라엘 사상을 퍼뜨렸다고 하여 국가보안법 위반으로 기소된 사례가 있을 정도이다. 수년 전 요르단 대학교 재학생들이 반이스라엘 웹 사이트를 만들다가 국가보안법 위반 혐의로 입건된 경우도 있었다. 그럼에도 불구하고 이스라엘 현지 언론을 아랍 지역에서 직접 구하여 보는 것은 쉽지 않다. 사전에 허가받지 않고는 불가능하다.

3) 이슬람스럽지 않은 이슬람 언론

"이슬람 국가이니 당연히 이슬람 종교 방송이 큰 비중을 차지하겠지요?", "방송에서는 언제나 꾸란 낭송이 흘러나오고, 이슬람 성직자의 설교가 계속 이어지겠지요?" 그러나 이에 대한 답은 '아니오'이다. 아랍 이슬람 지역 대부분의 나라는 이슬람을 국교로 하고 있다. 종교 국가인 셈이다. 그럼에도 그들의 언론은 우리의 기대에 어긋나게 '이슬람스럽지' 않다.

아랍 언론, 그 안을 들여다보자. 어떤 내용들이 신문과 잡지 지면과 방송을 채우고 있을까? 아랍 매체들도 한국과 다르지 않다. 종합지, 정치·경제·여성·컴퓨터 등을 다루는 전문지나 지역 이슈만을 다루는 특수지 등 다양하다. 그중 종합지(신문과 잡지)를 들여다보자. 오피니언, 뉴스, 정치, 경제, 사회, 문화, 스포츠, 연예 등 섹션별 뉴스, 인물 인터뷰,

포토스토리, 만평 등 우리와 전혀 다를 바가 없다. 뉴스는 국내 뉴스와 해외 뉴스로, 해외 뉴스는 다시 중동 지역 뉴스, 아프리카 뉴스, 아시아, 세계 등으로 지역을 구분하고 있다. 생활 뉴스는 공연, 패션, 미용, 예술, 문화, 건강, 여행, 도서 등 다양한 영역을 다루고 있다. 커버스토리는 국내, 해외 구분 없이 각 매체가 비중 있게 생각하는 것을 다룬다.

중동 미디어는 이슬람을 전파하기 위하여 만들어진 아주 극소수의 종교 매체를 빼면, 일반 미디어일 뿐이다. 이들 미디어 안에, 이슬람 섹션이 따로 잡혀 있지도 않다. 한국에서 일반 매체를 지향하는 한 매체가 별도로 종교란(기독교란)을 운영하는 것 같은 경우도 찾아보기 힘들다.

국영 방송 가운데 꾸란 방송이나 이슬람 방송 같은 전문 종교 방송이 존재한다. 그렇지만 종교 현안 보도의 비중은 낮기만 하다. 일반 국영 방송이나 언론 매체에서 차지하는 이슬람 관련 기사의 분량은 지극히 일반적이다. 각 나라별로 구체적인 상황을 하나하나 언급하는 것은 번거롭다. 전체 신문 방송에서 차지하는 이슬람 관련 비중은 작다. 평균 잡아 전체 방송 분량의 10% 안팎일 뿐이다. 다종교 국가인 한국에는 불교 신문이나 가톨릭 신문, 기독교계 신문 등 다양한 종교 신문 및 라디오와 위성 방송 등의 여러 종교 방송 매체가 있다. 이런 점을 감안하면 이 지역의 종교 매체 현실을 다소 의외로 받아들일 사람들이 적지 않을 것이다.

신문이나 잡지의 경우, 이슬람 전문 종교 매체는 거의 없다. 이곳 활자 매체에서 이슬람 관련 종교 뉴스가 차지하는 비중은 방송에 비해 더 떨어진다. 활자 매체에 등장하는 주요 여론 주도층 가운데도 이슬

_ 요르단에서 반이스라엘 시위에 대한 통제는 가장 엄격하다. 반이스라엘 시위대를 막고 있는 요르단 경찰. (요르단의 암만)

람 성직자의 비중은 생각보다 높지 않다. 방송 매체 가운데 설교 방송이나 기도 안내 방송이 차지하는 기본 비중이 있지만, 신문에는 기본으로 할당된 분량이 없다. 이슬람 세계의 각종 종교적 현안들이 자세히 다뤄지지도 않는다. 국내 뉴스나 지역 현안 이슈 가운데 이슬람이 차지하는 비중도 눈에 띄지 않는다. 또 새로운 현상으로는, 이슬람이 아닌 다른 소수 종교 관련 매체들이 생겨나고 있다는 것이다. 종종 일반 언론 매체에 실린 기독교 관련 특집 기사들이 눈길을 끈다.

이런 현실을 보여 주는 몇 가지 에피소드가 있다. 모로코, 요르단, 이집트 같은 일부 아랍 이슬람 국가에서 정부가 이슬람 사원의 기도 안내 방송을 통제하려는 정책을 펴고 있다. 이 지역을 찾는 외국인들에게 중구난방으로 울려 퍼지는 기도 안내 방송이 혼란스럽게 느껴질 수 있다는 이유이다.

한국은 국내 체류 외국인 200만 명 시대라는 다소 새로운 현실을 두고 고민에 빠졌다. 대다수의 걸프 아랍 국가에는 이미 내국인의 3-4배에 해당하는 외국인들이 넘쳐 나고 있다. 다른 아랍 국가들도 정도의 차이가 있지만 상주 인구의 10% 이상이 외국인으로 채워지고 있다. 겉으로는 여전히 이슬람 단일 문화로 오해받고 있지만, 다인종·다종교 사회로 변모하고 있다.

이슬람 이슈보다 일반 현안이 더 큰 이슈로 자리 잡고 있다. 탈레반, 알-카에다나 헤즈볼라 같은 이슬람 무장 단체나 무장 저항조직 관련 기사들도 종교적 관점에서가 아니라 테러와의 전쟁 이슈로 다뤄지고 있다. 팔레스타인의 파타와 하마스 간의 갈등도 정치 이슈로 다뤄지고 있다.

이러한 접근이 일반적이다. 아랍 이슬람 지역 신문이나 방송 매체의 이슬람 관련 비중이 크지 않은 것은 독자들의 관심사를 반영하는 것일 수 있다. 아랍 이슬람권 독자들(국민들)의 주요 관심사 가운데 맨 앞에 놓여 있는 것은 종교 이슈가 아니다. 이슬람 국가의 존립 목적도 이슬람의 확산이나 국민들의 이슬람화가 우선순위가 아님을 보여 준다. 21세기를 사는 아랍 이슬람권의 대다수 무슬림의 관심사는 우리와 다르지 않다. 이들의 주요 관심사가 아닌 이슬람 종교 이슈가 우리에게는 이 지역을 바라보는 주요한 '창'이 되고 있는 것은 엉뚱하다.

2. 이라크 스캔들

한국 언론의 이라크 관련 보도는 선정적이었다. 나는 이것을 스캔들이라 부르고 싶다. 야사를 다루는 듯한 진지하지 않은 보도에, 외신 베끼기가 여실히 드러난 보도였기 때문이다. 이와 관련한 나의 비평을 대신하여, 내 글과 기사에 얽힌 몇몇 매체의 기사와 글을 옮겨 본다.

1) 『사담 후세인』 서평*

"왜 이 시점에서 사담 후세인을 거론해야 하는가. 그 이유는 단순하다. 진실을 찾기 위해서 그렇다." 이 책은 이런 문구로 시작한다. 9월 12일 UN 총회에서 미국 대통령 조지 W. 부시는 이라크 사담 후세인을 '무법 정권'이라고 주장하며 그를 제거하기 위한 군사 행동을 촉구했다. 이런 시점에서 사담 후세인에 관한 진실을 찾는 것은 중요한 일이다. 이 책을 쓴 김동문 씨는 1990년 이집트에 발을 내디딘 뒤 많은 언론 매체에 중동 관련 글을 기고해 왔다. 현재 요르단 암만에 머물면서 〈한겨레21〉, 〈오마이뉴스〉 등에 글을 기고하며 중동 바로 알리기에 몰두하고 있다.

저자는 미국의 관점으로 사담 후세인을 바라보는 것을 거부한다. 저자가 보는 사담 후세인은 "바그다드판 박정희"다. 전 세계 수많은 독재자들과 견주어 사담 후세인은 더 악하지도, 덜 악하지도 않다는 것이다. 이 책은 먼저 사담 후세인의 파란만장한 인생을 소개한다. 홀어머니와 가난하게 살다가 외삼촌 밑에서 공부를 할 수 있게 된 일화나, 아랍 민족주의 정당인 바트당에 가입한 뒤 테러·암살 공작을 벌이며 입지를 넓혀나가고 결국 권력에 오르는 사담의 성장 스토리가 펼쳐진다. 그 뒤 저자는 해외 이라크 반체제 인사들이 주장하는 사담에 관한 잘못된 주장들, 이를테면 빈곤한 어린 시절 때문에 사악한 독재자가 되었다는 등의 주장

* 김동문, 『사담 후세인』, 시공사, 2002에 대한 서평. 월간 〈다함께〉 17호, 2002년 10월 1일 자 한상원의 글 전문 인용.

_사담 후세인 대통령의 다양한 초상. 이라크 전쟁 직후까지도 사담 후세인은 천의 얼굴을 가진 무소부재의 존재였다. (이라크의 바그다드)

에 대해 "가정 환경이나 성장 배경이 불우했다고 모두가 문제아가 되는 것은 아니다." 하고 반박했다.

저자가 말하는 이라크 정부의 인권 탄압은 심각하다. 남편은 아내를 죽여도 벌을 받지 않을 수 있다. 이라크의 평범한 사람들이 좀도둑질이나 매춘을 했다간 모두 사형을 당한다. 그러나 사담의 아들 우다이는 강간과 살인을 마음대로 저지르고도 벌을 받지 않았다. 또, 수십만 명의 쿠르드인들이 학살당했다. 미국은 이런 점을 두고 후세인을 비난하며 군사행동이 필요하다고 우긴다.

그러나 저자가 말한 대로 "사담 후세인이 '세계의 위험인물'로 부각되기 시작한 것은 걸프전을 전후해서다." 이전까지 미국은 사담을 후원하거나 묵과했다. 저자는 1980년대 이란·이라크 전쟁에서 미국은 이라크를 지원하면서 온갖 대량 살상 무기를 지원했다고 폭로했다. 사담이 이 무기들로 쿠르드인을 학살할 때 미국은 아무런 비난도 하지 않았다. 심지어 이라크가 쿠웨이트 침공 계획을 짰을 때 미국은 '개입하지 않겠다'고 이라크를 안심시켰다. 그러나 이라크가 쿠웨이트를 침공하자 바로 미국은 후세인을 비난하며 이듬해 이라크를 침공했다. 저자 말대로 "사담 후세인은 '악한'이 되기 전과 지금 동일한 존재일 뿐이다. 변한 것은 그 자신이 아니라 주변 환경과 미국의 태도였다." 미국은 이라크가 대량 살상무기를 많이 보유하고 있다고 비난한다. 저자는 이 주장에 크게 세 가지 구도로 접근했다. 첫째, 미국이 이라크에 무기를 지원했다. 둘째, 전 UN 무기사찰단장 스콧 리터의 말대로 지금 이라크가 대량 살상 무기 제조 기술을 보유하고 있지 않다고 봐야 한다. 셋째, 미국도 이라크에서 대량 살상 무기를 사용했다. 예를 들어 열화우라늄탄 3백 톤을 사용해 병사 43만 6천여 명이 방사능에 노출됐다. 이런 저자의 관점은 매우 올바르다.

저자는 미국의 경제 제재가 이라크 사회에 준 비극을 폭로했다. 미국은 이라크 상수도 시설을 고의로 파괴했다. 또, 생화학 무기 제조에 쓰일 것이라며 의약품 반입을 금지했다. 심지어 요르단 국민들이 보내 준 연필 3백2만 자루에 "핵 반응로에 전용될 수 있는 흑연이 들어 있다"는 이유로 이라크 반입을 방해했다. 참혹한 경제 제재 동안 매달 4천5백~6천명 가량의 어린이가 죽었다.

미국이 사담 후세인을 제거하면 그 뒤 어떤 인물이 권력을 쥘까? 저자는 가능성 있는 인물 리스트를 뽑아서 인물들의 됨됨이를 친절하게 알려준다. 그들 대부분은 이란·이라크 전쟁 당시 생화학 무기를 사용했고 쿠르드족 학살에도 관여한 자들이다. 저자는 그들을 일컬어 권력욕에 눈이 먼 '부바라기'(해바라기처럼 오로지 부시만 바라보고 있다는 뜻)라고 칭했다. 미국은 자신의 야욕 때문에 이런 자들에게 권력을 넘겨주려 한다.

이 책의 관점은 매우 올바르다. 또, 저자는 읽기 쉬운 문체로 친절하게 많은 정보를 제공한다. 따라서 이라크를 처음 접하는 사람이 읽기에 아주 좋다. 이라크 전쟁이 임박한 지금 이 책은 반전운동 건설에 많은 도움을 줄 것이다.

2) 김선일 피랍 시점 논란*

• "김선일씨 5월 31일에 피랍됐었다"
 중동 전문가 김동문씨, 지난 21일 본지 인터뷰서 밝혀

이라크 무장조직에 의해 결국 죽임을 당한 김선일씨의 실제 피랍 시점을 놓고 의문이 제기되고 있다.

중동문제 저널리스트인 김동문(43 · 요르단 암만 거주)씨는 김선일씨 사건이 알자지라 방송을 통해 알려졌던 지난 21일 밤(한국시간) 미디어오늘과의 전화 통화에서 "이 사건과 관계가 있는 현지 한인과 이라크인들로부터 김선일씨가 납치된 것은 (국내에 알려진) 이달 17일이 아니라 지난달 31일이라는 점을 확인했다"고 밝혔다.

"김선일씨 안전보장 때까지 보도 자제" 부탁

김씨는 "단순히 전언 수준이 아니라, 여러 취재원을 통해 확보한 믿을 수 있는 정보"라며 이를 22일 오후에도 거듭 확인했다.

그러나 김씨는 "하지만 지금은 김선일씨의 생사가 걸려있는 상황인 만

* 이수강 기자, 〈미디어 오늘〉 2003.06.23.

큼 안전이 보장될 때까지는 보도를 자제해달라"고 간곡히 요청했고, 이에 따라 미디어오늘은 이 부분을 기사화하지 않았다.

김씨는 개인적으로 대학 선후배 관계(한국외대 아랍어과)이자 지난해 여름과 올해 2월 바그다드에서 만남을 가지기도 했던 김선일씨의 무사 송환에 최우선적인 관심을 두면서 "현재 상황에서 피랍 시점 논란이 자칫 송환 협상에 지장을 줄 수 있고 여론에도 어떠한 영향을 미칠지 모른다"며 우려했다.

"납치 뒤 2주간 '정치적 요구' 없어"

김씨는 21일 밤 전화 인터뷰에서 "현재 시점에서 단정적으로 말할 수는 없다"는 점을 전제로 납치 조직이 '전형적인 반미 무장단체'와 거리가 있어 보인다는 주장을 제기한 바 있다. 김씨는 당시 주장의 근거로 △이라크의 무장 조직에 정통한 요르단 정보기관도 이 단체의 이름을 생소해 하고 있는 점 △비디오 속 조직원의 모습이 어설프고 비디오 제작 과정과 정보 추출 능력의 수준이 낮은 것으로 유추되는 점 등을 꼽으면서 "이러한 이유들 이외에 다른 이유도 있다"고 말했다.

김씨가 당시 '다른 이유'로 꼽은 것은 "김선일씨가 지난달 31일 납치돼 2주 이상의 시간이 흘렀는데, 그 동안 '정치적 요구'를 해오지 않았다"는 점이었다. 그러다가 상당한 시간이 지난 시점에서 어떠한 이유에서인지 납치 조직이 대외 공개를 선택했고 이때 한국군 파병 철회 등을 요구했다는 것이다. 김씨는 이러한 점이 △이 조직이 전형적인 반미 무장단체가 아닐 수 있고 △매우 위험한 상황이지만 협상의 여지는 있다는 점을 강력하게 시사한다고 분석했다.

납치-공개 시점 차이 '미스테리'… 한·미 정부 공조체제 등 파장 예상

만약 김선일씨가 5월 31일 납치됐다는 말이 사실로 드러난다면, 미군과 한국 정부는 납치 사실을 언제 파악했으며 그동안 어떠한 대처를 했는지를 놓고 큰 파장이 예상된다. 또한 △알자지라 방송 이전에 물밑 교섭은 어떠한 내용으로 이뤄졌는지 △납치 조직의 애초 요구 사항은 무엇이었으며 협상 도중에 김선일씨를 살해한 배경은 무엇인지 등도 규명돼야 할 부분이다.

김동문씨는 중동 지역에서 10여년간 중동 문제 연구와 취재 활동을 해온 프리랜스 저널리스트로서, 99년 1월부터 요르단 암만에 거주해 왔다. 요르단은 지난해 이라크에 들어간 한국인 1100명 중 900명이 거쳐 간 곳으로 이라크 관련 정보가 많으며, 김씨는 미국의 이라크 침공 이후에만 바그다드에 일곱 번 다녀왔을 정도로 이라크 현지 사정에 밝다.

3) 이라크 전쟁과 아랍권 방송

이라크 전쟁은 아랍권 방송의 도약을 이루게 했다. 속도·균형 측면에서 서방 언론에 완승했다. 이라크 전쟁 프레스센터가 된 바그다드의 팔레스타인 호텔에 자리한 각국 외신들의 모습이 떠오른다. 물과 전기 부족, 숙소난으로 일부 취재진은 호텔 마당에 천막을 치고 머물며 난민 같은 생활을 해야만 했다. 화장실 변기는 막혀 냄새가 나고, 고층에 머무는 취재진은 어두운 비상구 계단을 따라 오르내려야만 했다. 이곳은 취재 전쟁터였다.

2003년 3월의 어느 날 아침 이라크 전쟁이 터지자 시도 때도 없이 전화벨이 울렸다. "아니, 바그다드가 함락되었다고요? 잠시만요. 알-

자지라 좀 보고요…. 어, 여전히 바그다드는 나름대로의 일상이 유지되고 있는데요….”

사실이 그랬다. CNN이 ‘이렇게’ 보도했다 싶으면 알-자지라는 ‘저렇게’ 보도했다. 이라크 전쟁은 여러 면에서 새로운 전쟁터였고 충격의 연속이었다. 아랍인들의 표현에 따르면 충격적으로 바그다드가 무너지고 허망하게 전쟁이 끝나 버린 느낌을 지울 수 없었다. 최악의 인명피해가 예상되었으나, 불행 중 다행으로, 그런 대로 최소한의 희생으로 전쟁이 끝나 버린 것도 또 다른 충격으로 받아들여졌다.

특별히 지난 이라크 전쟁 과정에서 눈에 띄는 것은 취재 전쟁에서 아랍 언론이 완승했다는 점이다. 물론 시각의 차이에 따라 전혀 다른 평가가 있을 수 있다. 최소한 CNN 독주로 시작되고 끝이 난 1991년 걸프전과는 전혀 다른 양상을 보였다.

무제한적인 현장 접근 보도의 강점을 누렸다. 요르단을 비롯한 이라크 주변국들의 전쟁 보도의 내용도 나라별, 매체별 특성을 따라 다양하기만 했지만 서구 언론을 무작정 복제하는 복사판이 되지 않으려 노력하는 모습들이 두드러졌다. 알-자지라를 비롯하여 알-아부다비나 알-아라비야 같은 아랍 방송들의 도약은 두드러진 것이다. 특히 알-자지라 방송의 활약은 이미 지난 아프가니스탄 전쟁을 통해 예고된 것이었다. 이라크 전쟁을 앞두고 이라크전 보도 전쟁의 관심사는 미국 CNN방송, FOX 뉴스와 카타르의 위성 방송 알-자지라의 치열한 선두다툼이었다.

CNN이 걸프전을 통해 미디어 세계의 왕자로 떠올랐다면, 알-자지라는 아프간 전쟁을 통해 새로운 강자로 등장해 CNN의 아성을 뒤흔

_ 명분 없는 전쟁에서 사담 후세인이 밀려났다. 미군이 이라크에 주둔했다. 이라크인의 일상도 변했다. (이라크의 바그다드)

들었다. 탈레반 정권의 지원과 오사마 빈 라덴의 협조(?)를 바탕으로, 카불에 단독으로 방송 송출을 하게 되면서 일약 강자로 떠올랐다. 이라크 전쟁을 앞두고 세간의 관심은 CNN의 수성이냐 알자지라의 공략이냐에 관심이 쏠리기도 했다. 언론 지존을 가리는 싸움의 결과는 압도적인 알-자지라의 우세승이었다.

CNN이나 BBC 방송 등이 취재 제한을 받거나 금지된 상태였던 반면 알-자지라 방송이나 알-아부다비 방송 등의 거의 무제한적인 현장 접근 보도는 단연 두드러졌다. 미국 정부와 미군을 따라가는 취재에서는 당연히 CNN이 우위를 차지했다. 그렇지만 바그다드발 뉴스에서는 알-자지라의 압승이었다.

3000만 달러에 이라크 전쟁 특별 취재진 250여 명이라는 막대한 물량과 미군의 적극적인 지원에 힘입은 CNN은 '걸프전의 영광이여 다시 한 번'을 외쳤지만 강자 미국과 서방의 시각을 대변하는 정도였다. 그러나 알-자지라는 미군의 바그다드 공습 과정을 현장 중계하면서 압도한 개전 보도에서부터 바그다드 함락에 이르기까지 빠르고 정확한 뉴스 보도, 나름대로 사실에 입각한 균형 잡힌 보도를 보여 주었다.

전쟁 게임을 보여 주는 듯한 미군의 압도적인 군사력과 전략에 중점을 둔 CNN은 피해자 입장에 서서 피해 상황을 세밀하게 보도한 알-자지라와는 극명하게 차이를 보였다. 알-자지라는 반전과 반미라는 기조를 유지하였다. CNN과 알-자지라는 미국과 이라크 간 대리전의 양상을 보이기도 했다. CNN 등이 미군 측의 보도 자료를 중심으로 뉴스 전달에 힘썼다면 알-자지라는 현장에서 이라크 공보부의 정보에 더 무게를 두는 분위기로 발로 뛰면서 뉴스를 전달했다.

이라크 전쟁을 취재하면서 서울에서 종종 당황스러운 전화가 걸려오곤 했다. 움 카스르가 함락되었다, 바스라가 함락되었다 …. 바그다드가 이미 함락되었다는 식의 뉴스 보도를 현장이 아닌 서울을 통해 전달받는 경우였다. 사실을 확인해 보면 여전히 바그다드는 일상 속에 있었고, 영국군의 수중에 금세 들어갔다던 움 카스르와 바스라도 여전히 이라크인들의 땅이었을 뿐이었다.

추측 보도 난무한 CNN의 특성이 두드러졌다. 그들에 따르면 개전 초기 후세인은 이미 죽었다. "미군의 정밀 폭격으로 후세인 사망…." 이런 식이었다. CNN 등은 지난 걸프전 당시에도 비슷하게 후세인이 미군의 정확한 공격으로 사망했을 가능성을 강력하게 제기했다. '죽지 않았으면 말고' 하면서 최소한 중상을 입었을 가능성이 보도되었다. 그러나 알-자지라 등은 그가 살아 있음을 강하게 주장했다. 그로부터 한참 후에 사담 후세인은 돌연 바그다드의 알-만수르 거리에 등장했다.

_ 무너진 사담 후세인 동상. 이라크 곳곳은 다양한 형상을 가진 사담 후세인 동상이 가득했다. (이라크의 바그다드)

후세인 사망 가능성 추측 보도가 난무하던 그 얼마 뒤 이라크의 따릭 아지즈 부수상이 망명했다는 보도가 전해졌다. 그러더니 최소한 부상을 입었다고 보도되었다. 그러나 이 보도가 낭설이었음이 드러난 것은 그리 오랜 시간이 지나지 않아서였다. 그러고 나서 얼마 뒤 바스라 함락 임박이라는 뉴스가 떴다. 그러나 바스라는 여전히 이라크군의 수중에 있었다. 알-자지라 방송은, 연합군이 바스라를 점령했다는 서방 측 보도 직후 바스라의 방위군 사령관 인터뷰는 물론 평상시와 다름없이 생활하는 바스라 시민들의 일상을 보도했다. 쿠웨이트에서 종군 취재하던 한국 언론인 일부가 이같은 보도를 그대로 믿고 바스라에 들어갔다가 이라크군에 잡혀 우여곡절을 겪고 탈출했던 해프닝이 있었다.

2003년 3월 25일 서방 언론들은 바스라 지역에서 후세인에 저항하는 민중봉기가 일어났다고 확정적으로 보도했다. 그러나 반후세인 봉기는 일어나지 않았다. 콜린 파월조차 이 같은 보도를 부인하기에 이르렀다. 개전 이후부터 미국과 영국은 매일 같이 이라크를 점령하고 승리를 쟁취한 것같이 보도했다. 미영 연합군이 바그다드 중심부의 라쉬드 호텔 등을 점령했다는 보도가 있자 알-자지라는 라쉬드 호텔 주변에는 미군 그림자 하나 없다며, 이 같은 보도를 정면 반박했다. 관련 화면에 등장한 장소도 바그다드가 아닌 바그다드에서 35킬로미터나 떨어진 아부 구립이라고 정정했다.

같은 해 4월 1일 미영 연합군이 이라크 남부의 전투에서 이라크군 고위 장성을 포로로 잡았다고 보도했다. 이 장성의 신분을 정확하게 밝히지 않은 채 미군 당국의 보도 자료에 근거한 보도였다. 그러자 나중에 알-자지라 방송이 영국군이 포로로 잡았다고 주장하는 이라크 장성 왈리드 하미드 타우피크와의 인터뷰를 내보내자 잠잠해졌다. 한 미국의 고위급 인사가 이라크의 최고위층이 연합군에 항복했다고 주장하자 알-자지라는 몇 시간 후 자신의 투항을 부인하는 그 장본인을 출현시켰다. CNN이나 BBC의 이 같은 보도는 오보이거나 미군이 전개한 계획적인 심리전 무대를 서방 언론이 제공한 것으로 보인다.

아랍 방송의 경쟁자는 서방 언론이 아니었다. 목표는 아랍 방송 내에서의 경쟁 우위를 차지하는 것이었다. 이라크 전쟁을 통해 앗-사하프 이라크 공보부 장관이 떴다. 그런데 묘한 장면이 있었다. 날마다 브리핑을 하던 그 앞에 펼쳐져 있던 수많은 언론사의 방송용 마이크 중에 서방 언론이 거의 보이지 않고 아랍 언론 일색이었다는 점이다. 어떤 면에서 아랍 언론들이 심정적으로 CNN이나 BBC를 견제하고 있는 것 같은 인상이 드는 대목이었다. 이라크 정부까지 나서서 아랍 언론을 돕는 것이 아닌가 싶을 정도로 보도 현장에서 아랍 언론은 날개를 달고 다녔다. 알-아부다비 방송과 알-자지라는 특히 자유로이 이라크 곳곳을 누비고 다녔다. BBC 방송에서 리포터의 배경 화면이 고정된 것이었다면, 알-자지라 등은 시내나 거리 곳곳을 배경으로 자유로이 생방송으로 보도의 자유를 누렸다.

알-자지라 외에 다른 아랍권 언론들의 보도 방식도 어느 때보다 돋보이고 주목을 끌기에 부족하지 않았다. 요르단 공보부의 에이사는 "공정 보도 측면에서는 알-아부다비 채널이 훨씬 낫다. 알-자지라는 황색 저널리즘의 성향을 띠었다"고 비판하기도 한다.

어쨌든 아랍 언론들은 이번 전쟁 보도를 겪으면서 화면이 보다 세련되어졌다. 그러나 주목할 것은 대다수 언론의 목표는 CNN이나 BBC 공략이 아니라 여타 아랍 방송과의 경쟁에서 우위를 점하는 것일 뿐이라는 점이다. 이라크 전쟁이 막바지에 이르면서 다시금 뉴스 화면에는 팔레스타인 점령 지역의 인티파다(반이스라엘 저항운동) 관련 뉴스가 등장하고, 가려졌던 지역 뉴스들이 등장하고 있다.

이런 면에서 아랍 언론도 한국 언론과 다르지 않았다. 오보와 선전전이 난무한 것이 전쟁터이다. 그러기에 전쟁 마당에는 진실을 찾는 또 다른 전쟁을 치러야만 한다. 인터넷이 없었다면 '알-자지라'나 '알-아부다비', '알-아라비야' 같은 방송들이 진실에 접근하는 것은 사실상 불가능했을 것이다.

3장

이스라엘과 팔레스타인, 분쟁과 평화

이스라엘과 팔레스타인 사이의 다양한 형태와 수준의 갈등과 반복은 계속된다. 아울러 팔레스타인 자치 정부 안에서의 하마스와 파타 진영 사이의 주도권 다툼이나 갈등도 상존한다.
최근 들어 팔레스타인의 저항운동인 인티파다가 진행 중이기도 하다.

1. 이스라엘과 팔레스타인의 분쟁 현장

지금도 이스라엘과 팔레스타인 사이의 긴장과 갈등의 현장에는 희생자가 이어지고 있다.

2016년 3월 24일에는, 팔레스타인의 자치 도시 헤브론에서 통제 업무를 수행하던 이스라엘 군인을 팔레스타인 청년이 돌연 칼로 공격하자 옆에 있던 병사들이 청년에게 응사했다. 그러나 사건은 그 직후에 다시 일어났다. 이미 부상당해 땅바닥에 쓰러져 있는 팔레스타인 청년을 이스라엘 군인이 머리에 총을 쏴 사살하는 사건이 벌어졌다. 이 병사를 옹호하는 목소리와 비판하는 목소리가 논쟁하고 있다. 이 사건으로 이스라엘군 엘로 아자리아(Elor Azaria)가 과실치사 혐의로 기소되었다.

1) 그들의 투사와 우리의 테러리스트

하나의 사건이나 행동에도, 저마다의 가치나 입장에 따라 상반된 평가가 있을 수 있다. 정치권이나 일반 사회에서도 그런 가치관에 따른 평가의 충돌이 빚어지곤 한다. 일본 제국주의의 침략과 지배를 당하던 시절도 예외는 아니었다. 일제에 저항하는 행동이, 일제 입장에서는 사회불안을 야기하는 불순한 행동이었을 뿐이다. 1960-1980년대 한국의 독재 정권 시대에, 반독재활동이 반체제 또는 반사회적 범죄행위 등으로 묘사되기도 했다.

중동 지역에서 벌어지는 다양한 유형의 유혈충돌을 바라보는 시선과 평가도 다양할 수밖에 없다. 한때는 이슬람 저항조직을 테러리스트로, 기독교 저항조직을 민병대로 표기하던 때도 있었다. 레바논 내전(1975-1990년)을 보도하던 한국 언론들이 그랬다.

2015년 10월 이후 이스라엘과 팔레스타인 사이의 유혈충돌이 이어지고 있다. 이를 두고 일부에서는 '인티파다'가 진행 중이라고 말하기도 한다. 팔레스타인 주민들에 대한 이스라엘 군경의 과도한 무력진압과 유대인들에 대한 팔레스타인인들의 공격도 이어지고 있다. 여기서 언론 매체에는 저마다의 '테러'와 '무장 공격' 또는 '습격'에 얽힌 정치적 입장이 반영된다.

유대인에 대한 팔레스타인인들의 무장 공격은 테러인가? 때로는 돌을 던지거나 과도 같은 흉기를 사용하기도 하는 이 가해자들은 테러리스트인가? 언론 매체는 저마다 이 두 가지 용어를 혼용하고 있다. 이스

_ 시위 현장에는 카메라를 의식한 일종의 퍼포먼스가 등장한다. 그중 어린아이를 앞세운 선전전은 일상적이다. (요르단의 암만)

라엘의 보수언론은 자연스럽게 테러리스트, 테러 공격이라고 적고 있고, 〈하-아레츠〉 같은 중도 매체는 무장 공격 또는 공격자 정도로 적고 있다. 일반 외신은 물론 한국 언론도 마찬가지이다. 그럼에도, 많은 매체들은 팔레스타인인들에 대한 유대인 정착민들과 극우적 성향을 지닌 유대인들의 총기 사용과 구타 등의 과도한 폭력 사용을 테러로 규정하거나, 이들을 테러리스트로 표기하지 않고 있다.

때때로 팔레스타인의 주요 정파인 하마스나 레바논의 주요 정파인 헤즈볼라 인정 문제를 둘러싼 아랍과 미국, 그리고 유럽의 이견 등이 쟁점으로 등장한다. 그중 하마스의 인정 문제를 둘러싼 논란의 이면을 짚어 보자. 하마스 이슈는 우리 언론의 아랍 보도 속내를 알 수 있는 단초가 된다. 하마스는 테러조직인가, 아니면 합법적인 저항조직인가. 미국과 아랍 국가, 유럽 각국에서 하마스가 집권한 팔레스타인을 두고 증폭되는 이견 차이의 한복판에 자리한 화두가 '테러'와 '저항'일 것이다.

테러와 저항, 투사와 테러리스트는 상관관계에 있는 개념들이다. 이에 대한 아랍 민심과 아랍 언론들은 어떤 시각을 가지고 있을까. 여전히 아랍 현지 언론들의 1면에는 이스라엘 점령 지구 팔레스타인과 이라크에서 전해 오는 유혈충돌 사건들이 자리하곤 한다. 그 관련 기사들을 읽으면서 발견하는 공통점이 있다. 그것은 아랍 언론이 즐겨 사용하는 어휘에서 풍겨 나는 이른바 '색깔'이다. 이 색깔은 미국이나 서방 언론에서 사용하는 어휘와 다른 색깔인 경우가 많다. 가장 큰 특징이라면 테러리스트라는 용어 사용에 있어서의 분명한 차이이다.

모든 아랍 언론은 아니지만, 대부분의 아랍 언론은 테러리스트라는 용어를 거의 사용하지 않는다. 아랍 언론이 즐겨 사용하는 표현이 있다면 그것은 투사라는 개념을 가진 '무까틸'과 투쟁과 저항이라는 의미의 '무까와마'이다. 팔레스타인 무장조직원이나 이스라엘 무장조직원들을 가리킬 때도 이 단어를 즐겨 사용한다. '무까틸'은 전사, 투사나 활동가 이상의 의미를 지니고 있다. 언론에서는, 하마스는 물론이고 레바논의 헤즈볼라에 대해서도 이런 용어로 표현하고 있다. 대개의 경우 테러리스트를 일컫는 '이르하비'라는 용어를 사용하지 않고 있다. 알-카에다조차 '이르하비'보다 '무까틸'로 표현하는 경우를 종종 본다. 아울러 이라크 주둔 미군이나 다국적군은 물론 팔레스타인 지역의 이스라엘군도 점령군으로 표기한다. 이런 표기에는 언론마다 별다른 차이가 없다.

아랍 언론의 이런 용어 사용은 사실상 아랍 민심을 반영하는 것이다. 지역 언론이나 민심은 테러와 투쟁 사이에 어떤 명확한 기준을 갖고 있을까. 간단명료하게 이 개념을 정리할 수는 없다. 보편적으로 아랍 언론과 민심이 받아들이고 있는 것은, 불법적인 무력에 저항하는 무장 저항

_ 정통파 유대인 밀집 지역 앞에서 날품팔이 기회를 기다리는 아랍계 이스라엘인들. (이스라엘의 예루살렘)

은 투쟁이라는 생각이다. 이들의 시각에 따르면 자신들의 땅을 불법으로 강점한 이스라엘과 미국을 대상으로 하는 투쟁은 테러가 아니라 합법적인 저항이라는 생각이다. 팔레스타인 무장조직이나 헤즈볼라는 이런 시각에서 보면 합법적인 무장 저항조직으로 받아들여진다.

물론 현지 언론이나 민심 사이에도 이견은 존재한다. 제일 이견 차이가 큰 경우가 알-카에다에 대한 인식이다. 알-카에다는 테러조직인가 아니면 합법적 저항조직인가. 많은 경우 하마스나 헤즈볼라와는 차별을 두면서 테러조직으로 평가한다. 그러나 알-카에다를 지칭하는 경우조차 조금은 중립적이고 모호한 용어로 에둘러 표현하는 경우가 많다. '알-카에다 조직'이라는 표현이 가장 흔한 용어이다.

2) 제3차 인티파다?

이스라엘과 팔레스타인 사이에 이어지고 있는 유혈충돌을 두고 언론은 외로운 늑대, 파리 대왕, 스마트폰 인티파다 등 다양한 언어로 묘사하고 있다. 지난 2015년 10월 14일 한국 언론에 아래와 같은 비슷한 듯 다른 기사(기사의 본문)가 떴다. "SNS 보며 분노 키우는 팔레스타인인들, 앞선 인티파다 때완 달라"(〈한국일보〉), "이스라엘-팔레스타인, 끝나지 않는 '피의 보복'"(〈한겨레〉 신문), "팔레스타인 저항과 비극의 상징 '오슬로 세대'"(〈경향신문〉), "SNS 타고 이-팔 충돌 격화 … 아랍의 봄 때와 유사"(〈연합뉴스〉) 등이다.

아마도 한국 기사에 영향을 준 것은, 2015년 10월 13일 자 〈뉴욕 타임스〉(NYT) 온라인 기사("Leaderless Palestinian Youth, Inspired by Social Media, Drive Rise in Violence in Israel")였던 것으로 보인다. 이 기사는 아랍계 기자인 라미 낫잘(Rami Nazzal)이 작성한 것이다. 이 기사는 〈뉴욕 타임스〉 지면에는 14일 자로 실렸다. 한국 언론은 〈뉴욕 타임스〉 기사의 이런 저런 내용을 인용하거나, 거기서 얻은 것으로 보이는 아이디어를 기사에 사용하고 있다.

> "지금 우리가 보는 것은 발만 가진 뇌 없는 문어 같은 것이다. 정교할 필요가 없다. 15살짜리 소년들이 집 안의 칼을 들고 나와서 달려들고 있다. 그게 전부이다." 이스라엘 텔아비브의 국가안보연구소 연구원 오리트 페를로프는 최근 팔레스타인 폭력 투쟁을 〈뉴욕 타임스〉에 이렇게 한마디로 정의했다. (〈한겨레〉 신문)
>
> "손발은 많지만 두뇌는 없는 문어와 같다. 15살짜리 아이들이 칼만 있으면 공격에 나서고 있다." 텔아비브 국가안보연구소(INSS)의 아랍 소셜미디어 전문가 오리트 페를로프는 최근 이스라엘에 맞선 팔레스타인의 저항을 이렇게 설명했다. (〈경향신문〉)

_ 이스라엘 규탄 시위에 참여하고 있는 요르단 여학생들. 시위 현장에는 전통 복장을 한 여성들의 참여가 두드러진다. (요르단의 암만)

이스라엘 국가안보연구소의 오릿 퍼로브 연구원도 "이스라엘과 팔레스타인 양국 정부가 최근 몇 달 동안 온라인 선동가들 수백명을 체포했지만 그리 효과를 보고 있지는 않다"며 "온라인 사이트 자체를 폐쇄할 수 없는 데다, 폐쇄한다 하더라도 곧장 다시 신설되기 때문"이라고 지적했다. (〈한국일보〉)

텔아비브의 국가안보연구소(INSS)의 아랍 소셜미디어 전문가 오리트 페를로프는 NYT에 "발은 많지만 머리는 없는 문어와 같은 상태"라면서 "정교한 무기도 필요없다. 15살 정도된 소년들이 칼만 있으면 (공격에) 나서려는 식"이라고 말했다. (〈연합뉴스〉)

이 세 신문과 한 통신사 기사의 참고 자료인 〈뉴욕 타임스〉 기사 원문의 일부는 아래와 같다.

"What we see now is like an octopus with many hands but no

brain," said Orit Perlov, an expert on Arab social media at the Institute for National Security Studies in Tel Aviv. "You don't need something sophisticated. We're talking about 15-year-old boys. You just write the word 'it'an,' stab in Arabic, and then whoever has a knife in his house and wants to go, that's it."

〈경향신문〉 기사는 위의 출처를 밝히지 않았다. 〈경향신문〉과 〈한겨레〉 신문, 〈한국일보〉에는 모두 〈뉴욕 타임스〉 기사 원문과 비슷한 듯, 다른 느낌이 담겨 있다. 취재원(인터뷰이)으로 나오는 오릿 페를로프(Orit Perlov)에 대한 표기나 그의 말 인용이 달랐다. "복잡한 것이 필요하지 않다"는 언급이 두 매체에서 아주 조금씩 다른 느낌으로 옮겨졌다.

동시에 이들 매체는 다른 매체에 대해서도 적절하게 출처를 밝히고, 인용하거나 다듬어서 기사를 이어 갔다.

팔레스타인 중도좌파 정치인 무스타파 바르구티는 미들이스트아이에 "이들이야말로 빈곤과 실업에 고통받으며 어떤 기회도 가져보지 못한 세대"라고 말했다. 이스라엘과 팔레스타인의 '평화공존'을 기대했던 오슬로 협정은 이미 사문화됐다. 이스라엘은 20여년간 팔레스타인 땅에 점령지를 넓혔고, 점령된 땅의 젊은이들은 주권이 제약된 나라에서 영토를 빼앗기는 것을 보며 자라났다. 희망을 잃고 분노만 남은 '오슬로 세대'가 다시 저항에 나선 셈이다. (〈경향신문〉)

이 기사의 인용 출처는 영문판 온라인 매체이다. 2014년 2월 영국에 근거를 두고 있는 〈미들이스트아이〉(Middle East Eye: MEE, http://www.middleeasteye.net)에서 관련 기사를 찾아보면, 이 신문 기사에서 인용한 팔레스타인 무소속 의회의원인 무스타파 바르구티(Mustafa Barghouti)의 말이 보이지 않는다.

이렇듯, 국제 뉴스는 인용 또는 참고(?)한 외신의 출처가 불분명한 경우에서부터, 인용 출처나 취재원은 있지만 관련 내용이 아예 다르거나 비슷한 듯 다른 경우 등 여러 형태와 수준의 변형이 있다.

3) 외로운 섬에 갇힌 난민신세

가자 전쟁을 보도하면서 일부 한국 언론과 방송 매체의 경우 현장에서 보도하는 경우도 있었다. 알-자지라나 알-아라비야 같은 뉴스 전문 방송이나 BBC, 여타 주요 뉴스 전문 방송도 현장 보도를 한 것은 마찬가지였다. 서구 언론 매체들도 앞다투어 현장 보도나 자체 제작한 기사와 화면으로 보도를 했다. 그런데 전쟁 현장에 인접한 아랍 국가 언론들은 현장 보도가 아닌 외신 인용 보도를 주로 했다. 요르단이나 이집트도 예외가 아니었다.

신문의 경우 가자 전쟁 관련 보도를 하면서 외신 전재나 인용이 주를 이루었다. 사실은, 외신이지만 현지 아랍 언론인이 작성한 기사가 적지 않다. 외신 전재의 경우 취재진으로 아랍 기자의 이름이 적혀 있는 경우도 있지만, 단순히 외신 이름만 출처로 밝힌 경우가 더 많았다. 외신 인용으로 채운 것은 아랍 언론의 한계를 보여 주는 대목이다. 민감한 이슈를 다룰 때는 자신들의 이슈임에도 외신을 빌려서 간접적으로 속내를 드러내곤 한다. 또 아랍 언론들은 서안 지역에서 팔레스타

_ 364.3제곱킬로미터 면적에, 인구 185만이 사는 가자 지구는, 열린 감옥과도 같다. 이스라엘의 봉쇄 정책과 계속되는 이스라엘군의 군사 작전 등으로 생활고를 겪은 지 오래이다. (팔레스타인의 가자 지구)

인인들의 반이스라엘 항의 시위가 전혀 일어나지 않은 사실에도 무관심했다. 서안 지역의 이 같은 분위기는 팔레스타인 자치 정부의 통제에 따른 결과였다.

"가자 전쟁 피해자, 희생자 vs 순교자?" 가자 전쟁 관련 보도에서 가장 첨예한 대립을 보여 준 대목이다. 가자 전쟁 피해자를 순교자로 드러낸 알-자지라나 적지 않은 언론이 있었다. 그 반대편에서는 순교자(샤히드)는 알라와 직접 연관이 있는 희생자인데 가자 전쟁 피해자들을 순교자로 부르는 것은 반이슬람적인 발상이라고 비판을 하기도 했다.

알-자지라는 이들을 순교자로 표시했다. 반면 알-아라비야는 단순히 희생자로 적었다. 알-자지라에서는, 다른 아랍 방송 매체에서조차 이스라엘을 의식하여 사실을 보도하지 않았지만, 자신들만이 진실을 보도했다고 자평하고 있다. 뉴스 앵커 가운데 한 사람인 카디자 벤 구에나는 "그렇다면 가자 전쟁으로 죽은 팔레스타인인들을 뭐라고 부를 수 있는가?"라고 반문한다. 알-아라비야 방송을 두고 레바논의 헤즈볼

_ 이스라엘 정착민들은 때때로 팔레스타인 주거 지역을 강제 점령한다. 이들 주민 보호를 이유로 이스라엘군의 경계활동이 벌어진다. (팔레스타인의 헤브론)

라 지도자 쉐이크 하싼 나쓰르알라는 "알-아라비야 방송은 유대인 방송"이라고 폄하했다.

반면 알-아라비야 방송이나 아랍 언론 알-하야 등은 한 사람의 희생자를 순교자로 부르고 말고는 알라의 권위에 속한 것인데, 가자 전쟁으로 죽은 이들을 순교자로 일컫는 것은 무리가 있다고 말한다. 알-아라비야 관계자들은 "가자 전쟁 보도를 통해 이스라엘의 전쟁 범죄를 드러내는 것에 충분했다. 그 희생자들을 순교자로 부르냐 안 부르느냐는 중요한 것이 아니었다"는 입장이다. 알-자지라가 지나치게 뉴스를 선전활동의 도구로 이용했다고 비판한다.

2. 가자 전쟁과 인티파다

2014년 7월, 다시금 가자 지구가 전쟁터가 되었다. 제3차 가자 전쟁이 발발한 것이다. 가자 전쟁을 둘러싼 한국 언론의 보도 중 몇 가지 이슈를 돌아본다. 한국 언론은 중동 관련 보도에서 팩트 체크(사실 확인)에 얼마나 진지한지를 다시 묻게 된다.

1) "이스라엘이 백린탄을 사용하고 있다"는 주장은 거짓

2014년 여름, 수많은 무고한 죽음이 이어졌다. 이스라엘 점령지 가자 지구는 아픔의 현장이었다. 이 와중에 온라인상에는 여러 가지 주장들이 넘쳐 났다. 그 가운데는 맹목적인 지지 또는 반대, 옹호와 배제도 넘쳐 났다.

가자 전쟁에서 이스라엘군이 백린탄을 사용하였다는 주장이, 관련 사진과 더불어 온라인에 퍼졌다. 일부 공중파에서조차 이런 SNS상의 이야기를 토대로, 신문 보도와 방송을 내보내기도 하였다.

"이스라엘 가자 지구 백린탄 공습 영상—절대 안 꺼지고 뼈까지 태워" (〈아주경제〉 신문 2014.07.17.)

"170여명 사망 … 이스라엘 군, 악마의 무기 '백린탄' 사용" (SBS 라디오, 〈한수진의 SBS 전망대〉 2014.07.15.)

백린탄은, 탄 끝에 '인'을 묻힌 폭탄이다. 엄청나게 강한 독성을 가진 이 인이 사람 몸에 묻을 경우, 살이 타들어 가고 뼈가 녹는다. 잔악한 살상 무기이다. 그래서 국제법상 민간인에게 이 무기를 사용하는 것이 엄격하게 금지되어 있다.

정말 2014년 가자 전쟁에서, 이스라엘이 백린탄을 사용했을까? 이 주장은 사실이 아니었다. 온라인을 통해 사실 여부를 찾아보았다. SNS

_ '가자 전쟁 반대' '이스라엘 반대'를 외치는 목소리가 2014년 7월 서울 광화문에 울려 퍼졌다. (대한민국의 서울)

상에 유포된 사진 자료를 근거로 볼 때, 이스라엘이 백린탄을 사용하였다는 주장은 엄청난 왜곡이고 사실 무근이었다. 문제의 사진들은 최소한 2010년 사진과 그 이전의 사진 자료를 다시 활용한 것이었다. 출처도 불분명했다. 또한 당시 이스라엘군의 가자 공습과 관련하여 아랍 매체 어디에서도, 이스라엘이 백린탄을 사용했다는 보도가 없었다. 사실이 아니기 때문이다.

어디서부터 지난 가자 전쟁 상황과 무관한 사진 자료와 주장들이 생성되고 유포되었는지는 모른다. 일부에서는 이스라엘과 무력충돌 중인 하마스 측의, 반이스라엘 분위기를 퍼뜨리기 위한 언론 공작이라고 주장한다. 그런데 이 또한 근거 없는 악의적인 반박이 아닌가 싶다. 아마도 일부 네티즌들이, 온라인상에서 출처 또는 관련 글의 작성 시점 등에 대한 확인 없이 글을 퍼 나르면서 발생한 오해 또는 왜곡이었다. 사실 이스라엘 관계 당국에서도 가자 전쟁 이전부터 사이버 심리전을 비롯한 언론 공작도 진행한 것으로 알려진다. SNS 등을 활용한

_ 임의동행이 일상화된 이스라엘군의 상시적이고 강화된 경계활동은, 팔레스타인 주민들을 자극하곤 한다. (팔레스타인의 헤브론)

심리전은 적대적 상황에서는 당연하게 발생하는 일이다.

확인하지 않고 믿어 버린 정보를 다시 퍼 나르는 과정에, 관련 정보의 적절성이나 유통기한 같은(최초 작성 시점 같은) 것을 확인할 여유는 없을 것이다. 그래서 민감한 이슈를 다룰 때 주의를 기울여야 한다. 그렇지 않으면 우리는 본의 아니게, 괴담 또는 악성 유언비어, 악의적인 소문을 유포하는 일에 참여하게 되기 때문이다.

우리가 중동 관련 뉴스를 나름 객관적으로 보기 위해서는 약간의 수고가 필요하다. 내가 중동 뉴스를 작성하곤 했을 때, 사실 확인이나 객관화를 위해 참고하던 현지 매체들이 있다. 이스라엘의 중동 매체에 해당하는 〈하-아레츠〉(www.haaretz.com)나 보수 매체 〈The Jerusalem Post〉(www.jpost.com), 중동의 양대 뉴스 매체인 알-자지라(www.aljazeera.com)나 알-아라비야(www.alarabiya.net) 등이 기본이었다. 관련 국가의 보수, 진보 매체를 교차적으로 확인하면 팩트(사실) 확인에 도움을 받을 수 있다. 뉴스 보도에 저마다의 해석도 담기지만, 그 안에는 가공되기 전의 팩트에 접근할 수 있는 실마리가 담겨 있다. 실제 벌어진 일의 실체를 확인하는 수고 없이 곧장 해석으로 들어가는 것은, 아무리 선한 의도를 갖고 있다고 하여도, 왜곡 또는 맹목적인 반대나 옹호에 빠지게 할 수 있다.

2) 유대인 청소년 납치 피살 사건이 가자 전쟁의 원인?

2014년 7월의 3차 가자 전쟁의 피해도 컸다. 이스라엘은 공중 폭격을 통해 2,500여 곳에 폭격을 가했다. 하마스 측에서는 1,760여 발의 로켓포 공격을 가했다. 이스라엘군 당국의 발표에 따르면, 폭격 대상 가운데 하마스의 로켓 발사장 1,100여 곳이 포함되어 있다. 거의 5-6분마다 폭격이 이뤄진 것이다. 이 과정에 가자 지구에서만 435명의 사망자가 발생하고, 2,385여 명의 부상자가 발생했다. 이 가운데 112명의 어린이와 41명의 여인, 25명의 노인이 포함되어 있다고, 알-자지라 방송은 보도했다. 1,780여 가정이 완전히 파괴되었고, 9만 6400여 명의 이재민이 발생하였다.

유엔 측의 자료에 따르면, 2만 5000여 명의 가자 어린이들이 외상 후 스트레스 장애나 트라우마를 겪고 있다. 이스라엘 측에서는 20여 명의 군인과 2명의 민간인이 사망한 것으로 알려진다. 이는 이스라엘군의 오인 포격에 따른 2명의 사상자(〈하-아레츠〉 보도)도 포함한 수치이다. 이스라엘 측의 사상자가 늘고 있는 것은, 이스라엘군의 가자 지구 진입 작전이 시작되면서부터이다.

이스라엘의 가자 지구 공습의 이유는 무엇일까? 흔히 지난 2014년 6월 12일 납치 살해된, 에얄 이프라(Eyal Yifrah), 길라드 샤아르(Gilad

Shaar), 납탈리 프랑켈(Naftali Fraenkel) 등 3명의 유대인 청소년들의 살해 책임이 하마스에 있으니 그 피의 보복을 위해, 이스라엘 시민의 안전을 지키기 위해 가자를 공습하는 것이라고 말한다. 그런데 아직까지도 3인의 유대인 청소년을 납치한 책임이 하마스에 있다는 증거는 없다. 오히려 하마스 측에서는 이 사건과 자신들이 전혀 무관하다고 밝히고 있다. 통상적이라면, 하마스 같은 무장조직이 이런 일을 저질렀으면서도 드러내지 않았다는 점에서 이례적인 풍경이다.

더욱이 이스라엘 당국은, 납치된 이스라엘 청소년들이 피살되었을 가능성이 큼에도 불구하고, 생존 가능성이 큰 것처럼 분위기를 몰고 간 듯하다. 그러나 사실은 이와 달랐다. 이와 관련된 이스라엘 〈하-아레츠〉의 (2014년) 7월 3일 자 기사에서 그 실마리를 볼 수 있다. 납치된 길라드 샤아르가 긴급 라인으로 당국에 신고할 때 총소리가 들렸다는 것, 납치에 사용된 차에서 발견한 혈흔과 총알 자국 등은 살해된 증거임이 명백하였다고 보도하였다. 그런데도 이스라엘 정부 당국은, 이 같은 사실을 보도하지 못하도록 조치했다고 밝혔다. 이스라엘 국민들과 해외의 디아스포라 유대인들에게, 이들 피랍된 3명이 살아 있다는 거짓 희망을 줬다고 비판하였다.

여하튼 이스라엘 정부는 납치범 색출을 명분으로, 서안 지역 전역에서, 대규모 수색 작전을 전개하였다. 서안 지역에서 곳곳을 임의적으로 수색하고, 700명의 팔레스타인인을 연행하였다. 이 과정에서 충돌이 빚어지고, 팔레스타인인 5명이 피살되었다. 이후 6월 30일에는 납치되었던 3인의 유대인 청소년의 시신이 발견되었다. 이스라엘 당국이 수색 작전을 펼친 지 18일 만의 일이었다. 이후 이스라엘 정부의

_ 분리장벽을 넘어 날품팔이를 나서는 팔레스타인 주민들. 분리장벽은 어제까지의 이웃과 일상생활의 공간을 거대한 장벽으로 분리한다. (팔레스타인의 라말라)

보복이 시작되었다. 이스라엘군은 육상과 해상, 공중에서 가자 지구를 공격하였다. 34곳이 공습을 받은 것으로 알려졌다. 이 과정에서 가자 주민 4명이 사망하였다. 서안 지역에서도 4명의 팔레스타인인이 부상을 입었다.

이후 베냐민 네타냐후 이스라엘 총리는, 3명의 유대인 청소년 납치 살해와 관련한 어떤 증거도 제시하지 않으면서도, 그 사건이 가자 지구를 장악하고 있는 하마스의 소행이라고 주장하였다. 일부 매체에 하마스가 유대인 청소년 납치 살해 사건을 저질렀다고 밝힌 보도가 있었다. 그러나 하마스는 그런 주장을 한 적이 없었다. 이런 와중에 이스라엘군은, 이스라엘의 자위권을 위해 가자 지구에 대한 대규모 군사 작전을 계획하고 있었다. "우리는 더 이상 로켓 공격을 허용하지 않을 것임을 하마스에 강력하게 이야기하는 바이다." 네타냐후 총리의 공개적인 엄포였다.

이런 즈음에 두 개의 사건이 이어졌다. 전혀 다른 사건이었다. 지난

2014년 7월 2일, 동예루살렘에 살고 있는 무함마드 아부 크다이르가 피의 보복을 명분으로 한 6명의 극단적인 유대인에 의해 납치되어, 산 채로 불에 타 숨지는 사건이 벌어졌다. 이로 인해 팔레스타인 곳곳에서, 그리고 이스라엘의 아랍계 거주 지역 등지에서, 테러 사건을 규탄하는 시위가 번져 갔다. 무함마드 아부 크다이르의 사망 사건에 대하여, 일부에서는 가문의 명예를 훼손한 것으로 인한 명예 범죄이거나, 가문 간의 갈등으로 인해 팔레스타인인에 의해 피살되었을 것이라는 말이 돌기도 했다.

무함마드 아부 크다이르의 사망으로 인한 팔레스타인인의 시위와 이를 진압하는 과정에서 크고 작은 충돌이 이어졌다. 시위는 서안 지구, 가자 지구를 넘어 이스라엘 북부 등 이스라엘 전역으로 번져 갔다. 이스라엘 국적의 아랍계 이스라엘인 거주지에서 시위가 번져 가는 것은 이례적인 일이었다.

한편 같은 달 6일, 이스라엘 경찰 당국은 무함마드 아부 크다이르의 납치 살해 혐의로, 미성년자 3명을 포함한 6명의 유대인들이 체포하였다. 이들 가운데 3명이 범행을 시인하였다.

때마침 같은 달 7일, 가자 지구에서 이스라엘 지역으로 로켓포 공격이 벌어졌다. 가자 지구의 주도권을 갖고 있는 하마스는 가자 지구에서 이스라엘을 향해 로켓포를 쏘며 반발했다. 이스라엘 남부에 150기 이상의 로켓 공격을 한 것으로 알려졌다. 이에 대해 이스라엘군 당국은 가자 지구를 향해 70회 이상에 공습을 가했다. 이른바 2014년 7월 8일 시작된, 프로텍티브 에지 작전(히브리어 Mivtza' Tzuk Eitan, '견고한 절벽 작전')을 전개하였다.

_"팔레스타인에 해방을", "가자 전쟁 학살을 중단하라!" 팔레스타인 지지 시위를 벌이고 있는 아랍 무슬림 여성들. (대한민국의 서울)

그런데 여기서 이상한 사실이 드러났다. 유대인 청소년 3명의 납치 살해 및 서안 지구와 가자 지구에서 최근에 빚어진 이스라엘에 대한 공격 주체가 드러난 것이다. 최소한, 이런 일련의 사건들을 자신의 소행으로 밝힌 세력이 나타난 것이다. 이들은 사건 이후 세력을 확대하고 있는 이슬람 정부(ISIS)를 지지하는 팔레스타인 신흥 무장조직으로, 이슬람 정부 수립을 지지하는 표현으로서 이 같은 공격을 자행하였다고 밝히고 있다. 2012년 예루살렘에 기반을 두고 시작한, 이스라엘의 온라인 뉴스 매체인 〈더 타임스 오브 이스라엘〉이 보도한 내용이다.

여기서 다시 궁금한 지점으로 돌아온다. 이때까지의 일련의 사건은 우연이라고만 볼 수가 없다. 너무나 적절한 시기에 발생하고 있기 때문이다. 하마스의 소행이 아닐 수도 있었던 사건을 하마스의 소행으로 간주하고, 가자 지구에 대한 공습을 감행하고, 하마스를 자극하고, 하마스의 로켓 공격을 빌미로 가자 공습을 감행한 이스라엘 정부의 조치에는 의구심이 드는 대목들이 적지 않다. 어떤 의도를 갖고 있었던 것일까? 한국 언론은 연일 가자 전쟁 관련 보도를 내보내면서도, 이런 의혹에 관심을 갖지 않았다.

3) "팔레스타인 연합정부 구성에 정치적 목적 작용한 듯"

2014년 7월 8일, 이스라엘군이 '프로텍티브 에지 작전' 명목 아래 시작한 가자 지구 공습으로 발발된 전쟁은 2014년 7월이 3번째이다. '가자 전쟁'을 정당화하는 보도는 하마스를 적대적인 존재로 부각시키는 것으로 드러났다. "이스라엘, 하마스가 판 땅굴 32개 파괴", "이스라엘군, 2014년 가자 전쟁 이후 하마스 땅굴 첫 발견" 같은 기사들이다. 하마스가 이스라엘에 위협적인 존재라는 것을 부각하는, 이른바 반하마스 감정을 강화하는 것이다.

"하마스의 비열함 '땅굴테러와 인간방패'"(〈뉴데일리〉), "하마스, '위장공격', '인간방패' 전술로 대응 … 이스라엘 언론"(〈조선일보〉) …. 이런 식으로 한국 언론은 가자 전쟁 보도에 대하여 전쟁 범죄를 고발하지도 않고 이스라엘 정부의 보도 자료 등을 중심으로 일회성 보도를 했다. 가자 전쟁이 계속 이어지면서, 이스라엘의 전쟁 개시 명분이 거짓이라는 언론 보도가 늘어났다.

"북한, 하마스와 무기거래 협상 …"(〈중앙일보〉), "하마스, 이스라엘 공격 위해 북한 미사일 사들여"(〈국민일보〉), "하마스, 북한과 무기 거래 … 이스라엘 공격용"(〈연합뉴스〉) 같은 기사가 이어졌다. 가자 전쟁의 범죄 행위를 색깔론으로 희석하는 기사들이다.

도대체 계속되는 공습의 근본적 이유는 무엇인가? 이번 가자 지구 공습 같은 경우는 이스라엘의 정치적 이해관계가 많이 작용된 것으로

_"우리는 토라(모세오경)의 정신을 따라, 팔레스타인인의 해방과 자유를 지지한다." 팔레스타인인의 자유, 독립을 지지하는 정통파 유대인들도 있다. (이스라엘의 예루살렘)

보였다. 이스라엘 입장에서는 지금까지 팔레스타인을 강하게 통제하고 자신들이 원하는 쪽으로 조종을 해 왔었는데 최근에 큰 변수가 발생하였다. 어찌 보면 팔레스타인 내에서는 '하마스'라고 하는 조금 더 강경한 진영과 '파타'라고 하는 조금 더 타협적인 진영들이 서로 갈등 관계에 있으면서 이스라엘은 그 속에서 팔레스타인을 통제할 중요한 장치를 갖게 된 것이다. 2014년 들어오면서는 하마스와 파타 진영이 팔레스타인 연합정부를 구성하는 것에 합의를 했었고 6월에 연합정부가 구성되면서 2014년 말까지는 새롭게 선거를 통해서 정부를 구성하겠다고 했다.

또 다른 것은 2012년부터는 유엔에서, 완전한 독립 국가는 아니지만, 유엔의 회원국으로서의 국가에 준하는 지위를 팔레스타인이 보장받은 상태로 온전한 형태의 독립 국가로 나가는 과정 속에서, 하마스와 파타의 연합정부 구성 식으로 계속 흘러가다 보면 이스라엘 베냐민 네타냐후 정권 차원에서는 불편할 수밖에 없는 이슈가 생기는 상태였다.

그래서 그런 부분에서는 연합정부를 뒤흔들어야 할 여러 이유들이 필요했었다고 본다. 그런 와중에, 공교롭게도 2014년 6월 12일에 이스라엘 청소년 3명이 납치됐다가 그달 말인 30일에 시신으로 발견되는 사건이 발생되었다. 네타냐후 이스라엘 정부가 이것을 하마스의 소행이라고 강하게 몰아붙이면서 하마스가 주도하고 있는 가자 지구를 공습을 하게 됐다는 상황이었다.

이스라엘 베냐민 네타냐후 정권은, 팔레스타인의 강온파의 대립을 이용해서 일종의 분할외교 또는 분할대응을 해 왔는데 이제 그게 여의치 않게 된 데다가 공교롭게 청소년 3명 피살사건이 있으니 여러 가지를 묶어서 무차별 공격을 먼저 감행해 버린 것이었다.

그러나 이런 상황을 정치적으로 받아친 것은 하마스였다. 하마스는 가자 지구의 지배자이면서, 동시에 팔레스타인 전체 지역을 장악하고자 하는 정치 집단이다. 파타 진영의 야세르 아라파트가 이스라엘과의 협상으로 달려가고 있을 때도 하마스는 비타협 전선을 주장하면서 아라파트하고도 대립각을 세우고, 파타 진영과 하마스 진영 간에서도 유혈충돌과 무장충돌이 계속 진행되기도 했었다. 그러면서 2006년쯤부터는 가자 지구를 중심으로 해서 통치력을 확대했고, 그 지역의 선거를 통해서 합법적인 통치기구로서 기능을 해 오고 있다. 한쪽에서는 정치세력이면서 다른 쪽에서는 무장 저항조직으로써 대이스라엘 투쟁에 나섰던, 또 나서고 있는 조직이다.

가자 전쟁에선 가자 주민의 고통에 아랑곳없이, 이스라엘 베냐민 네타냐후 정권의 이해관계와 하마스, 팔레스타인 자치정부 마흐무드 압바스 정권 사이의 정치적 이해관계와 득실 계산이 계속되고 있는 듯하다.

2008년 12월 27일 발발한 1차 가자 전쟁이 22일간의 싸움 끝에 이듬해 1월 18일 형식상의 휴전에 들어섰다. 그동안 곳곳에서 벌어진 반이스라엘 규탄 시위나 전쟁 반대 항의 집회도 잦아들었다. 가자 지구에서의 취재활동이 허용되자 취재진들은 저마다 가자 전쟁의 참상을 주제로 다양한 화면과 사진 보도를 뽑아냈다.

닫는 글

내게는 여전한 아쉬움이 있다. 이슬람에 관한 이야기들 가운데 탁상공론, 정답풀이 같은 느낌의 대화들이 여전히 학계에, 일상에 넘쳐 나는 것만 같기 때문이다. 여전히 우리들은 이슬람 지역을 '종교' 이슬람의 시선에 고정시키고 있다. 그러나 이 현장에 살고 있는 이들은 종교가 아닌 '삶'을 살고 있다. 적지 않은 간극이 보인다. 그러나 이슬람 바로 알기 게임은 그 간극에 별다른 관심을 보이지 않는다. 우리의 고정된 시각 덕분이다.

21세기, 전 세계는 세계화의 큰 물결에 빠져들었다. 이슬람 세계도 급변하고 있다. 벌써 두 차례의 큰 전쟁을 겪었다. 2001년 아프간 전쟁과 2003년 이라크 전쟁이다. 여기에 더하여 2006년 7월에 발생한 레바논 헤즈볼라 무장세력과 이스라엘과의 유혈충돌, 2008년 12월 시작된 이스라엘의 가자 지구 침공 등 유혈충돌과 갈등은 전혀 줄어들지 않았다. 이런 전환기에, 내게는 그 현장을 가까이서, 또 멀리서 지켜보는 아픔도 있었다.

2011년 겨울부터 시작된 이른바 아랍 시민혁명으로 튀니지, 이집트, 리비아, 예멘의 통치자가 물러났다. 시리아에서는 정부군과 반정부군 사이의 유혈충돌이 계속되고 있다. 알-카에다의 존재감이 사라져 가는 즈음, 이슬람 국가를 자처하는 IS의 무차별적 테러 공격으로 인해 전 세계에 그 위협이 증가하고 있다. 다행스럽게도 이런 현안들을 현장성과 전문성으로 담아 준 여러 저자들의 책이 있어서 감사했다.

이런 일련의 가슴 아픈 과정을 겪으면서 아랍 무슬림들도 변하고 있다. 살아 있는 생명체가 변한다는 것은 당연한 일이다. 그 변화의 흐름을 따라가며 그 흐름에 담겨 있는 내면을 짚어 보고 싶었다. 가볍지 않은 느낌으로 이 글을 맺어야 할 것 같다. 한국 사회에 자리하고 있는, 이슬람 공포증이나 무슬림 혐오감이 이제는 인종 혐오의 선을 넘어서는 것만 같다. 그런 주장의 근거가 희박하거나 조작 또는 과장되었다는 점에서 더욱 안타깝다. 객관성을 잃고 집단 혐오로 얼룩진 한국 사회가 다른 인종과 문화, 종교인에 대한 상식을 배려하고 그들과 조화를 이뤄 낼 수 있기를 바란다.